高等院校市场营销专业系列教材

消费心理学
CONSUMER PSYCHOLOGY

肖涧松 主编　李翠 副主编

电子工业出版社
Publishing House of Electronics Industry
北京·BEIJING

未经许可，不得以任何方式复制或抄袭本书之部分或全部内容。
版权所有，侵权必究。

图书在版编目（CIP）数据

消费心理学 / 肖涧松主编. —北京：电子工业出版社，2017.3
高等院校市场营销专业系列教材
ISBN 978-7-121-30866-6

Ⅰ.①消… Ⅱ.①肖… Ⅲ.①消费心理学－高等学校－教材 Ⅳ.①F713.55

中国版本图书馆 CIP 数据核字(2017)第 019844 号

策划编辑：晋　晶
责任编辑：袁桂春
印　　刷：北京虎彩文化传播有限公司
装　　订：北京虎彩文化传播有限公司
出版发行：电子工业出版社
　　　　　北京市海淀区万寿路 173 信箱　邮编 100036
开　　本：787×1092　1/16　印张：18.75　字数：427 千字
版　　次：2017 年 3 月第 1 版
印　　次：2024 年 1 月第 11 次印刷
定　　价：42.00 元

凡所购买电子工业出版社图书有缺损问题，请向购买书店调换。若书店售缺，请与本社发行部联系，联系及邮购电话：(010) 88254888，88258888。
质量投诉请发邮件至 zlts@phei.com.cn，盗版侵权举报请发邮件至 dbqq@phei.com.cn。
本书咨询联系方式：(010) 88254199，sjb@phei.com.cn。

前言

2015年,教育部发布了《教育部关于本科高校向应用型转变的指导意见》,意见指出:贯彻党中央、国务院重大决策,主动适应我国经济发展新常态,主动融入产业转型升级和创新驱动发展,坚持试点引领、示范推动,转变发展理念,增强改革动力,强化评价引导,推动转型发展高校把办学思路真正转到服务地方经济社会发展上来,转到产教融合校企合作上来,转到培养应用型技术技能型人才上来,转到增强学生就业创业能力上来,全面提高学校服务区域经济社会发展和创新驱动发展的能力。

应用型本科教育对于满足中国经济社会发展,对高层次应用型人才需要以及推进中国高等教育大众化进程起到了积极的促进作用。2014年3月中国教育部改革方向已经明确:全国普通本科高等院校1 200所学校中,将有600多所逐步向应用技术型大学转变,转型的大学本科院校正好占高校总数的50%。

消费心理学是一门以消费者心理为中心,研究现代企业市场营销活动中消费者心理活动过程的学科,具有一定的综合性、实践性和创新性等特点。消费心理学不仅是一门学科,更是一种思维方式,运用它来解决现代市场营销过程中的问题。企业必须认真分析、掌握消费者的消费心理,提高市场营销能力,从而提升企业的核心竞争力。市场营销类职位是人才市场需求榜上不落的冠军,从有关统计数据显示,销售类人才未来几年需求量仍将居高不下。与此同时现代市场经济社会对营销人员的知识和技能也提出了更高的要求和新的挑战,培养高素质的市场营销专业人才,是摆在我国高等教育面前的重要而迫切的任务。

本教材充分体现了应用型本科院校创新应用型、技术技能型人才培养的需要,重视学生专业综合素质和能力的培养与训练,突出了"以职业活动为导向,以职业能力为核心"的指导思想,以培养有一定理论水平、有较强职业技能的应用型人才为目标,力求反映消费心理领域的新理论、新知识。

概括而言,本教材具有以下鲜明的特色。

1. 知识理论内容浅显易懂,简明扼要,定位准确

突出现代营销职业能力的培养,力求做到文辞精练、逻辑清晰、简洁明了、重点突出。以服务于培养经营管理岗位的应用技能为出发点,努力打造充分体现应用型本科特色的实用教材。

2. 结构和内容安排体系完备，形式创新

在确保理论的系统性和结构的严谨性基础上，本教材开篇设置"学习目标"和"导入案例"，篇中设置"实例链接"、"知识窗"以及"头脑风暴及应用"，同时对篇后的练习和实训部分进行了强化，设置了"知识与技能训练"。教材中大量引用和参考了近三年国内外企业、品牌典型消费者心理实战案例上百个，并配以翔实的图片，本土化、国际化的消费实践案例，有利于使学生更好地领会教材的真谛，达到培养学生提高分析问题和解决问题能力的目的。

3. 重点突出"三用一新"的特点，即实用、适用、够用和创新

消费心理学的教学任务要求一定的消费心理学理论知识的传授，大量的案例、实践教学环节的设置，课堂教学由以"教师为主、学生为辅"的传统授课模式改变为"学生为主、教师为辅"的现代授课模式，充分发挥教师的"导演"作用，使学生掌握现代企业经营管理过程中消费者的消费心理过程，培养学生形成对现实生活中周围著名企业品牌营销活动的较高观察力、领悟力和敏感度，具备较高的实践学习能力，同时培养学生形成优秀营销人员所必备的自信心、良好的语言表达能力，并引导学生在系统性思维的基础上形成一定的发散思维、逆向思维及创造性思维能力，最终提高营销专业综合应用技能。

本书建议学时为54课时（3学分），其中授课37课时，技能训练17课时。

本书由肖涧松（齐鲁医学院商学院）担任主编，李翠（江西服装学院）担任副主编。具体编写分工为（按教材章节顺序）：肖涧松编写第1、6、7、8、9章；李翠编写第2、3、4章；田黎莉（重庆青年职业技术学院）编写第5章；韩小燕（郑州财经学院）编写第10章。全书由肖涧松负责整体策划并统稿。

在本书编写过程中，参考了国内外大量的消费心理学教材和著作，借鉴了国内外营销专家、学者大量的最新研究成果和案例，在此谨向各位表示诚挚的感谢。由于记述和追溯的不方便，有些未载明出处，请各位作者和转述者及时和我们联系，以便改正，表示谢意。

本书可作为高等院校经管类专业及相关专业的教学用书，也可作为理论研究者、市场营销及商品经营管理等工作人员的培训教材和参考读物。

编　者

目录

第1章 消费心理学导论 1
学习目标 1
导入案例 2
1.1 消费心理学概述 3
1.2 消费心理学的研究对象
    和内容 11
1.3 消费心理学的研究原则、
    方法和意义 16
知识与技能训练 21
经典案例分析 22

第2章 消费者的心理活动过程 ... 25
学习目标 25
导入案例 26
2.1 消费者的认识过程 28
2.2 消费者的情感过程 45
2.3 消费者的意志过程 49
知识与技能训练 51
经典案例分析 52

第3章 消费者的个性心理特征 ... 56
学习目标 56
导入案例 57
3.1 个性概述 58
3.2 消费者的气质与购买行为 60
3.3 消费者的性格与购买行为 64
3.4 消费者的能力与购买行为 70
知识与技能训练 76
经典案例分析 79

第4章 消费者购买过程的心理
活动 82
学习目标 82
导入案例 83
4.1 消费者需求理论 84
4.2 消费者购买决策 98
4.3 消费者购买行为 106
知识与技能训练 112
经典案例分析 113

第5章 消费者群体与消费
心理 116
学习目标 116
导入案例 117
5.1 消费者群体概述 119
5.2 不同消费者群体的消费心理 ... 128
知识与技能训练 148
经典案例分析 150

第6章 商品名称、品牌、包装、
开发与消费心理 152
学习目标 152
导入案例 153
6.1 商品名称与消费心理 154
6.2 商品品牌与消费心理 158
6.3 商品包装与消费心理 169
6.4 商品开发与消费心理 175
知识与技能训练 180
经典案例分析 181

第7章 商品价格与消费心理……183

学习目标……………………………183
导入案例……………………………184
7.1 商品价格概述………………186
7.2 消费者的价格心理…………190
7.3 商品定价的心理策略………195
7.4 商品调价的心理策略………204
知识与技能训练……………………210
经典案例分析………………………211

第8章 商业广告与消费心理……214

学习目标……………………………214
导入案例……………………………215
8.1 商业广告概述………………216
8.2 广告设计与消费心理………224
8.3 广告媒体选择与广告心理效果
    测定………………………234
知识与技能训练……………………238
经典案例分析………………………239

第9章 营销沟通与消费心理……242

学习目标……………………………242
导入案例……………………………243
9.1 营销沟通概述………………245
9.2 销售服务与消费心理………249
9.3 营销关系与消费心理………256
知识与技能训练……………………263
经典案例分析………………………264

第10章 营销环境与消费心理……268

学习目标……………………………268
导入案例……………………………269
10.1 店容店貌与消费心理……270
10.2 商店的内部设计与消费心理……282
知识与技能训练……………………289
经典案例分析………………………290

参考文献……………………………293

第1章 消费心理学导论

 **学习目标**

知识目标

- 理解心理学及消费心理学的概念；
- 掌握消费心理学的研究对象、研究内容及研究方法；
- 明确消费心理学研究的目的和意义。

能力目标

- 能够运用消费心理学理论分析消费者的消费行为；
- 能够在市场营销活动中运用消费心理学的研究方法分析消费者心理。

知识结构

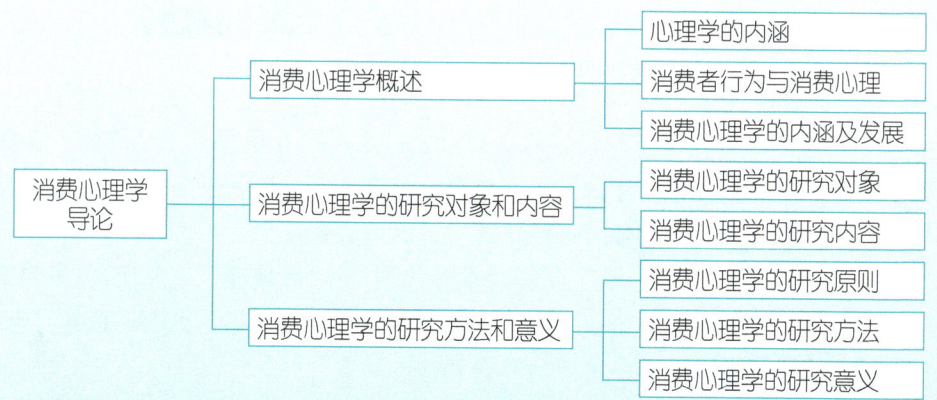

关键词

消费 消费者 消费心理 消费者行为 观察法 访谈法 问卷法 综合调查法 投射测验法

建议学时

- 4学时，包含技能训练学时1学时

导入案例

聚美优品陈欧为自己代言 引"80后"共鸣

"你只闻到我的香水,却没看到我的汗水;你有你的规则,我有我的选择;你否定我的现在,我决定我的未来;你嘲笑我一无所有不配去爱,我可怜你总是等待;你可以轻视我们的年轻,我们会证明这是谁的时代。梦想,是注定孤独的旅行,路上少不了质疑和嘲笑,但,那又怎样?哪怕遍体鳞伤,也要活得漂亮。我是陈欧,我为自己代言。"

这是2013年在电视网络上爆火的聚美优品"80后"CEO陈欧为自己产品代言的一句广告词(见图1-1),成为当年的新型"语言体"——"陈欧体",其火热程度不亚于"淘宝体"和"甄嬛体"。

图1-1 陈欧"我为自己代言"广告

相较于之前陈欧为自己产品代言的广告而言,这次广告词规避了纯粹的产品宣传,而是配上了工作潜规则受挫、考试录取、恋爱告白等画面,还原一个个年轻人在质疑声中的奋斗经历,整个镜头给人带来一种激情澎湃的正能量。

"80后"被称为"苦逼"的一代。十多年艰苦求学,毕业后却碰上失业潮,找不到工作;找到了工作,收入又不高,买不起房子和车子;如今奔四的年纪不少人还单身,沦落为"剩男剩女"。这样的压力之下,生活的困窘可想而知。

"我希望不管怎样,大家还是保持一种乐观心态,一起奋斗,千万不要被生活压力打倒。"陈欧给"80后"打气。阳光、朝气蓬勃,有激情,充满正能量,这是陈欧给人的印象,而这也正是他希望传达给"80后"的信息。

聚美优品无疑已经改变了人们的生活,而陈欧也希望通过自己的经历能改变更多的人,给他们带去更多正能量。"我希望更多的年轻人都能参与到创业中来,一起去努力、奋斗,去创造价值。就像今天的聚美一样,每天有上百万用户上聚美买东西,给人们的生活带去更多的美,更多便利。"

（资料来源：http://www.sushang.cn/article-4728-1.html）

问题思考：

聚美优品的目标客户群是哪些？其广告代言对该群体的消费心理产生了何种影响？

随着经济的发展和市场竞争的加剧，企业对消费者心理的研究愈加重视。对消费者心理的研究不仅可以使企业在表面已经饱和的市场中发现巨大的商机，而且将找到能够更好地满足消费者需求的策略和手段。因此，加强消费者心理的研究，对企业开展市场营销活动具有极为重要的理论和现实意义。

1.1 消费心理学概述

消费是人类社会经济活动的重要行为和过程。作为消费主体的人，生活在复杂多变的社会环境中，有思想，懂感情，有需求。因此，对人类消费活动中的心理规律和行为表现的研究，构成了消费心理学研究的基本内容。企业在制定消费策略时必须考虑消费者的需求，必须研究消费者的心理过程、行为规律，为制定恰当有效的销售策略提供相应的理论基础。

1.1.1 心理学的内涵

随着心理学知识的日益普及和现代人们认识观念的逐步提高，"心理学"一词，已经不再像过去那样陌生而神秘。但是，对于心理学的研究内容及实质是什么等问题，还经常存在一些不正确或片面的理解。因此，在学习消费心理学之前有必要了解一些普通心理学的知识。

1. 心理学的含义

心理学是研究人和动物心理现象及其规律的一门科学，以人的心理现象为主要研究对象。心理现象又称心理活动，是心理过程发生、发展、变化的过程。

心理学一词源于希腊文，意指"灵魂的学说"。人类探索心理现象已有两千多年的历史。但直到1879年，德国莱比锡大学的哲学家、生理学教授冯特受自然科学的影响，把自然科学中所使用的方法应用于心理学的研究，在莱比锡大学建立了世界上第一个心理实验室，心理学才开始脱离思辨性哲学而成为一门独立的科学。100多年来，随着社会实践发展的需要，心理学也在不断地发展和完善，科学技术的进步，不断提出新的课题并为解决这些课题提供了手段。

心理学既是一门理论学科，也是一门应用学科，包括基础心理学与应用心理学两大领域。其中，应用心理学包括教育和学校心理学、临床和咨询心理学、管理心理学、消费心理学、环境心理学、法律心理学、工业与组织心理学、运动心理学、工程心理学、康复心理学等主要分类。

为了了解和解决消费者消费过程中存在的诸多问题，人们将心理学理论应用于市场营销实践，专门研究营销过程中消费者心理与行为的产生、发展及其规律，从而形成一门以心理学、经济学、社会学、市场营销学等学科为基础的边缘性应用学科——消费心理学。

2. 心理学研究的主要内容

心理学主要研究人的心理现象及其规律，其研究的内容概括起来分为两个方面：心理过程和个性心理，如图1-2所示。

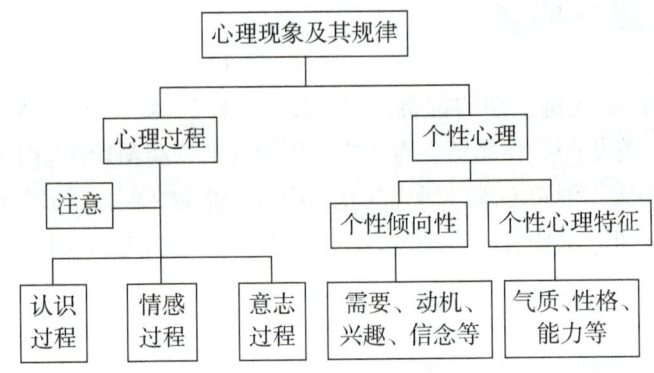

图1-2 心理学研究的主要内容

（1）心理过程。人的心理过程包括认识过程、情感过程和意志过程三个方面的内容。

1）认识过程。人在认识客观事物的过程中，为了弄清客观事物的性质和规律而产生的心理现象。如感觉、知觉、记忆、想象和思维等心理活动，在心理学中统称为认识过程。

2）情感过程。人在认识客观事物的过程中所引起的人对客观事物的某种态度的体验或感受。如愉快、热爱、厌恶、欣慰、遗憾等心理活动，在心理学中统称为情感过程。

3）意志过程。由认识的支持与情感的推动，使人有意识地克服内心障碍与外部困难而坚持实现目标的过程。

认识、情感和意志过程非彼此独立，是统一的心理活动中的不同方面。其中，认识过程是基本的心理过程，情感和意志是在认识的基础上产生的，同时情感与意志过程又对认识过程产生一定的影响。

（2）个性心理。个性心理是每个个体所具有的稳定的心理现象。它包括个性倾向性和个性心理特征两个方面。

1）个性倾向性。决定个体对事物的态度和行为的内部动力系统，是具有一定的动力性和稳定性的心理成分，如人的需要、动机、兴趣、理想、信念等。人的个性倾向性是个性心理的重要组成部分，对相关的心理活动起着支配和控制的作用。

2）个性心理特征。个体身上经常表现出来的本质的、稳定的心理特征，如人的气质、性格、能力等，其中以性格为核心。

3. 心理学研究的思路

人们常说的心理学，就是研究个体心理活动发生与发展规律的一门科学。一般而言，人的心理活动包括外显的行为和内隐的心理过程。外显的行为可以观察；内隐的心理过程则外部无法看到。

心理学的研究思路如下：心理学首先观察人的外部行为，并分析导致行为发生的各种内部和外部因素；研究影响心理活动和心理过程的各种因素及其相互联系，揭示人的心理活动规律；科学地解释预测各种行为发生的影响因素，并通过调控各种内外部因素，促使人们预期行为的发生，最终为社会经济、文化服务。

1.1.2 消费者行为与消费心理

消费心理是消费行为的内在动力，消费行为是消费心理的外在表现。市场营销人员只有摸准市场脉搏，真正地准确把握消费者的心理，才能最终把握住消费者的行为，最终成为真正的营销高手。

1. 消费和消费者

面对日新月异的市场，不论是上班族、学生族，还是家庭主妇们，每天都要从自己的口袋里掏钱——消费，都要扮演"消费者"的角色。

（1）何谓消费？消费是指人类通过消费品满足自身欲望的一种经济行为。

人类的消费行为与人类的生产相伴而来，是人类赖以生存和发展的最古老的社会活动和社会行为，是社会进步与发展的基本前提。从广义上讲，人类的消费行为可以划分为生产消费和个人消费两大类。

1）生产消费。生产过程中对原材料、工具、人力等生产资料和活劳动的消耗。在生产过程中，对劳动力及其他生产要素的使用、消耗及磨损称为生产过程中的消费。

2）个人消费。人们为自身需要而对各种生活资料、劳务和精神产品的消耗。它是人们维持生存和发展，进行劳动力再生产的必要条件，也是人类社会最大量、最普遍的经济现象和行为活动。个人消费是一种最终消费，消费一词狭义上是指个人消费。

（2）何谓消费者？消费者有狭义、广义和法律意义三种定义。

狭义上的消费者是指购买、使用各种消费用品（包括服务）的个人和组织，包括企业、学校、政府机关和其他社会组织等。

广义上的消费者是指在不同时间和空间范围内所有参与消费活动的个人或组织，泛指现实生活中的所有人。从消费单位的角度，消费者可划分为个体消费者、家庭消费者和集团消费者。

法律意义上的消费者是指为生活消费需要而购买、使用商品或者接受服务的个人和单位。

消费者的法律特征是：①消费者的消费性质属于生活消费；②消费的客体是商品和服务；③消费者的消费方式包括购买、使用（商品）和接受（服务）；④消费者的主体范围包括公民个人和进行生活消费的单位。

 知识窗

新《消法》七大"亮点"帮你维权

新修订的《中华人民共和国消费者权益保护法》（以下简称新《消法》）于2014年3月15日正式实施。对比修改前后的条款，新《消法》有以下七大亮点。

亮点1　网购七天无理由退货

【内容】新《消法》规定，经营者采用网络、电视、电话、邮购等方式销售商品，消费者有权自收到商品之日起七日内退货，且无须说明理由。法规还明确了不宜退货的情形。

【解读】新《消法》针对网络等远程购物方式赋予了消费者七天的反悔权，旨在促进买卖双方的平等地位。

亮点2　代言明星为商品问题担责

【内容】新《消法》强化虚假广告发布者的责任，规定虚假荐言者的责任。

【解读】针对虚假广告充斥电视节目、明星代言产品质量参差不齐等损害消费者权益的情况，新《消法》做出相应规定。

亮点3　消费者不再深陷举证难

【内容】新《消法》规定，经营者提供的机动车、计算机、电视机、电冰箱、空调器、洗衣机等耐用商品或者装饰装修等服务，消费者自接受商品或者服务之日起六个月内发现瑕疵，发生争议的，由经营者承担有关瑕疵的举证责任。

【解读】"谁主张，谁举证"，按照法律的一般原则，消费者在维权时要承担举证责任。但是，由于一些商品和服务技术含量高，消费者维权困难。新《消法》规定对于一些耐用的、技术含量高的商品和服务，在六个月内出现质量瑕疵产生争议的，举证责任由经营者承担，将在一定程度上解决消费者维权"举证难"的问题。

亮点4　缺陷产品强制召回

【内容】新《消法》规定，经营者发现其提供的商品或者服务存在缺陷，有危及人身、财产安全危险的，应当立即向有关行政部门报告和告知消费者，并采取停止销售、警示、召回、无害化处理、销毁、停止生产或者服务等措施。

【解读】原《消法》规定，经营者发现其提供的商品或者服务存在严重缺陷，应向

行政部门报告和告知消费者,并采取防止危害发生的措施。新《消法》删除了"严重"这一限制词,明确只要经营者发现其提供的商品或者服务存在缺陷,有危及人身、财产安全危险的,要立即召回。

亮点 5　消协可提公益诉讼

【内容】新《消法》规定,消费者协会可支持受损害的消费者提起诉讼。

【解读】对于消费纠纷数额较小的事件,相当多的消费者衡量维权成本后,出于各种原因不愿意维权。新《消法》明确了消协的诉讼主体地位,对于群体性消费事件,消费者可以请求消协提起公益诉讼。

亮点 6　惩罚性赔偿"退一赔三"

【内容】新《消法》规定,经营者提供商品或者服务有欺诈行为的,应当按照消费者的要求增加赔偿其受到的损失,增加赔偿的金额为消费者购买商品的价款或者接受服务的费用的三倍;增加赔偿的金额不足五百元的,为五百元。

【解读】新《消法》不仅将惩罚性赔偿的倍数由"退一赔二"变为"退一赔三",而且还对赔偿的最低数额进行确定。

亮点 7　明确个人信息保护

【内容】新《消法》规定了经营者收集、使用消费者个人信息的原则,还规定了侵害消费者个人信息应当承担的民事责任、行政责任。

【解读】新《消法》首次将个人信息保护作为消费者权益确认下来。

根据消费者心理行为发生的规律,可以将消费者的角色分为发起者、影响者、决策者、购买者和使用者。五种角色在现实生活中可能是同一个人,也可能是不同的人。例如,中国人注重孝道,老年人的消费用品多由子女购买;成年人个人用品多数是由使用者自己决策和购买,而大多数儿童用品的使用者、购买者与决策者则是分离的。如果把产品的购买决策、实际购买和使用视为一个统一的过程,那么,处于这一过程任一阶段的人,都可称为广义上的消费者。

2. 消费者行为

我们每一个人都是消费者,每时每刻都在消费,消费行为看上去似乎非常简单和平淡,但每一个消费者的心理和行为却又相当复杂和多变。

(1) 消费者行为的含义。消费者行为是指消费者为满足需要和欲望而寻找、选择、购买、使用、评价及处置消费物品或服务时所采取的各种活动过程。

消费者行为与产品或服务的交换密切相关。在现代市场经济条件下,企业研究消费者行为是着眼于与消费者建立和发展长期的交换关系。为此,不仅需要了解消费者是如何获取产品与服务的,而且也需要了解消费者是如何消费产品,以及产品在用完之后是如何被处置的。

（2）消费者行为的特点。消费者行为虽然复杂多变，但通过精心设计的调查，消费者的行为是可以被理解和把握的，其存在一定的共同特点或特征。

1）消费者行为是受动机驱使的。在现代社会经济生活中，由于购买动机、消费方式与习惯的差异，消费者的消费行为表现形形色色，各不相同。但所有消费者行为都是因某种刺激而激发产生的，这种刺激既来自外界环境，也源于消费者内部的生理或心理需要。但在各种企业外部环境因素和消费者内部需要等因素的刺激作用下，消费者经过复杂的心理活动过程，产生购买动机。在动机的驱使下，消费者进行购买决策，采取购买行动，并进行购买后评价。例如，消费者购买一部手机，除了满足主要使用功能的需要以外，还受品牌、他人的评价等因素的影响和刺激，最后才决定购买，购买后在使用过程中，我们会对其做出是否适用、售后服务如何等评价，进而会影响自己或他人后期是否再次购买该品牌。

实例链接 1-1

丸美牵手梁朝伟——《眼》

2015年9月25日，万众期待的梁朝伟新作《眼》强势轰动首播，该作品是丸美公司的微电影广告。该部广告片长仅为3分钟，广告用一双眼睛讲一个故事。梁朝伟像久违的朋友，向你温柔地问候："好久不见，最近好吗？""就算你衣食无忧，也觉得你处处需要照顾。""能完美的只有自己，可珍惜的只有眼前。"……每一句话都彻底地击中女性的软肋，流进观众们心里，如图1-3所示。使每个端坐在电视机前的女人，都幻想自己就是那个"永远都不服输的小女孩"。这一充满了国际奢侈品牌风格同时又不失温度的"细腻故事"，成功引发时下拥有财富和巨大潜在消费能力同时又追求内涵品质的都市女性消费者的情感共鸣。她们渴望情感上的温暖关怀及心灵上的理解和懂得，在追求事业成功的同时需要家庭和爱情的支持与关爱。

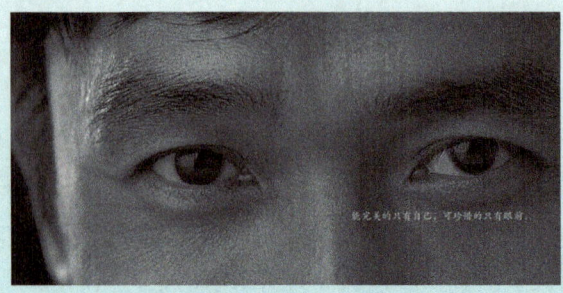

图1-3 丸美 梁朝伟微电影《眼》

丸美紧扣其品牌定位——眼部护理，将此转化为"眼神"，通过梁朝伟魅力眼神的传神演绎，辅以简明却不失温度的影像风格和每一句都动人心弦的温暖台词，使现代女性内心的柔软被深深打动。她们在购买该品牌化妆品的同时会更加认可丸美"关爱女性"

的品牌理念从而形成自我概念，并在情感上形成强烈的偏好，迅速增强对品牌的好感度。

有关媒体报道，该片播出不到 3 小时，网络上关于"梁朝伟""九美"的搜索量急剧飙升，各大视频网站点击量累计突破 3 000 万次，微博上相关话题的讨论量也瞬间破亿。而隔日微信朋友圈广告的投放，更是精准覆盖全国女性，引发新一轮的刷屏效应。有网友在微博上自发发起"跟梁朝伟学眼戏"话题，引来众多达人纷纷大秀"眼技"，"模仿帝"明星王祖蓝也加入其中，形成又一拨传播高潮，微博相关话题讨论量持续攀升至近 3 亿。

（资料来源：《销售与市场》杂志管理版，2015 年第 12 期）

【案例思考与应用】

九美公司梁朝伟的微电影《眼》对女性消费者产生了哪些影响？

2）消费行为参与者的广泛性。一项消费行为的参与者往往包括提议者、影响者、决策者、购买者和使用者。例如，儿子过生日时，爸爸提议买一辆电动遥控车，妈妈建议买一部学习机，其间，爸爸、妈妈既是提议者，又都是影响者，最后决定买什么，爸爸、妈妈和孩子都要参与决策，而购买者是父母或他们中的一人，使用者只有孩子。分析不同购买决策参与者所扮演的不同角色，搞清谁是购买决策的参与者，对于企业选择促销方式和手段，具有非常重要的意义。

3）消费者需求的差异性。当今的市场已由卖方市场转为买方市场，消费者的需求更趋于多样化和个性化，企业不可能通过一种产品或服务来满足所有的消费者，也不可能只凭自己的人力、物力和财力来满足整个市场的所有需求。企业要想在市场竞争中求得生存和发展，应力求满足全体消费者中的一类或几类特定的需求，即满足企业目标市场的需求。

4）消费者行为具有可诱导性。消费者有时对自己的需要并不能清楚地认识，此时，企业可以通过提供合适的产品来激发消费者的需要，也可以通过有效的广告宣传、营业推广等促销手段来刺激消费者的购买欲望，甚至影响他们的消费需求，使他们改变消费习惯、更新消费观念，即对消费者的行为进行诱导。企业对消费者的诱导必须以产品适应消费者的需要为前提，否则即使企业进行了大规模的广告与促销活动，也很难获得理想的促销效果。

 实例链接 1-2

TiinLab：让声音看得见

36 岁的周董结婚了，让无数女粉丝心碎，在这样的特定时刻，台湾的高端耳机品牌 TiinLab 为周杰伦，也为自己上演了一个关于声音的故事。

TiinLab 的代言人周杰伦大婚，引起广泛关注，同时，也勾起了对一个时代的回忆，TiinLab 顺势而为，借人们"回忆"之势推出了全新广告。片中讲述了周杰伦从出道到现在，为制作音乐所需要的各种音效声，而到处寻找、奔波、录制的过程。其中有《七里香》里的鸟叫声，《半岛铁盒》里的门撞风铃声，《斗牛》里的篮球声等 7 部作品的音效声。同时，也通过不同声音的获取，分别展示了 TiinLab 不同的产品。视频文案写道："让声音看得见，献给为好声音而努力的朋友们。"向观众展现，好的音乐是细致并且极致到每一个细节得来的。其广告如图 1-4 所示。

图 1-4 TiinLab 产品周杰伦广告

TiinLab 作为台湾本土的高端耳机品牌，旨在"把耳机做到极致，用声音感知世界"，找音乐天王周杰伦代言本就非常契合品牌理念，这支广告片借周杰伦大婚之势也非常聪明。能消费其产品的目标消费者都是比较新潮且有一定消费能力的年轻人，而这一批人正好经历过"周董时代"。这个广告片，在让其看到周董好音乐背后要求极致的态度，也唤起了对他们过去时光和青春的记忆，同时也将 TiinLab 的理念——极致的声音从 TiinLab 耳机中才能获得，悄悄植入消费者心中，让人感动、心动。

（资料来源：《销售与市场》杂志评论版，2015 年 3 月）

【案例思考与应用】

台湾耳机品牌 TiinLab 邀请周杰伦做代言人，如何影响了消费者的消费行为？

头脑风暴及应用

你周围的男同学吸烟吗？他们吸烟的主要心理需求有哪些？

3. 消费心理

消费心理是消费者在购买、使用和消费商品过程中的一系列心理活动。消费者在消费过程中的偏好和选择，各种不同的行为方式无一不受其心理活动的支配。例如，消费者是否购买某种商品，购买某种品牌、款式、何时何地购买、采用何种购买方式以及怎样使用等都和不同消费者的思想、情感、气质、性格、价值观念、思维方式以及相应的心理反应密切相关。

1.1.3 消费心理学的内涵及发展

消费心理学是研究人们在生活消费过程中，特别是在日常购买行为中的心理活动现象及其规律的科学，即在日常购买、使用和消费商品过程中的一系列心理活动规律及个性心理特征，即研究消费者心理的科学。不同的消费观念，不同的消费者，在购买商品时受到不同的心理活动的支配与制约，即人们存在着不同的消费心理。

消费心理学是一门新兴学科，心理学的一个重要分支，消费经济学的组成部分。研究消费心理，对于消费者，可提高消费效益；对于经营者，可提高经营效益。

"消费心理学"一词是1901年12月20日，美国学者斯科特在美国西北大学作报告时首次提出的。当时，斯特科讲述了心理学可以应用于广告上的问题，认为广告是对消费者有较大影响的宣传形式。因此，这可以说是最早的消费心理学。其后，斯特科又于1903年出版了《广告论》一书。书中强调心理学不仅可以应用于广告方面，还可以应用于各种产业问题上，这是第一部有关消费心理学的著作。

20世纪70年代以来，有关消费者心理与行为的研究进入全面发展和成熟阶段。前人的研究成果经过归纳、综合，逐步趋于系统化，一个独立的消费心理学学科体系开始形成，研究机构和学术刊物不断增多，有关消费者心理与行为的理论和知识传播范围日益广泛，且越来越受到社会各界的高度重视。

1.2 消费心理学的研究对象和内容

消费心理学是一门研究消费者心理和行为的科学，具有很强的实践性，有其独特的研究对象和研究内容。

1.2.1 消费心理学的研究对象

消费心理学以市场活动中消费者心理现象的产生、发展及其规律作为学科的研究对象，并探讨在市场营销活动中各种心理现象之间的相互关系。具体而言，其侧重点在以下几个方面。

1. 市场营销活动中的消费心理现象

在市场营销活动中，经营者总是力图通过各种措施促使消费者产生购买的欲望，并且使购买行为向着有利于扩大销售的方向转化，而作为消费心理表象的消费行为却并不一定与经营者的意愿相符。例如，经营者降低商品价格本意是刺激消费者增加购买，但是有些消费者却把降价看成商品不再流行或不再适用的标志。因此，要想提高营销效果，经营者在开展市场营销活动时，必须首先了解消费者特有的心理，以便能够选择适当的营销策略。

2. 消费者消费行为中的心理现象

在买卖过程中，由于买卖双方所的利益不同，在交易形式、交易条件、交易内容上容易出现差异，从而导致心理冲突，心理冲突处理不当，就有可能引起行为冲突，结果既不利于满足消费者的需求，也不利于经营者实现预期目标。因此，消费心理学把消费者购买行为中的心理现象作为研究的侧重点之一，易于更清楚地了解购买阶段的消费心理活动特征，为经营者采取措施化解心理冲突提供理论依据。

3. 消费者心理活动的一般规律

在市场上通过消费者的市场行为表现出来的消费心理现象，往往带有消费者的个性心理特征。然而，大多数经营者都不可能在所有的营销环节针对所有消费者的个性心理一一采取对策，经营者需要把握的是一定消费者群体在一定环境和条件下的一般心理规律。因此，消费心理学就是要通过分析伴随消费行为产生的感觉、知觉、记忆、思维、想象、情感、意志等心理活动过程，进一步探索消费心理活动的一般规律。

1.2.2 消费心理学的研究内容

消费心理学以市场活动中消费者心理现象的产生、发展及其规律作为学科的研究对象。作为一门应用学科，最终的目的是试图探寻消费者的购买行为规律，为市场决策提供理论根据。因此研究消费者的心理影响因素是消费心理学的重要研究内容之一。

1. 影响消费者购买行为的内在条件

影响消费者购买行为的内在条件，包括消费者的心理活动过程、消费者的个性心理特征、消费者购买过程中的心理活动。

（1）消费者的心理活动过程。如前所述，心理活动过程包括人的认识过程、情感过程和意志过程，消费者的消费心理活动也有其产生、发展和实现的过程。消费心理学通过研究消费者对商品或服务的认识过程、情感过程和意志过程的产生、发展和表现形式的规律性以及三个过程之间的联系，发现消费者行为中包含的心理共性。

（2）消费者的个性心理特征。人在气质、性格、能力、智慧等方面客观存在的差异是形成消费者个性心理的基础。不同的个性心理，使得不同的消费者在消费需求、消费习惯、购买动机、购买方式等方面表现出明显的差异性。消费心理学通过研究消费者的个性心理特征，可以了解不同的消费行为产生的内在原因，掌握消费者购买行为和心理活动的规律，预测消费趋势。

（3）消费者购买过程中的心理活动。心理学研究认为人的行为由动机决定，而动机又由需要引起。消费者的需要、购买动机和购买行为之间同样存在着决定与被决定的关系，消费心理学要在研究消费者需要与动机的基础上，进一步认识消费者的购买决策心理以及由此而形成的购买行为和购买心理活动。

2．影响消费者心理及行为的外部条件

消费者的心理活动及消费行为不仅由消费者自身特点决定，而且还会受到社会环境、消费者群体、消费态势、商品因素、购物环境及营销沟通等外部环境与条件因素的影响。

（1）社会环境对消费心理的影响。社会的物质、制度和精神等环境因素对消费文化有不可低估的影响。一定的社会环境形成相应的社会消费文化，消费文化又制约人们的消费行为。消费心理学研究社会环境对消费心理的影响，其作用在于使经营者把握与消费者进行心理沟通的渠道。例如，"中国大妈"对黄金的购买欲望和购买力导致华尔街国际金价创下2013年内最大单日涨幅，漫画如图1-5所示。

图1-5 中国大妈完胜华尔街漫画（作者：姜宣凭）

（2）消费者群体对消费心理的影响。每个消费者都生活在一个以上的群体之中。例如，青年知识分子既属于青年消费者群体，又属于文化层次较高的消费者群体。群体的意识特征和行为准则对消费者个体的价值观念、消费方式和消费习惯有着重要的影响和制约作用。消费心理学研究消费者群体与消费心理的关系，有助于经营者针对目标市场的特征采取相应的营销策略。

（3）消费态势对消费心理的影响。消费态势是指社会群体心理倾向的某些典型状态和形势。例如，消费流行、消费习惯、消费习俗、感性消费和畸形消费等。研究消费态势对消费心理的影响，其目的在于进一步认识社会环境因素作用于消费者群体时所产生的特殊但有一定典型性的消费心理现象。

实例链接 1-3

《爸爸去哪儿》成功的关键词

2013年10月,《中国好声音》的结束标志着歌唱类选秀节目进入尾声,就在综艺节目空窗期之际,一匹黑马进入观众的视线,创造了每10个看电视的人中就有一个观看此节目的佳绩。这一枝独秀的综艺节目就是《爸爸去哪儿》,其动漫广告如图1-6所示。

《爸爸去哪儿》的成功看似属无心插柳之举,却隐藏了诸多的必然成功要素。

图1-6 《爸爸去哪儿》动漫广告

1. 成熟品类引进

《爸爸去哪儿》的节目版权和模式购自韩国MBC电视台的《爸爸!我们去哪儿?》,此节目在韩国一经推出,收视便一路飘红,稳坐该时段收视率冠军宝座。从受众人群的角度看,中韩文化差异性相对较小,节目复制到中国不会发生水土不服的情况,况且明星爸爸与可爱宝宝的组合卖点十足,有足够的受众基础。从节目制作的角度看,韩国团队制作经验的引进,扫除了节目制作的硬件问题。无论是从外在需求,还是从湖南卫视的内在硬件实力,都奠定了《爸爸去哪儿》火爆的基础。

2. 本土化包装

中国的观众有着自己的特点,在目前浮躁、快节奏的社会环境下,观众喜欢简单直接的刺激感受,《中国好声音》弱化主持人的作用,直接用内容给观众带来一波又一波的高潮。韩国版《爸爸去哪儿》受韩剧影响,内容拖沓,显然不符合中国本土观众的观看习惯。湖南卫视将原版拖沓的环节省去,换成了接地气的快节奏剪辑,马上让人耳目一新,迎合了中国观众的口味。

3. 产品差异化

在狼烟四起的荧屏,观众们对于千篇一律的选秀类、相亲类节目早已视觉疲劳,泛滥的煽情手法，更使得消费者产生厌烦。《爸爸去哪儿》将室内综艺升级为野外综艺，将虚假的环节变成突出节目记录性而忽略综艺性的真人秀。父子/女搭档真实、温馨的小清新情调，唤起了观众内心最温柔的情感。

4. 明星产品塑造

剥离掉亲子真人秀的新鲜形式，暂且忽略这类节目貌似朴素的包装，会发现《爸爸去哪儿》的核心是对明星的消费。明星爸爸加星二代的组合，满足了普通观众的窥探心理，使家庭节目升级为更具娱乐性的真人秀。与此同时，由于节目的家庭型定位，一个人的观看可以带动全家人的观看。

在消费者用脚说话的时代，无论是综艺节目还是一个产品，都需要为受众或消费者带来无可替代的物质体验与精神体验。

（资料来源：中国企业家网，http://www.iceo.com.cn/com2013/2013/1102/272215.shtml，作者：韩虎，有删减）

【案例思考与应用】

节目《爸爸去哪儿》采用了哪些营销手段满足了电视消费群体的消费心理？

（4）商品因素对消费心理的影响。影响消费心理的商品因素主要包括产品创新、商品品牌、商品包装和商品价格等。成功的产品创新须满足消费者的心理要求，在产品设计与推广等环节注重与消费者的心理沟通；商品品牌在消费者心中产生特定的心理效应，经营者在商品命名和商标设计环节应重点分析对消费心理产生的影响；商品包装通过外在的表现形式刺激消费者产生购买的欲望，导致购买行为；商品价格是影响广大消费者心理活动和购买行为的重要因素。消费心理学研究商品因素对消费心理的影响，目的在于帮助经营者认识自己的营销策略与消费心理的关系。

（5）购物环境对消费心理的影响。购物环境能够影响消费者在购买过程中的心理感受，直接影响商业企业对消费者的吸引力，进而影响其对市场的开发。购物环境包括店外环境和店内环境两大类。店外环境主要影响消费者对商业企业的兴趣和关注，店外环境设计合理，可以引发消费者进店购物或浏览的欲望和联想；店内环境对消费者购买行为产生直接的作用，店内环境装饰装修及商品陈列是否合理，将决定消费者在购物过程中的感觉，影响消费者购买。消费心理学研究购物环境对消费心理的作用，给经营者安排购物环境提供了理论依据。

（6）营销沟通对消费心理的影响。营销沟通是经营者为自己创造需要，吸引消费者的重要手段。经营者应该通过营销沟通使消费者感到对方提供的商品或服务正是自己所需要的，只有与消费者建立起良好的沟通渠道和关系，经营者才能顺利地进行营销活动。营销沟通的手段主要有广告沟通、营销人员与消费者的直接沟通等。消费心理学研究营销沟通问题，目的在于使经营者找到打动消费者心理的渠道。

1.3 消费心理学的研究原则、方法和意义

任何一门学科，都有其特有的理论体系与研究方法。消费心理学的研究同样也有其独特的方法，而这些方法的应用必须遵循一定的基本原则。消费心理学的理论研究是企业市场营销活动开展的理论基础。

1.3.1 消费心理学的研究原则

1. 客观性原则

客观性原则即实事求是的原则。消费心理学的研究必须紧密联系商业经营活动的实际情况，客观、全面地分析在经营活动条件制约下的心理现象的特点，从而揭示消费者心理活动产生、发展和变化的规律。例如，消费者购买高档家用电器时，往往会产生购买后维修是否困难和是不是假冒伪劣商品的顾虑心理，因此商品经营者需采取完善的售后服务措施，降低消费者的顾虑，从而提高销售额。

2. 联系性原则

联系性原则是指影响和制约消费者心理的内部、外部因素是相互联系的。例如，营销环境的优劣会影响消费者的情绪，而消费者的心境又制约着其对环境的体验。另外，人的心理过程和心理状态也相互联系，如消费者群体对商品的认识过程，与他们当时的心理状态紧紧相连。最后，消费心理学是交叉学科，我们在研究中只有联系其他相关学科的成果才会做到事半功倍，更好地为实践服务。

3. 发展性原则

世界上的万事万物都处在永恒运动、不断变化之中，用发展的观点来预测消费者的心理变化，对搞好企业的经营活动有着重要的实践意义。例如，随着高档服饰的普及，广大消费者开始关注如何洗涤的问题，某企业经科学研究推出一种可由消费者自行洗涤的"干洗净"，受到了广大消费者的欢迎。

1.3.2 消费心理学的研究方法

消费心理学的研究方法很多，常见的有观察法、访谈法、问卷法、综合调查法、实验法和投射法等方法。

1. 观察法

观察法是指调查者在自然条件下有目的、有计划地观察消费者的语言、行为、表情等，分析其内在的原因，进而发现消费者心理想象的规律的研究方法。

观察法是科学研究中最一般、最方便使用的研究方法，也是心理学的一种最基本的研究方法。在使用观察法时，研究者应事先确定明确的观察对象、观察目的、观察时间和地点，制定详细的观察计划，分析观察结果时应区分偶然现象和规律性事实，以便得出科学的结论。

> 20世纪60年代，美国学者威尔斯和洛斯克鲁脱曾在一家超市的菇类食品、糖果和洗衣粉等商品前进行了600小时的观察研究。这两位学者非常耐心地从顾客进入这些商品柜台的过道开始，到离开过道为止，观察了各种类型的顾客以及与购买行为有关的顾客活动，并作了1 500条记录。事后，他们通过分析观察记录，研究了光顾这些商品的顾客构成、顾客性别及儿童所占的比例。当几个人同行前往商品架时，谁的言行对同行顾客的购买行为有影响，顾客是否在考虑和比较商品的价格，购买前对商标和包装是否注意等。他们的这个研究实例，对消费心理学运用观察法进行科学研究，颇有启发。

观察法有很多优点：由于是在消费者并不知情的情况下进行的观察，所以，消费者没有心理负担，心理表现比较自然，因而通过观察所获得的资料也比较客观、真实和可靠。但该方法由于没有对消费者心理活动的产生和发展施加任何有意识的影响和控制，很难全面深入地了解和掌握其心理活动过程，以致掌握它的规律性。所以，观察法有一定的片面性和局限性。要对消费者的购买行为和心理活动进行科学研究，要注重与其他研究方法相结合。

2. 访谈法

访谈法是调查者通过与受访者的交谈，以口头信息传递和沟通的方式来了解消费者的动机、态度、个性和价值观念等内容的一种研究方法。

访谈法也称面谈调查，一般由访问人员向被调查者当面询问问题，通常可以采取登门拜访、邀约面谈、开座谈会或电话访谈的形式。依据与受访者接触的不同方式，访谈法可以分为面对面访谈和电话访谈两种。

（1）面对面访谈。面对面访谈法有如下优点：可以通过观察被调查者的表情和动作获得更多有价值的信息；可以和被调查者就某一问题进行深入探讨，从而发现和提出更多的问题；当被调查者对某一问题感到模棱两可时，可以当场做出解释、补充；通过调查向被调查者展示公司产品，起到广告宣传的作用；面谈还可以看作一种感情投资，使消费者与企业建立感情联系。当然，面谈会有诸如访谈人员的偏见影响资料的准确性，对访谈人员谈话技巧要求较高，有些被调查者会产生压迫感等不足。

（2）电话访谈。电话访谈是用电话与受访者进行谈话的方法。一般是在研究者与受访者之间因受空间距离限制，或者受访者不便直接面对研究者时采用的访谈方法。这种访谈方法经济、迅速，情报及时，渗透性强，可以对难以面谈的被调查者进行调查，可以涉及一些面谈时不便谈论的问题。但是，电话访谈往往会受到电话设备、通信网络的限制，时间短促，仅能回答简单的问题。

3. 问卷法

问卷法是以请被调查的消费者书面回答问题的方式进行的调查，或者以预先编制的调查表请消费者口头回答、由调查者记录的方式。问卷法是消费者心理和行为研究的最常用的方法之一。这种方法适于了解消费者购买行为的购买动机、购买态度和消费者性格、价值观等。运用这种方法，要求被调查者态度认真，问题回答明确，表达清楚。这种方法的优点在于短时间内可以得到范围广泛的材料，缺点是不容易对这些材料进行重复验证。

一个正式的调查问卷主要包括三部分：指导语、正文和附录。①指导语。主要说明调查主题、目的、意义及向被调查者致意等。②正文。它是问卷的主体部分。依照调查主题设计若干问题，要求被调查者回答。③附录。主要是有关被调查者的个人情况，如性别、年龄、婚姻、职业、学历、收入等，也可以对某些问题附带说明，还可以再次向消费者致意。

4. 综合调查法

综合调查法是指在市场营销活动中采取多种手段取得有关材料，从而间接地了解消费者的心理状态、活动特点和一般规律的调查方法。根据不同的目标和条件可以采用邀请消费者座谈、举办新产品展销会、产品商标广告的设计征集、设置咨询意见箱、销售时附带消费者信息征询卡、特邀消费者对产品进行点评、优秀营业员总结经验等手段和方法。

5. 实验法

实验法是一种在严格控制的条件下有目的地对应试消费者给予一定的刺激，从而引发其某种反应，进而加以研究，找出有关消费心理活动规律的调查方法。

实验法是一种有控制的观察，弥补了观察法的被动性。在研究过程中，两种方法往往配合使用，起到取长补短的作用。实验法包括实验室试验法和自然实验法两种类型。

（1）实验室试验法。实验室实验法是指在特设的实验室中借助各种仪器设备来研究消费心理现象的一种方法。实验条件严格控制、试验结果精确度高是实验室实验法的主要优点。但由于实验室实验大都在人为的特殊条件下进行，试验结果常常受到人为条件的影响，与实际生活中的消费心理活动规律不完全相同，因而对实践活动的指导作用存在局限性。

（2）自然实验法。自然实验法是在日常生活中通过适当控制某些因素，结合经营管理工作来研究被调查者消费心理活动的一种方法。由于该方法是在研究者主动创设的条件下，有时在日常工作或学习的情况下进行，所以，自然实验法既有观察法的优点又有实验法的优点，是一种比较理想的研究方法。

6. 投射法

投射法是从临床心理学引来的一种心理研究法，主要是透过被调查者表面的防御，而探寻其真实心理的方法。要弄清楚消费者为什么买或为什么不买某种产品是很困难的，因为在回答这类问题时，消费者往往给予使自己的行为合理化和合乎社会需要的回答（如太贵或便宜，太庸俗或大方）。但这些回答并不能代表他们真实的动机。这时，就应采取一定的方法，把消费者的顾虑和社会压力减少到最低限度，即采取投射法。常用的投射法是角色扮演法。

著名的角色扮演法测试是美国关于速溶咖啡的购买动机研究。一开始，速溶咖啡的上市并没有被消费者接受，大家对这种省时、省事的产品并不感兴趣。美国心理学家海尔曾用问卷法直接调查，结论是消费者不喜欢这种咖啡的味道。然而，这个结论是没有依据的，因为速溶咖啡与新鲜咖啡的味道是一样的。后来，心理学家通过角色扮演法，编制了两种购物单。其中只有一项是不同内容，一张上写的是速溶咖啡，另一张上写的是咖啡豆。把这两种购物清单分别发给两组妇女，请她们描写采用不同购物单的家庭主妇的特征。测验发现，两组妇女对家庭主妇的评价截然不同。

购买速溶咖啡的主妇被大家视作贪图方便、省事、懒惰的人，生活无计划，乱花钱，不是个好妻子；而购买咖啡豆的主妇则被大家评价为勤快的、有经验的、会持家的主妇。从而，不喜欢速溶咖啡的真正原因找到了，不在于味道，而是一种传统观念问题。在当时的社会背景下，美国妇女认为担负繁重的家务是一种天职，而逃避劳动是偷懒的行为。大家不接受速溶咖啡正是基于这种深层次的购买动机。这样，厂家要改进的就不是产品的味道，而是如何进行广告宣传。后来，公司改变宣传策略，转向突出新潮咖啡与新鲜咖啡同样具备美味、清香、质地醇厚的特点，减轻顾客省力的心理压力，产品随即成为畅销货。今天，速溶咖啡不仅是西方国家的通用饮料，也逐渐成为我国人民的家庭饮料。

投射法一般都具有转移被调查者注意力和解除其心理防卫的优点，在消费者心理学的研究中常被用作探寻消费者深层动机的有效手段。

头脑风暴及应用

假设某手机企业要开发校园市场，你认为要了解同学的手机消费心理，可以选择哪些研究方法。

1.3.3 消费心理学的研究意义

随着社会主义市场经济体制的逐步确立，我国消费品市场蓬勃发展，并且消费者在消费水平、结构、观念和方式上都发生了前所未有的变化,消费者的主体意识明显增强,消费成熟度大大提高。研究消费者心理对市场营销人员开展各种各样的营销活动具有极其重要的意义。

1. 有助于企业根据消费者需求变化开展生产经营活动,提高市场营销活动效果,增强竞争力

企业为了在激烈的竞争中立于不败之地,必须千方百计地开拓市场,借助各种营销手段争取消费者,研究并满足消费者多样化的需要,不断扩大和巩固市场占有率。例如,近几年智能手机市场竞争激烈,华为公司重视对手机用户的需求挖掘,靠品质取胜、突出产品性价比,满足了市场对手机不断变化的需求。2016年上半年,华为坐稳了全球智能手机市场第三的位置,跻身"第一集团"。华为手机"传奇"、"引领"、"品质"和"非凡"主题海报如图1-7所示。

图1-7 华为手机"传奇"、"引领"、"品质"和"非凡"主题海报

2. 有助于消费者自身素质的提高,科学地进行个人消费决策,改善消费者行为,实现文明消费

加强对消费者心理与行为的研究,通过传播和普及有关消费者心理与行为的理论知识,帮助消费者正确认识自身的心理特点和行为规律,全面了解现代消费者应具备的知识、能力等条件,掌握科学决策的程序和方法,从而改善、美化生活,提高生活质量。例如,一些贩卖者惯用"甩卖"、"清仓"的叫卖,利用消费者贪图小利、盲目决策的弱点,引诱消费者,以达到推销次货、陈货的目的,还有一些摊贩雇用"托儿",造成一种从众的气氛使一些消费者上当受骗。如果消费者具有从众等心理现象的基本知识,便会理智地提醒自己,降低上当受骗的可能性。

3. 有助于推动我国尽快加入国际经济体系,开拓国际市场,增强企业的国际竞争力

当今时代,是开放的时代;当今的市场,是国际化的市场。国际间的经济活动成为很多企业的支柱,但不同国家、地区、民族的消费者在消费习惯、需求、爱好、禁忌及道德观念、文化传统、风俗民情等方面存在着很大的差异，如果企业不了解这些差异与不同，不仅无法使自己的产品在国际市场上占有应有的份额，甚至可能引发政治争端。例如，红色包装在我国和日本是喜庆的象征，在瑞典和德国则被视为不祥之兆；八卦与阴阳图对西方人完全是无关的刺激，可东方人却很容易把它跟道教联系起来，韩国人则把它视为喜爱的标志；熊猫图案在阿拉伯国家是不受欢迎的，等等。这些跨文化的研究，对我国进一步开拓国际市场、增强国际竞争力有十分重要的意义。

知识与技能训练

1. 填空题

（1）1879年，在德国莱比锡大学由德国哲学家、生理学教授（　　）建立了世界上第一个心理实验室，心理学脱离哲学而成为一门独立的科学。

（2）心理学是研究人的心理现象或心理活动发生、发展及其规律的科学，其研究的内容概括起来分为（　　）和（　　）两个方面。

（3）（　　）是科学研究中最一般、最方便使用的研究方法，也是心理学的一种最基本的研究方法。

（4）消费心理学是一门研究消费者（　　）和（　　）的科学，具有很强的实践性。

（5）实验法包括（　　）和（　　）。

2. 判断题

（1）对人类消费活动中的心理规律和行为表现的研究，构成了消费心理学研究的基本内容。（　　）

（2）消费是指人类通过购买消费品来满足自身欲望的一种经济行为。（　　）

（3）消费者行为具有可诱导性，所以不受消费者的动机驱使。（　　）

（4）消费心理学的研究角度趋向单一化，主要研究消费者的行为特点。（　　）

（5）访谈法和问卷法是消费心理学研究方法中最合理、最科学的方法。（　　）

3. 复习思考题

（1）心理学的主要研究内容是什么？
（2）消费者行为的特点有哪些？
（3）消费心理学的研究内容有哪些？
（4）消费心理学的研究方法有哪些？

4. 技能训练

就你最近进行的一次较大的消费购买行为为例，从以下方面分析你作为一名消费者在本次购买过程中的消费心理活动过程。

（1）本次购买商品是什么？价格是多少？

（2）你为什么要进行这次购买？

（3）在这次购买过程中，你的同学、朋友和家人担当了什么样的角色？

（4）你的购买行为受到了哪些因素的影响？

经典案例分析

农夫山泉，有点甜

农夫山泉自1997年面世以来，一直在打造为人类的健康事业做出贡献的品牌概念，发展到今天，以年销售额130亿元的成绩领跑中国饮用水市场。它是如何做到的？

每当看到"农夫山泉"这四个字，人们的脑海中首先闪现的是那句出色的广告语"农夫山泉有点甜"（见图1-8）。这句广告语在农夫山泉一则有趣的电视广告中被提到：在一个乡村学校里，当老师往黑板上写字时，调皮的学生忍不住喝农夫山泉，推动瓶盖发出的砰砰声让老师很生气，说："上课请不要发出这样的声音。"下课后老师却一边喝着农夫山泉，一边称赞道："农夫山泉有点甜。"随着"课堂"广告在中央电视台播放，"农夫山泉有点甜"的声音传遍大江南北，品牌知名度迅速打响。"农夫山泉有点甜"是卖点，以口感承诺作为诉求差异化，借以暗示水源的优质，使农夫山泉形成了感性偏好、理性认同的整体策略，同样也使农夫山泉成功地建立了记忆点。

图1-8 农夫山泉广告语之一

根据此则广告不难看出农夫山泉力求创造显著的差异性，建立自己的个性，当别的同类产品都在表现各自如何卫生、高科技、时尚的时候，农夫山泉不落俗套，独辟蹊径，只是轻轻却又着重地点到产品的口味，也仅仅是"有点甜"，显得超凡脱俗，与众不同，让电视机前的消费者感到耳目一新。

为什么农夫山泉广告定位于"有点甜"，而不是像乐百氏广告那样，诉求重点为"27层净化"呢？这就是农夫山泉广告的精髓所在了。首先，农夫山泉对纯净水进行了深入分析，发现纯净水有很大的问题，问题就出在纯净上：它连人体需要的微量元素也没有，这违反了人类与自然和谐的天性，与消费者的需求不符。这个弱点被农夫山泉抓了个正着。作为天然水，它自然高举起反对纯净水的大旗，而它通过"有点甜"正是在向消费者透露这样的信息：农夫山泉才是天然的、健康的。

天然的概念让农夫山泉与其他品牌有区别点

但事实是，农夫山泉在甜味上并没有什么优势可言，因为所有的纯净水、矿泉水，仔细品尝，都是有点儿甜味的。农夫山泉首先提出了"有点甜"的概念，在消费者心理上抢占了制高点。

同样消费者只愿意也只能够记住简单的信息，越简单越好，简单到只有一点，最容易记忆。农夫山泉仅仅用了"有点甜"三个字，三个再平常、简单不过的字，而真正的点更只是一个"甜"字，这个字富有十分的感性，每个人接触这个字都会有直接的感觉，具有极大的强化记忆的功效，而记住了"有点甜"就很难忘记"农夫山泉"。农夫山泉就是以简单取胜，简单，使自己能够轻松地表述；简单，也使消费者能够轻松地记忆。

抓住了中国人非常注重健康的心理，反复突出农夫山泉的优良水质

符合产品的特性，突出产品的优良品质。"农夫山泉有点甜"在这一点上表现得无可挑剔。农夫山泉取自千岛湖70米以下的深层水，这里属国家一级水资源保护区，水质纯净，喝一口都会感到甘甜。正是这样，用"有点甜"来形容可谓恰当之极，因为它符合产品的特性；更可谓精妙之极，因为它突出了产品的优良品质。

概念明确后，就要用简单有力的创意来传达：极简的背景，一杯水，水的倒入与更换。"人体中的水，每18天更换一次"，"水的质量决定生命的质量"，"喝的就是健康"（见图1-9）。从真实的千岛湖风景印入到农夫山泉的瓶标中的照片。"我们不生产水，我们只是大自然的搬运工"（见图1-10）这一观点，出乎于消费者常规思维，简洁有力且富有内涵。

图1-9 农夫山泉广告语之二

图1-10 农夫山泉广告语之三

本次广告与之前农夫山泉一直在传播的"水源地建厂，水源地灌装"完美的结合，并进行了新的阐释——农夫山泉是健康的天然水，不是生产加工出来的，不是后续添加人工矿物质生产出来的。

简单的"有点甜"三个字让消费者轻松能够记忆

"有点甜"无疑是让人感觉美好的,"甜"意味着甜蜜、幸福、欢乐,这是中国人终身的追求,这样的中国人必定会追求感觉甜美的产品。农夫山泉抓住这一点,对中国人说:我,有点甜。这等于说:我,是你的追求。作为广告语,这更等于说:请追求我吧。这是极难抵挡的诱惑,农夫山泉就是用诱惑力赢得消费者的购买力。

大自然的搬运工,和竞争对手拉开距离

大自然的搬运工,农夫山泉是把自然精华带到你身边的人,这更值得感谢。静谧与简洁的画面,在当前广告绚丽纷扰的环境中更显品质和与众不同,得到了另一种关注和认可。

该广告迎合了消费者对健康、安全的需求。将农夫山泉天然的产品属性传递给了消费者,使农夫山泉与其他品牌区别开来,树立了农夫山泉良好的企业形象。

农夫山泉的这个广告可以说"很朴实",但效果很好。为什么?因为它很注重广告的实效。广告创意能否达到促销的目的基本上取决于广告信息的传达效率,这就是广告创意的实效性原则。农夫山泉的"大自然的搬运工"广告就通过传授健康知识的方式,很注重广告的"实用性"。

农夫山泉一环扣一环的广告策略,让人领略了东方智慧的魅力,将农夫山泉自然、健康的理念深深地植入消费者的心里,很好地打造了农夫山泉为人类的健康事业做出贡献的品牌概念。

(资料来源:市场部网站,http://www.shichangbu.com/article-19612-1.html)

问题讨论:

(1)在满足消费者心理和需求方面,农夫山泉如何成功地进行了产品的推广?

(2)查阅资料,讨论目前农夫山泉推出了哪些新的广告宣传,广告诉求点是什么。

第2章
消费者的心理活动过程

学习目标

知识目标

- 理解感觉、知觉、注意、记忆、思维、想象、情绪、情感、意志的含义及特征；
- 掌握消费者认识过程、情感过程、意志过程对购买行为的影响。

能力目标

- 能够正确认识消费者感觉、知觉、思维、想象、情绪、情感和意志的表现；
- 能够正确把握消费者的认识过程、情感过程和意志过程开展营销活动。

知识结构

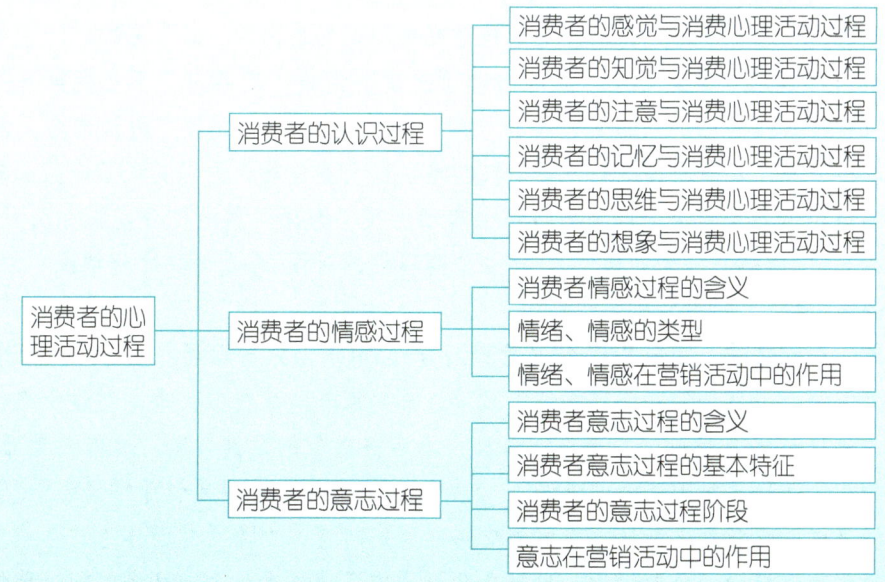

关键词

认识过程 情感过程 意志过程 感觉 知觉 注意 记忆 思维 想象 情绪 情感

建议学时

- 5学时，包含技能训练学时1.5学时

消费心理学

一碗面的"定位"之战

1958年日清株式会社老板安藤百福发明了现代意义的方便面（鸡肉方便面），并使方便面在日本实现了工业化，迅速传遍了东南亚！中国由于13亿人的人口背景，已经成为世界方便面产销第一大国！经过市场发展与竞争洗礼，整个方便面行业已日趋成熟，行业集中度越来越高，目前基本上形成了康师傅、统一、今麦郎（华龙）、白象四强割据的局面。

康师傅：先入为主，定位"味好"，产品诉求：就是这个味

康师傅1992年进入大陆市场，由于其包装形式的新颖及先入为主的优势，迅速为广大消费者接受，成长为行业第一品牌。康师傅主打红烧牛肉面，定位于"味好"这个概念，产品诉求始终围绕"味道"做文章。向消费者传达一个核心概念：康师傅方便面就是味道好，要选择味道好的方便面，就选择康师傅。20世纪90年代，可供消费者选择的食品种类相对较少，康师傅取得了空前的成功，率先"抢走"了一碗面里的最重要的一个诉求点——"味道好"！

今麦郎：弹面异军突起，定位"面弹"，产品诉求：弹面，强调面的本身好

今麦郎的前身是华龙集团。华龙起家时，一直销售每包1元及以下的低价面，通过价格优势占领农村市场。真正让华龙异军突起的是其推出的一款今麦郎"骨汤弹面"。该产品最大的成功点是避开了与康师傅的"味道"竞争，产品定位于"面身有弹性"。由于定位精准加上产品的质量过硬（面身由小麦芯做成），迅速被广大消费者尤其是北方消费者接受。今麦郎通过此款产品不仅创造了巨大的销量，同时实现了产品销售渠道从农村到城市的转型。今麦郎弹面在多个市场实现了与康师傅的"分庭抗礼"，迅速奠定了其在方便面行业的"江湖地位"。在企业高峰期的时候，今麦郎一度超越统一方便面，成为行业第二！

白象：后起之秀，定位"汤好"（营养），产品诉求：大骨熬汤，汤好，有营养

白象方便面一直是偏安一隅的地方品牌，其起家与华龙类似，也是通过价格优势精耕河南等地区域性农村市场。真正让白象"声名鹊起"的是其一款"白象大骨面"。其成功之处在于区别了康师傅的"味好"、今麦郎的"面弹"，产品定位于"汤好"（营养），加上消费者的饮食观念逐渐从吃得好到吃得健康的转变，白象大骨面作为"营养型方便面"迅速为市场接受，企业销量与规模在短时间内迅速提升，企业高峰时期，地位一度跃居为行业第四！

统一：曲折之路，定位"有料"（老坛酸菜），产品诉求：料包有特色

统一方便面在其老坛酸菜牛肉面推出之前一直没有真正找准产品的核心定位与诉求点，尽管其销量与规模一直是行业第二位！正因其定位诉求一直不够清晰，统一方便面在后来一度被今麦郎超越,行业地位也跌至第三位。在"沉寂"数年后,统一重磅推出"老坛酸菜牛肉面"(广告见图2-1)。此款产品错位于康师傅的"味道"、今麦郎的"面弹"、白象的"汤好",围绕产品的调料包做文章,定位"有料",料包有特色!由于定位的成功,"老坛酸菜牛肉面"一炮走红,创造了单款产品销量的奇迹,甚至"逼得"康师傅、今麦郎、白象"三巨头"纷纷上马酸菜牛肉面。统一也凭借此款产品重夺行业"老二"的江湖地位!

图2-1 统一老坛酸菜牛肉面广告

回望四大方便面企业的定位之战,其实今麦郎完全可以牢牢占据"面弹"和"汤好"(营养)两大诉求点,因为其在白象大骨面之前已成功推出骨汤弹面,此款产品融合了"面弹"和"汤好"(营养)两个诉求点,只可惜企业后期的产品推广中没能始终围绕这两大"主题"展开,硬是被白象成功切走了"汤好"(营养)的概念,实在是有些可惜。

按照正常逻辑,一碗面无非就是四个核心卖点:味道、面身、汤底、料包,而这四个卖点已经被上述四大方便面巨头各自诉求完毕,方便面市场还有机会吗?值得一提的是,即使"四大巨头"成功地各自占据了一碗面中的四个核心卖点,但"五谷道场"成功地从更高的一个层面将自己定位为"非油炸型方便面(更健康)",从而整体性地区别于"四大巨头"(全是油炸型方便面),开创了一个全新的品类,一度创造了市场的销售奇迹,但后期由于各种其他的原因,产品的快速发展受到了一定制约。

(资料来源:刘杰,市场部网站,http://www.shichangbu.com/article-18261-1.html)

❓问题思考:

康师傅、统一、今麦郎(华龙)、白象四大方便面品牌通过何种方式打动了消费者?

消费者的心理活动过程是支配其购买行为的心理活动的发生和发展的全过程,是消费者不同的心理现象对客观现实的动态反映,通常包括认识过程、情感过程和意志过程三个阶段。研究消费者在购买行为中发生的心理活动过程,对商业企业经营者了解消费者心理变化,从而采取相应的心理策略有很大帮助。

2.1 消费者的认识过程

消费者的认识过程是指消费者在消费过程中通过感觉、知觉、注意、记忆、思维和想象等形式对商品或服务等外部信息加以接收、整理、加工、存储,从而形成的综合性认识过程。消费者的认识过程直接影响着消费者对消费需求的认识以及消费者潜在需求能否向现实需求进行转化。

2.1.1 消费者的感觉与消费心理活动过程

1. 感觉的含义

消费者的感觉主要是消费者在购买和使用商品的过程中感觉器官对于商品个别属性的反映。感觉包括视觉、听觉、嗅觉、味觉和触觉等。消费者对商品的认识过程是从感觉开始的。消费者的感觉,是商品个别属性(颜色、声音、气味、味道、凉热等)作用于消费者不同的感觉器官(眼、耳、鼻、舌、皮肤),刺激消费者的视觉、听觉、嗅觉、味觉和触觉,通过传入神经到达大脑皮层的神经中枢,形成对该商品的主观印象。

例如,茶道(见图2-2)讲究的是与艺者围桌而坐,一同赏茶、鉴水、闻香、品茗,耳闻琴声缭绕,领略茶的色、香、味、滋、韵,共同接受美的熏陶,享受茶艺的温馨和怡悦,任心灵去歇息。品茶,就是品味人生,感悟生命。

图2-2 茶道文化

2. 感觉的基本特征

感觉具有感受性、适应性、联觉性等基本特征。感觉的运用对研究消费者心理具有重要的影响。

(1)感受性和感觉阈限。感受性是指感觉器官对适宜刺激的感觉能力,通常用感觉阈限的大小来度量。感觉器官只有在一定的刺激强度范围内才能产生反应。我们把能够引起感觉的、持续一定时间的刺激量称为感觉阈限。消费者感受性的大小主要取决于消费刺激物的感觉阈限值的高低。一般来说，感觉阈限值越低，感受性就越大；感觉阈限值越高，感受性就越小。

　　感觉器官感受到刺激后，如果刺激的数量发生变化，但变化极小，则不易被消费者察觉。只有增加到一定程度时，才能引起人们新的感觉。例如，一种商品的价格上涨或下降1%～2%时，消费者可能毫无察觉，但如果调幅达10%以上，则会立刻引起消费者的注意。各种商品因效用、价格等特性不同，消费者对其存在不同的差别感受性。例如，一辆汽车价格上调几百元乃至上千元，往往不为消费者所注意；而日常生活中的柴米油盐提价几角钱，消费者却十分敏感。了解消费者对不同商品质量、数量、价格等方面的差别感受性，对合理调节消费刺激量，促进商品销售具有重要作用。

　　（2）感觉的适应性。消费者感觉的感受性会受到时间因素的影响。随着刺激物持续作用时间的延长，消费者因接触过度而造成感受性逐渐下降，这种现象叫作感觉适应。例如，"入芝兰之室，久而不闻其香；入鲍鱼之肆，久而不闻其臭"，就是感受性的降低。

　　要使消费者保持对消费刺激较强的感受性，企业要经常变换刺激物的表现形式，调整消费刺激的作用时间。例如，采用连续时间内播放同一产品的系列广告或间隔时间播放同一内容的广告；不断变换商品的包装、款式和色调，推出新的品牌等，都可以维持消费者对本企业商品的感受性，避免产生感觉适应。

　　（3）感觉的联觉性。人体各感觉器官的感受性不是彼此隔绝的，而是相互影响、相互作用的。即一种感觉器官接受刺激产生感觉后，还会对其他感觉器官的感受性发生影响，这种现象就是联觉。消费者在同时接受多种消费刺激时，经常会出现由感觉间相互作用引起的联觉现象。例如，在进餐时赏心悦目的各色菜肴会使人的味觉感受增强。冬天穿红色衣服使人感到温暖；夏天穿白色衣服则使人产生凉爽的感觉。

 实例链接 2-1

奥利奥形象大使姚明带千万家庭回归童心

　　2010年2月26日，卡夫食品（中国）在上海启动奥利奥"看谁能泡到"全国宣传媒体见面会。作为奥利奥的形象大使，国际篮球巨星姚明亲临现场，与到场嘉宾共同分享"扭一扭、舔一舔、泡一泡"的奥利奥独特吃法，带领大家回归愉悦童心。

　　卡夫食品中国董事长及总裁戴乐娜女士说："卡夫食品公司的宗旨是为消费者带来美味的食品和体验，让我们的今天更美味。"奥利奥饼干是卡夫食品全球的旗舰品牌之一，邀请姚明成为奥利奥品牌形象大使，是想将"扭一扭、舔一舔、泡一泡"的奥利奥独特品尝方式和童心愉悦，带给千千万万的中国家庭。

　　在媒体见面会上，姚明为奥利奥拍摄的电视广告首次公映，影片中姚明与小男孩以温馨童真方式演绎"扭一扭、舔一舔、泡一泡"的经典吃法，童趣的画面让现场笑声与掌声不断。在活动现场,姚明还和广告中小男孩操作即将推出的奥利奥"看谁能泡到"网络游戏(见图 2-3),以虚拟的方式感受"扭一扭、舔一舔、泡一泡"的童真趣味;另外,由现场媒体以及消费者组成的三组亲子队,进行一场"看谁能泡到"PK 大赛,最终获胜的小观众获得姚明的签名篮球。

图 2-3 姚明奥利奥广告

作为奥利奥的形象大使,姚明表示奥利奥饼干不仅是美味的零食,更是连接家人情感的温馨纽带,不仅可以享受美味,更让父母和孩子一起回归愉悦童心!姚明表示,未来他也会带他的孩子用"扭一扭、舔一舔、泡一泡"的方法享受奥利奥,一起享受童真般的家庭欢乐时刻。

(资料来源:新华网,http://www.sh.xinhuanet.com/2010-03/02/content_19137615.htm)

【案例思考与应用】

在奥利奥饼干的"看谁能泡到"的广告中,基于消费者的何种心理状态对产品进行了推广?

3. 感觉在营销活动中的作用

感觉是一切复杂心理活动的基础。没有感觉,就无法进一步认识商品,更无法了解其功能。感觉在消费者购物和企业营销工作中的作用有以下几点。

(1)感觉使消费者获得对商品的第一印象。第一印象的好坏直接影响消费者的购物态度和行为。对生产商和销售商来讲,要有"先入为主"的意识和行为,在商品的色彩、大小、形状、质地、价格等方面精心策划自己的商品,使其牢牢抓住消费者的感觉,如给消费者创造优雅的购物环境,用灯光、音响、色彩、气味来刺激消费者,从而达到招徕消费者和促销的目的。例如,肯德基 54 层法风烧饼的广告(见图 2-4)很好地利用了消费者的感觉的作用。

(2)信号的刺激强度要使消费者产生舒适感。消费者认识商品的心理活动从感觉开始，不同的消费者对刺激物的感受性不一样，即其感觉阈限不同。有的人感觉器官灵敏，感受性高，而有的人则感受性低，承受能力强。企业做广告、调整价格和介绍商品时，向消费者发出的刺激信号强度应适应他们的感觉阈限，注意消费者感受的舒适性问题。例如，销售现场过强的灯光、过大的声响、杂乱无章的布置等超强刺激因素均会影响消费者的舒适感，从而将减少消费者在购物中逗留的时间。

图2-4 肯德基法风烧饼广告

（3）感觉是消费者引发某种情绪的诱因。消费者的情绪和情感常常是行为的重要影响因素，而感觉又经常引发消费者的情绪和情感。客观环境给消费者施加不同的刺激，会引起他们不同的情绪感受。例如，轻松优雅的音乐，协调的色调，适当的灯光，自然光的采用，商品的陈列造型，营销人员的亲切微笑等，都能给消费者以良好的感觉，从而引起他们愉悦的情绪和心境。此外，商品的包装和装潢、广告的设计等都应使消费者产生良好的感觉，引导消费者进入良好的情绪状态，才会更多地激发起消费者的购物欲望。

头脑风暴及应用

在夏天和冬天两个季节到商场和超市购物，购物场所的装潢和广告设计色彩搭配是否相同？有何感觉？

2.1.2 消费者的知觉与消费心理活动过程

1. 知觉的含义

知觉是人脑对直接作用于感觉器官的客观事物的整体反映，是消费者在感觉基础上对商品总体特性的反应。知觉有空间知觉、时间知觉、运动知觉、社会知觉、错觉等。感觉是知觉的基础，但知觉并非感觉的简单相加，而是受过去经验的制约，在知识和经验的基础上，经过人脑的加工，形成对事物正确解释的过程。

例如，当消费者要购买某品牌计算机，首先对计算机的款式、清晰度、功能、价格等个别属性有所反映时，可以说对该计算机有了感觉。当其了解了该商品的售后服务情况以及回忆了已购买该品牌的朋友的建议时，该商品就在消费者的头脑中有了综合的反映，我们称这一过程的心理活动为消费者知觉过程。知觉的意义在于，消费者知觉到某一商品的存在，并与自身需要相联系，从而产生购买决策。

2. 知觉的特征

知觉具有整体性、选择性、理解性和恒常性等基本特征。

（1）知觉的整体性。消费者在感知某一商品时，总是把它作为具有一定结构的整体去认知，而不会把其感知为许多个别的、片面的、孤立的部分。例如，消费者在购买家具时，绝不会只注意家具的材料、颜色或款式，而是把商场的装饰设计、营业员的言谈举止、商场的售后服务等多种因素综合在一起，构成对家具的整体感知印象。消费者的知觉直接影响其购买行为，如果被知觉的商品符合消费者的需要，引起消费者的兴趣，消费者就会做出购买决定，产生购买行为。

（2）知觉的选择性。客观世界纷繁庞杂、千变万化，消费者不可能同时感知一切，并给予全部反映，只能具有一定的选择性。这种选择性不仅与刺激的特性有关，而且与消费者的兴趣、需要和消费动机等有关。例如，消费者主动收集让自己愉悦或有价值的信息，回避那些令人不快或带有威胁性的营销刺激，这种信息的过滤就与知觉的选择性有关。

（3）知觉的理解性。知觉的理解性是指消费者根据已有的知识和经验对知觉对象进行解释的过程。知觉的理解性以知识、经验为基础，根据知觉对象提供的线索，赋予一定的意义。例如，消费者见到"老北京布鞋"的字样，自然会想到做工精细、用料考究。因此，企业在做广告宣传引导消费者正确理解商品时，要把握要点、用词准确，避免消费者出现片面的甚至错误的理解。

（4）知觉的恒常性。知觉的恒常性是指知觉的条件在一定范围内改变时，知觉的印象仍保持相对不变。在商品经营活动中，要特别注意培养消费者对商品和企业的良好知觉，这种良好的知觉一旦形成，即使商品出现偶然的失误，消费者也会给予谅解，否则，一旦形成消极的知觉则很难改变。例如，海尔最早以生产洗衣机和电冰箱为主，由于消费者在两款产品的消费过程中获得了海尔真诚的服务，因此在消费者中拥有了良好的声誉。目前海尔品牌已涉足家电、通信、IT数码产品、家电家居、家居集成、智能家居、软件、物流、金融、保险、房地产、数字家庭、生物制药、医疗设备等十四大类产品，大都获得了良好的市场效果，其主要原因是企业良好的口碑对老顾客的知觉恒常性产生了积极的影响。

实例链接 2-2

坚果：把名人变为免费代言人

2015年8月，北京锤子数码科技发布了"小锤子"之称的坚果U1。相比于2014年的锤子T1，U1无论是产品还是Smartisan OS 2.0系统都没有让大众眼前一亮，与此同时，创始人罗永浩本人的演讲风格也变得谦逊拘谨。

虽然大众对本次锤子科技发布会褒贬不一，但有一点毋庸置疑，其"漂亮得不像实力派"系列海报的传播策略尤为成功：借助丘吉尔、海明威、海蒂·拉玛等历史名人的形象（见图2-5），对那些以貌著称但不靠脸吃饭的名人表示敬仰，也意在影射坚果U1

美观且实用的产品特性。锤子官方发布了海报生成器，供网友利用模板为自己的偶像自制同样主题的海报。微信、微博、知乎、贴吧等社交平台均有不少网友利用此模板制作海报，起到非常好的传播效果。

图 2-5　锤子科技"漂亮的不像实力派"广告

其中，有网友利用高晓松的头像制作成海报发布在微博上，被误以为是锤子科技官方发出。罗永浩在第一时间转发并道歉，两人因海报事件在微博互动近10条，网友转发量达数万次，把"海报门"推向高潮。

抛开此次事件的本质不谈，单从增加品牌曝光度方面来讲，锤子科技无疑赚了很大的便宜。而这一切都得归功于海报生成器的主题不但有着明确的调性，而且操作简单，文案易于仿写，为网友提供了一个表达对偶像敬仰的平台，无形中使得无数名人成了坚果手机的免费"代言人"。

（资料来源：笨点调研，http://www.ceidea.cn/show.asp?showid=1451）

【案例思考与应用】

锤子科技的"漂亮得不像实力派"广告对消费者的认识过程产生了哪些影响？

3. 错觉现象

人们在知觉某些事物时，可能受背景干扰或某些心理原因影响，往往会产生失真现象，这种对客观事物不正确的知觉称为错觉。错觉的种类很多，生活中常见的有长短错觉、大小错觉、图形错觉、颜色错觉、运动错觉和时间错觉等。错觉现象在生活中十分普遍。例如，同样身高的男女，人们总是认为女的比男的要高一些；房间里装上一面镜子，房间显得比原先宽敞了许多，等等。

市场营销人员需了解错觉对消费者感知客观事物的影响，将错觉原理巧妙地运用在广告宣传、包装设计、橱窗布置及商品陈列等营销策略中，满足消费者的心理需求，对吸引消费者的注意，刺激消费者的购买行为具有重要的作用。例如，绿色瓶装的啤酒会给人清爽的感觉，而黄色瓶装的啤酒则给人富含营养的感觉；深颜色、竖条纹的服装会使身体矮胖的顾客显得苗条，而浅色、横条纹衣服则使细高个顾客显得丰满。

4. 知觉在市场营销活动中的作用

（1）知觉能引导消费者选择自己所需的商品。有明确购买目标的消费者走进营业现场后，能很快地找到出售欲购商品的柜台，同时能积极主动地在琳琅满目的商品中选出所要购买的商品，其间知觉产生了引导作用。而货架、柜台中的其他商品，相应地成为知觉对象的背景，消费者对其或视而不见或感知模糊，这是知觉的选择性作用的结果。知觉的选择性可以运用于商业设计中。例如，在柜台布置上，利用灯光的照射可以使摆放在货架上的商品更加高贵、典雅，广告中的背景音乐、色彩搭配等手段的衬托，会加深消费者对商品的知觉。

（2）知觉能带动消费者做出购买商品的理性决策。知觉的理解性在人们购买商品时起到了十分重要的作用。例如，具有求实、求廉心理的消费者，在购买商品时注意商品的实际功能相对于需求的满足程度，同时也考虑到商品价格与质量、性能之间的关系。这些消费者一般不会盲目追求豪华、高档、高价的商品。即使商品存在某些不足，如果其功能、内在质量仍能满足要求，而价格又较低，他们还是愿意购买。

（3）知觉能使消费者形成对商品的特殊喜爱。知觉的恒常性使消费者对质量优良的商品、名牌企业的名牌商品形成良好的印象。这种良好的印象会转化为他们的购买行为，并成为该品牌的忠实消费者。例如，有的消费者不仅自己购买喜爱的品牌商品，还会为该商品作义务宣传员，向亲朋好友、邻居推荐这些产品，但如果消费者对企业和商品产生了不好的印象，也会积极地将其传递给周围的亲朋好友。

2.1.3 消费者的注意与消费心理活动过程

1. 注意的含义

注意是消费者对外界事物的目标指向和精神集中状态，是伴随着感觉、知觉、记忆、思维等心理过程而产生的一种心理状态。注意这种心理现象是普遍存在的。例如，看电视时我们注意到了肯德基的最新广告；坐公交车时我们在广播中注意到了足球比赛的最新信息，等等。注意与认识、情感、意志等一切心理活动紧密相连，并贯穿于认识活动的全过程。

注意是消费行为过程中必不可少的心理活动。指向和集中是注意的两个特点。所谓指向，是指心理活动有选择地朝向一定事物。所谓集中，是指心理活动反映事物达到一定的清晰和完善的程度。例如，消费者在选购商品时，其心理活动会指向某一商品并全神贯注于这一商品，同时又离开其他商品，对场内的噪声、喧哗、音乐等干扰进行抑制，从而对该商品获得清晰、准确的反映，并据此做出自己的购买决策。

2. 注意的分类

根据产生和保持有无目的和意志努力程度，注意可分为有意注意和无意注意。两者既相互联系，又相互转换。

（1）无意注意。无意注意是指消费者没有明确的目的和目标，不需要做意志努力的注意。例如，目前很多城市的手机专卖店都会选择周末在店门前搞各种各样的促销活动，活动期间人头攒动，声乐齐鸣，使过路人停下脚步，一看究竟，这就是无意注意。

（2）有意注意。有意注意是指自觉、有目的的、需要消费者做出一定意志努力的注意。它受到人的意识的自觉调节与支配。例如，电子游戏发烧友会定期到电子游戏卖场、游戏网站及电子游戏类期刊等查询最新游戏的最新推出状况，其属于有意注意。

 **实例链接 2-3**

苹果新品，天猫首发？

"2015苹果新品发布，再一次改变世界"，2015年5月天猫官方微博上的一条消息瞬间在网上炸开了锅。

内部人士的重磅消息

果粉们，你们的肾还够用吗？

上一波苹果新品的热度尚未褪去，粉丝们又将迎来新的追逐点。据知情人士透露，5月6日，苹果神秘新品即将在天猫首发。

消息称，此次发布的苹果新品，充分考虑到了中国消费者的习惯，也是首次通过天猫与全球消费者见面。在新品的研发过程中，研发者针对中国用户的消费习惯和使用行为进行了完整的分析。因此，与以往的产品比，本次苹果新品在外观、尺寸、材质上都颠覆传统，进行了全新设计，力图带给消费者与以往产品完全不同的体验。

据悉，此款新品将设128G、256G等多种大小可供选择；而外观上，将采用优美的弧线设计，握感舒适。据天猫小二透露，近日来，天猫正在全力准备5月上旬的新品发布。同时，为了让消费者能够第一时间买到苹果新品，大量货品已在日前抵达国内仓库。

有专家表示，苹果新品选择在天猫首发，展示了天猫注重国际化的策略。一方面，天猫的购物流程和操作方式早已深入人心，更符合当前用户的消费习惯；另一方面，苹果新品的加入也给天猫带来了商品丰富度的提升。

对此重磅消息，目前，尚未得到双方领导层面正面回应。

没错，真的是苹果

没错，这个真的是苹果，只不过此苹果非彼苹果。天猫借着高端电子产品的噱头，为真正的苹果幽默了一把：

"6.8CM 黄金握感，匠心精神，始于设计。"

"1700° 甜度跑分。甜，是基本素质。"

"纯天然工艺，只为构建极致口感。"

除了精彩的文案，连产品的页面展示也与苹果手机官网保持着一致的风格，还有科技感十足的产品解析视频，一本正经地跟大家开玩笑，让人忍俊不禁（见图2-6）。

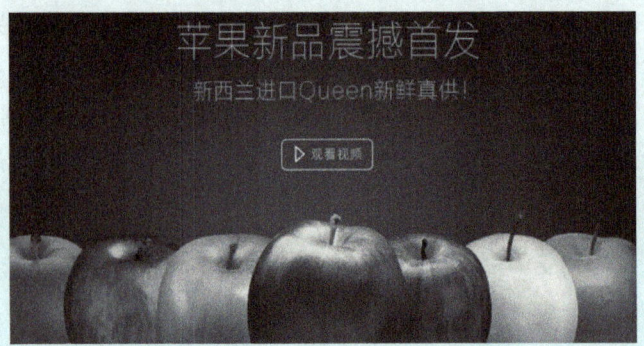

图 2-6 天猫苹果新品发布页面展示

"苹果"早已成了"苹果手机"的代名词，而此次天猫的娱乐营销正是利用人们对于"苹果"这个词的固化理解，利用受众的错觉感，制造悬念，吸引注意力。很讨巧地借势苹果手机，为自己的苹果制造热点，90分钟内售罄10 000份，这个结果也足以体现这次营销的强大威力。

（资料来源：http://www.yicai.com/news/2015/05/4614508.html）

【案例思考与应用】

天猫苹果新品的发布如何吸引了消费者的注意力？

3. 注意在营销活动中的作用

注意在消费者心理活动过程中具有重要的作用，因此企业在进行商品设计、包装、广告宣传等营销活动时，应有针对性的采取多种营销手段，以引起和保持消费者的有效注意。

（1）采用多元化的经营手段调节消费者在购物过程中的注意转换。目前国内很多大型零售企业都往往集购物、娱乐、休闲、餐饮等于一体，满足了消费者全方位的消费需求，使消费者在购物时时而有意注意时而无意注意，有利于延长消费者购物时的停留时间，创造了更多的销售机会，同时也使消费者享受了购物的乐趣。

（2）充分发挥注意的心理功能，引发消费需求。只有有意注意才会引发消费者明确的需求，因此在企业的经营活动中可以充分利用注意的心理功能，利用各种各样的营销手段，引起消费者的无意注意，并促使消费者由无意注意转换到有意注意，从而引发消费需求。

（3）利用成功的广告宣传引起消费者的注意力。实践证明，在广告设计制作中巧妙地利用刺激物的大小、强度、色彩、位置和间隔等的对比及变化都可以增强消费者的注意力，收到事半功倍的效果。

2.1.4 消费者的记忆与消费心理活动过程

1. 记忆的含义

记忆是人脑对过去经历过的事物的反映。人们过去感知过的事物、思考过的问题、体验过的情感，都能以经验的形式在头脑中保存下来，并在一定条件下能够重新再现起来，这就是记忆过程。例如，消费者买了某种品牌的化妆品，通过使用这种化妆品会给她留下一个整体的印象，一旦再购买这类商品，过去的印象便会重现，这种重现出来的记忆可以指导人们重新购买，成为选择商品与品牌的依据。

2. 记忆的过程

记忆是一个复杂的心理过程，它从心理活动上将过去与现在联系起来，并再现过去经历过的事物，使人的心理成为一个连续发展的整体。它包括以下四个基本阶段。

（1）识记。识记是消费者为了获得客观事物的深刻印象而反复进行感知，从而使客观事物的印迹在头脑中保留下来的心理活动，是记忆的前提。在购买活动中，消费者运用视觉、听觉和触觉认识商品，并在头脑中建立商品之间的联系，留下商品的印迹，表现为消费者反复查看商品，多方了解商品信息，以加强对商品的印象。例如，消费者在购买家用电器时，光顾多家品牌的柜台，然后根据记忆进行比较和选择，这就是识记过程。

（2）保持。保持是记忆过的事物映象在头脑中留存和巩固的过程，使识记材料较长时间地保存在脑海中。例如，通过识记消费者把各品牌家电的式样、颜色、规格、质地及价格等因素及其决策意向储存在大脑中，就是保持过程。

（3）回忆。回忆是过去经历过的事物不在面前，而把它的印象重新呈现出来。例如，消费者在确认购买家电产品时，为了进行比较，往往在脑海中重现曾在别处见过或自己使用过的同种商品的信息，这就是回忆过程。

（4）再认。再认是过去经历过的事物重新呈现在面前，感到熟悉并能确认它是过去经历过的。例如，消费者在市场上看到某种家电产品，能认出是曾使用过或在电视广告中见过，似曾相识甚至很熟悉，就是再认过程。

3. 记忆的分类

（1）根据记忆的内容的不同分类。

1）形象记忆。把感知过的事物的形象作为内容的记忆，可以是视觉形象，也可以是听觉、嗅觉、味觉等形象。例如，很多儿童都愿意选择到肯德基就餐，但幼小的孩子不一定认识"KFC"，却一定认识"肯德基爷爷"（见图2-7），其间形象记忆产生了影响。

2）逻辑记忆。通过语词表现出来的对事物的意义、性质、关系等方面内容的记忆。消费者对商品广告的记忆多属于这种记忆。例如，"脑白金"，它利用人们希望大脑保持青春魅力的美好愿望给产品命名，使人们很快就记住了。

图2-7 肯德基爷爷

3）情绪记忆。把体验过的情绪和情感作为内容的记忆。例如，麦氏咖啡的广告语"滴滴香浓，意犹未尽"，显示了消费者饮用咖啡后难舍最后一滴的情感记忆。

 **实例链接 2-4**

"双十一"前，京东以父之名大玩"情感营销"

2014年"双十一"临近，空气里都弥漫着人们蠢蠢欲动的浓浓购物欲，在众电商开启抢人大战的紧要关头，京东却慢条斯理地推出了一部以父爱亲情为主题的暖心微电影——《我和老爸》（见图2-8），不禁让路人都看着着急："传说中的促销呢？说好的5折呢？"

图2-8 京东微电影《我和老爸》

在经历了行业争霸之后，阿里淘宝系、京东腾讯系已坐定电商第一梯队的江湖地位。与此同时，在"男人节"、"撒娇节"等电商节日的狂轰滥炸之下，消费者已日趋麻木，回归理性，对传统营销方式不再埋单。

在这样的市场大环境下，如何玩得更高级、更抓人心，是京东着重思考、尝试的。早在2014年年初京东就过了一把微电影的瘾，尝到了亲情牌的甜头，这一次更是"以父之名"将感情牌更加深入地进行到底。

从酝酿开始，微电影《我和老爸》便承担着传播和强化品牌理念"为每一点喜悦"（Make joy happen）的任务，并肩负加强品牌与用户情感联系，获得用户好感的使命。因此，以发生在父子之间的情感故事作为微电影主线，让喜悦在家庭生活中绽放，无疑将唤起用户的共鸣并博得好感。

对京东而言，《我和老爸》所承载的意义是巨大的。因此京东在影片创作环节下足了功夫：为确保高水准的影片质量，力邀知名导演赵天宇携创作团队加盟，精挑细选符合电影调性的主题曲许巍的《礼物》。更为微电影推广特制《礼物》新MV，由许巍出镜畅谈与父亲的相处之道。

微电影的传播，京东显然是有备而来。在微电影剧本的撰写之初，京东就已经有了周全的考量：《我和老爸》本身就饱含"代际矛盾"、"亲子关系"、"家庭情感"、"父子感恩"等一系列不论是在网络还是现实生活中均能引起热议的话题。由此产生的话题"我和老爸"又富于感性和去广告化的特点，自然极易引发网民的共鸣和参与。

不仅如此，在媒体方面，除了选择微博、微信这样的主流社交媒介，京东还通过豆瓣电影、百度百科等平台建立标签，以增加信息触点，形成合围之势，为后续强劲的传播奠定了良好的基础。在传播内容方面，网络上广为传播的《我和老爸》相关对比组照、漫画等，也意味着京东为本次传播筹备了充足的"弹药"。

微电影《我和老爸》的传播可谓步步为营。先期通过主题曲《礼物》新版MV许巍罕见地出镜谈论自己成长中对父亲的爱与恨，电影未播出就吸引了广泛关注。

微电影播出后，以一组电影海报，以剧照搭配感人文案的方式，向人们展现大时代背景下父子间的矛盾与感情。配以年轻人喜欢的漫画形式，绘制出父子两辈人不同的生活差异，向人们展现两代人隔阂的成因。

另有对比组照《我和老爸换装》则以强烈的对比，讲述"换位思考"在代际沟通中的重要性。这些原创内容不仅以创新形式吸引眼球，也因具有深刻的思想性，获得了大量网民的认同。

最后，推出一部融合导演、出品人、许巍、观众在内的访谈，以问答的方式，讲出和父亲有关的点点滴滴。既借助了明星的号召力，也通过普通大众的视角唤起人们的共鸣，将网络UGC推向最高潮。

一组数据证明了《我和老爸》的成功：在微电影上线7天后，话题"我和老爸"位列微博综合热门话题排行榜第4，话题阅读数超过2亿次，讨论人数超10万人。衡量一部微电影优劣的另一个准绳是观众反响。影片上映后，观众纷纷发出诸如"跟爸爸交流得太少，真的该反省"，"看完好想回到爸爸身边"的感言，还有大批网友自发上传了与父亲的合影。这从侧面说明《我和老爸》微电影本身所具有的感染力：既引发了观众群体的共鸣，又调动起受众参与话题的积极性。

在这一轮由《我和老爸》掀起的传播热潮中,京东收获的不仅是超高的关注度,更在浮躁的互联网上,通过传播"促进两代人和谐相处"的内容,传递出可贵的正能量。可以说,京东将整个电商的营销环境带动提升到一个新的档次,摆脱了以往的纯功利的价格比拼,将竞争提升到更为高级的情感比拼阶段:不仅要感动你,更让你在"爱"的名义下心甘情愿地选择京东。

【案例思考与应用】
京东的《我和老爸》微电影是否成功?对消费者的情绪记忆产生了哪些影响?

4)运动记忆。把做过的运动或动作作为内容的记忆。例如,许多游戏软件公司针对喜欢电子游戏的年轻人都推出了大量的免费版、试玩版游戏,使参加游戏的青年人在游戏过程中对该企业的产品形成了良好的运动记忆。

(2)根据记忆保持时间长短的不同分类。

1)瞬时记忆。当刺激停止作用后,感觉并不立刻消失,在0.25~2秒的很短时间内仍保持着它的印象,又称感觉记忆。

2)短时记忆。一次经验后能保持2秒~1分钟以内的记忆。

3)长时记忆。从1分钟以上直到许多年甚至终身保持的记忆。与短时记忆相比,长时记忆的能量非常大。其实,长时记忆是对短时记忆反复加工的结果。也就是说,对短时记忆进行重复,短时记忆就会成为长时记忆。

4. 记忆在市场营销活动中的作用

在市场营销过程中,记忆对于消费者购买活动起到深化和加速认识的作用,它在一定程度上决定着消费者的购买行为。

(1)充分利用记忆,影响消费者的购买决策。消费者通过反复地接触商品和广告宣传,自觉地利用记忆材料,对商品进行评价,全面、准确地认识商品,并做出正确的购买决策。例如,某消费者欲购家庭汽车,而其又对品牌汽车知之甚少时,为了达到满意的购买选择,其会在网络上进行相关汽车品牌信息的搜寻,并向拥有家庭汽车的亲朋好友和同事了解这方面的知识,从中掌握有关家庭汽车的品牌、型号、功能、质量、价格及使用事项等方面的知识。其间他会把这些知识和经验在大脑中进行记忆,待到购买时,就可以根据有关知识去选购其中意的品牌。

(2)采用各种方法,增强消费者的有益记忆。消费者的购买行为是建立在有关知识和记忆基础上的。因此,如何加强消费者的记忆,是市场营销人员应重点考虑的问题,可采用以下方法:①创造条件鼓励消费者参与各种营销活动,充分发挥运动记忆对消费者记忆效果的影响;②理解有助于记忆,营销活动应方便消费者理解记忆;③充分发挥情绪情感在营销活动中的积极作用,使消费者形成良好记忆形象;④营销信息适度重复,提高消费者的记忆效率；⑤寻找最佳商品信息传播时间和空间，产生最佳记忆效果。

对生产商和营销商来讲，在商品的造型、色彩、商标、命名、陈列、宣传等方面采取强化记忆的手段，是十分必要的。例如，新颖的造型、鲜艳的色彩、简明易记的品牌和商标、形象生动的外部包装和广告宣传，都会给消费者留下深刻的印象，促进了消费者的记忆过程。

2.1.5 消费者的思维与消费心理活动过程

1. 思维的含义

思维是通过分析、概括对客观事物的本质进行间接反映的过程。人们对客观事物的认识不会停留在感知和记忆的水平上，而总是利用已经感知和记忆的材料，进行分析、综合、抽象、概括等思考活动，把感性认识升华到理性认识阶段，从而获得对事物的本质和内在规律的认识。例如，人们可以利用过去的经验推算某种商品更新换代的速度和价格走势，以确定是现在购买还是以后购买。

2. 思维的分类

（1）根据思维活动的形式不同分类。

1）形象思维。利用直观形象对事物进行分析判断的思维。

2）逻辑思维。利用概念、推理和理论知识来认识客观事物，达到对事物的本质特征和内在联系的认识的思维。

（2）根据思维的品质不同分类。

1）常规思维。利用已经获得的知识和经验，依照原来的模式所进行的思维。

2）创造性思维。具有独特、变通、逆向、求异和创新特点的思维。

3. 思维在营销活动中的作用

消费者在选购商品时，常常借助有关商品信息，对商品进行分析、比较、判断等思维过程来决定是否购买。例如，消费者首先对冰箱有了感知，接着运用思维进行分析（把不同品牌的冰箱在性能、款式上进行区分）、综合（把各种特点、性能综合起来，认定每一品牌冰箱的优缺点）、比较（把各品牌冰箱的同异部分、特点、性能区别开）、抽象（抽出共同属性、如冰箱的节电、方便、实用、耐用；舍弃非本质的如颜色等）、判断（评定冰箱的内在、外在质量）、推理（预测冰箱的使用效果以及获得的心理满足），从而确定理想的某种牌号的冰箱为目标商品。所以销售人员在推销商品时，尤其是大件贵重商品时，必须让消费者对商品有充分的了解，要多种类展示，全面介绍，使消费者在充分了解以后，经过认真思考，以确定购买哪种商品。

实例链接 2-5

今麦郎直面广告的失败

自 2010 年年初起,今麦郎推出了新的广告:直面广告《美味惊人篇》,这则广告以"直面"技术为诉求,用模特的头发"由曲变直"作为视角创意,重点宣扬其直面技术(见图 2-9)。该广告一经播出,迅速吸引了电视观众的注意力。不过,推出后却收到诸多恶评:有网友反映说,看到这则广告后,母亲差点被吓出心脏病;2 岁的孩子吓得哇哇直哭……

图 2-9 今麦郎直面广告

不得不说,这是一则让人容易反感的广告,原因有三。

首先,直面是否就领先曲面?据说这是今麦郎从合作伙伴——日清手中花重金购买的最新技术。不过,在广告中,观众没有得到直面的更多利益点,只是从平面广告标题诉求说:更顺溜。从方便的角度,如果使用小叉子作为食用工具,直面或许真比不上曲面,如果要改变消费者食用曲面的习惯,相信今麦郎和日清还需要花费更多的广告和推广费用。

其次,该广告创意显得简单粗暴,没有洞察消费者内心所求。如果直面是最新技术、大势所趋,那么今麦郎也要从消费者的角度来诉求味道更接近手擀面,比曲面能更方便食用,而非简单地说:我有直面了!直面就是好!这是把消费者当傻瓜的一种诉求方式,也是过高地估计了自己的做法,结果就是难以服众,被消费者抛弃。

再次,该广告的技术制作非常粗糙,头发由曲变直的一瞬间,动画的技术模糊、变化怪异,令人愕然。同时,该广告由每天需要清洗的头发来比喻入口的食品,如果模特的头发恰巧被看到有啫喱、发胶或者不明小东西,绝对会令有洁癖者远离和恶心——难怪网友的家人被惊吓到。形容直面的直,是否有更巧妙的方式?创意者偷懒了。

对占据国内方便面市场三甲位置的今麦郎而言,在推广上一直没有太大的收获,前期张卫健代言的弹面广告,是至今让消费者印象相对深刻的广告。相比于康师傅清晰、持久的"就是这个味"的主题传播下,今麦郎在品牌印象上一直模糊难辨。

(资料来源:梅花网,http://www.meihua.info/today/post/post_8e36c0da-8a95-4f0e-8611-d2608d99ee44.aspx)

> 【案例思考与应用】
> 今麦郎直面产品定位与之前的定位是否有冲突?直面产品出现之后有哪些方面的调整?消费者是否接受?

2.1.6 消费者的想象与消费心理活动过程

1. 想象的含义

想象是指人们在生活实践中,不仅能够感知和记忆客观事物,而且还能够在已有的知识经验基础上,在头脑中构成自己从未经历过的事物的新形象,或者根据别人口头语言或文字的描述形成相应事物的形象的过程。想象活动需具备三个条件:过去个人感知过的经验作为依据;人脑的创造和加工;最终形成新的形象。

消费者的想象往往会影响消费者的消费态度及消费决策。例如,准备结婚的男女在家居市场看自己中意的家居时,头脑中往往都会产生一种身居其中的想象,感受其是否美观、实用、新颖、舒适、与室内设计是否协调等,并由此决定是否购买。

2. 想象的分类

根据新形象的形成有无目的性,可以把想象分为无意想象和有意想象。

(1)无意想象。无意想象也称不随意想象,是人们没有预定目的,不由自主地引起的想象。例如,消费者逛床上用品超市时,看到那些漂亮的床上用品的摆设,则会停下脚步,在床上坐一坐,其并非为了休息,实质上是产生了一种无意想象。

(2)有意想象。有意想象也称随意想象,是人们有预定目的、自觉进行的想象。根据有意想象的新颖性、独特性和创造性的不同,又可分为再造想象和创造想象。

1)再造想象。根据词语的描述或非语言(图样、图解、符号等)的描绘,在头脑中产生有关事物新形象的过程。再造想象中形成的新形象的新颖性、独立性、创造性成分比较小,但差异较大,因为人们的经验、兴趣、爱好和能力不同,再造的形象也就不会相同。

2)创造想象。不依据现成描述而独立地创造出新形象的想象过程。在创造新产品、新技术、新作品时,人脑所构成的新事物的形象都是创造想象。它的特点是新颖、独创、奇特。创造想象在人的实际创造活动中是非常重要的,它是一切创造性活动的必要组成部分。

实例链接 2-6

台湾三菱汽车视频广告——《回家的路》

"爸爸的背是我回家经验里最深刻的记忆。每次回家的路上，一定会经过的那个糖厂福利社，我记得那里冰棒的味道，像父亲背的味道，他总是坚持要接我回家。后来我在台北念书放假回家，他也一定要来接我。我第一次开车回家，快到家前，我看到爸爸还是坚持要来接我。我想，他是怕我忘了回家的路吧。三菱汽车全省164个家，欢迎您随时回家。"（广告宣传片见图2-10。）

图 2-10 三菱汽车《回家的路》广告

三菱汽车的这则广告以父亲的关怀为主线，诉说一位父亲对女儿从小到大的守护，带领她走向回家的路。这位父亲每天坚持送女儿回家，表达无微不至的关怀。直到女儿长大，买了自己的车（引出本产品：三菱汽车），父亲依旧在村社门口等待女儿，引领着女儿回家。

这则广告一直走着重温情的路线，最后的广告语依旧是温情的"欢迎您随时回家"。广告的背景音乐是广为人知的《You Are Always On My Mind》，温暖的外语歌曲带动着广告受众的情感本能，产生了对父女亲情的良好回忆和想象。选择上既符合广告的诉求主题，又体现了产品的高档性。结尾时，讲出三菱汽车在台湾省164个服务点，点出产品的优秀售后服务，极大地提升了产品的形象，将稳重、可倚靠的父亲的感觉带给广告受众。从社会大环境来说，这具有人文关怀的性质，让受众更能从心理上接受他们的产品。

【案例思考与应用】

三菱汽车的《回家的路》的广告如何打动了广告受众？查阅资料，思考还有哪些类似的成功的广告。

3. 想象在市场营销活动中的作用

（1）消费者在形成购买意识、选择商品、评价商品过程中都有想象参加。通过想象，消费者能够深入认识商品的实用价值、欣赏价值和社会价值，激发其购买的欲望。例如，消费者欲购买一台空调，会想象拥有它能给家庭带来四季如春的感受，同时还起到美化家居的作用等。

（2）想象能提高消费者购买活动的自觉性和目的性，对引起情绪过程、完成意志过程起着重要的推动作用。

（3）运用想象，利用独具特色的商品广告、商品包装、商品陈列，吸引消费者的注意力，促使其产生有益的想象。

（4）对于营销企业来说，营销人员应具备一定的想象力。优秀的营销人员能够利用想象帮消费者寻找最合适的商品，同时又利用自己的创造性想象设计出满足消费者心理要求的商品广告、商品包装及商品陈列，扩大消费者的想象空间。

2.2 消费者的情感过程

消费者的消费活动过程，实际上是充满情感体验的活动过程。情感过程是人对事物的一种好恶倾向，主要通过人的神态、面部表情、语言声调和行动变化表现出来。

2.2.1 消费者情感过程的含义

消费者对于客观事物是否符合自己的需要而产生的一种主观体验，就是消费者的情感过程。消费者的情感过程包括情绪和情感两个方面。

情绪是指短时间内的与生理需要相联系的一种体验，一般带有情景性、不稳定性和冲动性，如喜欢、气愤、忧愁等情绪形式。当人的情绪失控时，往往会产生一些非理性的行为。

情感是长时间内与人的社会性需要（社交的需要、精神文化生活的需要等）相联系的一种稳定的、持久的体验，具有较强的深刻性、长期性和稳定性。情感相对来说则比较稳定，冲动性少，情感是在情绪的基础上产生的更高级的心理体验，如道德感、荣誉感、集体感、理智感、美感等。

情绪与情感是两个既有区别又有联系的概念，难以截然分开。一方面，消费者的情绪的各种变化一般都受已形成的情感所制约，另一方面，个人的情感又总是体现在情绪之中。在日常生活中，人们对情绪和情感并不做严格区分。情绪一般有较明显的外部表现，持续的时间短，情感的外在表现很不明显，持续的时间相对较长。

2.2.2 情绪、情感的类型

1. 情绪的类型

（1）心境。心境是人们在长时间内保持的一种比较微弱而平静的情感状态，如心情舒畅或郁郁寡欢等。心境的好坏，对于消费行为具有很重要的影响。良好的心境能使消费者发挥主动性和积极性，容易引起对商品的美好想象，易导致购买行为。而不良的心境，则会使消费者心灰意懒，导致抑制购买欲望，阻碍购买行为。

（2）热情。热情是一种强有力的、稳定而深刻的情感，如对祖国、人民深厚的爱，对事业的执著追求等，都是热情的表现。消费者的热情总有一定的基本方向和目标，为了达到目标乐意做出努力和奋斗。例如，一个热爱音乐的人，为了达到购买钢琴的目的，省吃俭用，最终如愿以偿。许多消费者就是在这种热情的推动下购买了某种商品。

（3）激情。激情是人们在一定场合爆发出来的强烈情绪。一般维持时间较短，如狂喜、暴怒、绝望等都属于这种情绪状态。激情的出现将对消费者的行为造成巨大影响，甚至改变消费者的理智状态，使理智变得模糊而难以控制。因此，企业和营销人员要尽可能地避免对消费者的强烈的不良刺激，尽量削弱消费者的对抗情绪，引导消费者产生积极的激情，愉快地进行购买活动，争取营销活动的成功。

实例链接 2-7

广告"恐惧斗室"被撤 耐克公司公开致歉

2004年12月3日，国家广电总局向各省、自治区、直辖市广播影视局（厅）以及中央电视台发出通知，停止播放广告"恐惧斗室"（见图2-11），因其违反了《广播电视广告播放管理暂行办法》第六条"广播电视广告应当维护国家尊严和利益，尊重祖国传统文化"和第七条"不得含有……亵渎民族风俗习惯内容"的有关规定。

12月7日美国耐克公司公开表示，为被中国国家广电总局因有损中国国家尊严而下令禁播的篮球鞋电视广告向中国消费者正式道歉。

耐克公司7日通过其在中国的公关代理发给新华社的一份致歉声明称："耐克公司对'恐惧斗室'广告在部分消费者中所引起的顾虑深表歉意。耐克公司无意表达对中国文化的任何不尊重。"

作为耐克（中国）的公关代理，上海埃特公关咨询有限公司已陆续给北京、上海、广州的主要报纸和网络媒体发出了这份致歉声明。"恐惧斗室"是耐克最新的篮球鞋广告，11月在亚洲市场播出。广告以NBA明星勒布朗·詹姆斯为主角，他一路打败了长袍老道、身穿中国服装的妇女、飞天龙等三个中国形象的代表。广告播出后不少中国观众和海外华人都认为该创意有侮辱中国民族象征的嫌疑。

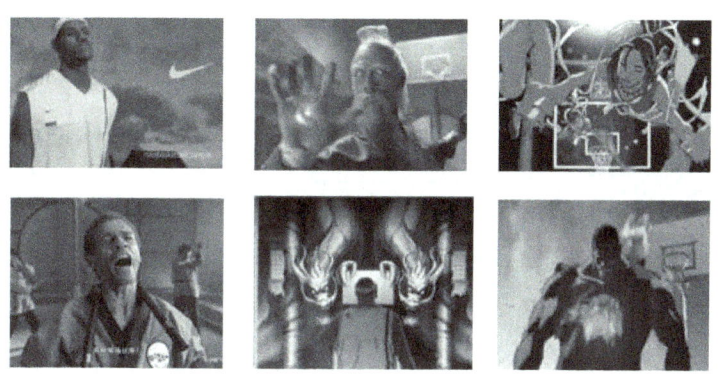

图 2-11 耐克公司禁播广告"恐惧斗室"

【案例思考与应用】

查阅资料,思考哪些企业的广告曾被禁播,主要原因有哪些。

(4)应激。应激是出乎意料的紧张情况所引起情绪状态。一般来说应激会使营销人员因手忙脚乱而不利于工作,但有时也会因工作节奏加快而提高工作效率。当营业现场拥挤混乱或与情绪不佳的顾客打交道时,营销人员必须在这些困难条件下实现顺利销售,此时会出现应激状态。同时消费者在消费过程中由于外界的原因也会产生应激状态,营销人员需进行适当的疏导,尽量减少尴尬局面的发生。

(5)挫折。挫折是指人在实现目的的过程中遇到障碍,但又无法去排除、克服的心理状态。其典型表现是懊丧、怨恨、消沉、无动于衷。挫折有时表现为对自己,有时表现为对别人形成迁怒。例如,个别顾客在商店里买不到紧俏商品或要求优惠得不到满足时,对营业员发脾气、泄怨气。

2. 情感的类型

(1)道德感。道德感是根据一定的道德标准去评价人的思想、意图和言行时产生的情感体验。例如,对大公无私的行为产生敬佩之情;对损人利己行为产生愤怒、蔑视的情感等,都属于道德感。营销企业及营销人员应进行严格的职业道德训练,不能通过有失职业道德的手段牟取非法利益。

(2)理智感。理智感是人的求知欲望是否得到满足而产生的高级情感,是在人的智力活动过程中产生的体验。例如,中年消费者和青年消费者相比较,消费行为明显表现为理智,追求商品的实用性,对商品的效用和成本之间的关系密切关注,家庭消费有一定的目的性和计划性。

(3)美感。美感是人们根据自己的审美标准对自然或社会现象及其在艺术上的表现予以评价时产生的情感体验。例如,人对浩瀚的大海、蔚蓝的天空、秀美的田园、名胜古迹等表示的赞美、喜爱等都是美感的表现。爱美之心人皆有之。但每个消费者的审美标准都存在一定的差异,营销企业应根据消费者对美的不同要求进行不同的产品设计,满足不同的心理情感需求。

实例链接 2-8

好日子离不开她——金六福酒

金六福酒业销售有限公司诞生于1996年,现已发展成为中国最好的白酒生产和销售企业之一,目前拥有18个大区、4个生产企业,近2 000名营销人员、5 000多人促销队伍。金六福酒以其上乘的酒质,新颖的包装和深厚的文化底蕴,深受消费者的青睐,畅销海内外,被誉为"中国人的福酒"。2011年6月28日,经世界品牌实验室第八届"中国500最具价值品牌排行榜"揭晓,"金六福"品牌价值已达92.86亿元。2013年,金六福品牌价值达到152.91亿元。

"金六福"从中国传统福文化的字符,挖掘出"祝福、吉祥、美满",将"金六福"与消费者联系起来。它聚焦于人类本性中最富情感煽动力和最充满情感向心力的"幸福、吉祥、美满",并着眼于超越物质满足、体验情感圆满的追求和愿景,通过富有情感煽动力的传播方式和传播渠道(如结伴奥运、连接世界杯、赞助中国奥委会;独特的情感诉求:从最初的"好日子离不开她——金六福酒"、"喝金六福酒,运气就是这么好"、"中国人的福酒"、"幸福团圆,金六福久",到后来的"奥运福、金六福"等),将这种幸福的情感传递给广大消费者。这触动人类情感深处的"幸福琴弦",驱动越来越多的消费者情不自禁购买"金六福"品牌,由此获得了真正的成功!

金六福是一个富有情感号召力的品牌,它深度挖掘出的"福文化",代表了越来越多的消费者的心理需求。同时它花费大量的努力去深刻体会消费者对"福文化"的认识和接受,并通过产品创新、服务创新和传播创新,最大限度满足消费者对"福文化"的需求,最终以"中国人的福酒"从中国数以万计的白酒品牌中脱颖而出,一举成为中国白酒领先品牌,位居全国第三强(其广告见图2-12)。

图2-12 金六福酒广告

> 【案例思考与应用】
> 查阅资料，思考金六福酒如何围绕"福"字塑造产品形象。

2.2.3 情绪、情感在营销活动中的作用

情绪与情感对于消费行为的作用有积极的一面，也有消极的一面。人的情绪本身包含了两种极性，即愉快与不愉快，喜欢与不喜欢等。愉快的情绪，及对商品所持有的喜欢的体验，都会对消费行为产生积极的作用，推动消费行为进行的速度，愉快的情绪还会增加消费者的勇气，克服购买行为中可能出现的各种困难。而不愉快的情绪，不喜欢的情绪体验，只能对消费行为起消极的作用。例如，如果不愉快的情绪来源于商品，消费者会拒绝购买这种商品；如果来源于购物场所，消费者会尽快离开这种购物场所；如果来源于营业人员，有的消费者会尽量躲避令他讨厌的营业人员，还有的消费者可能会激发不良情绪而同营业人员发生矛盾和冲突。

消费者在购物场所中，一般表现出一些情绪性的反应，而消费者在长期的购物过程中，又会形成一些稳定的情感体验，这些情感体验以及相应的态度必然要带到每一次购物行为中去。商场和营业人员应从两个方面来处理顾客的情绪情感问题，一要尽量创造出舒适的购物环境，以优良的服务质量和热情态度来接待每一位消费者，尽量为每一位消费者营造愉快的心情；二要在消费者心目中树立企业的良好形象，使消费者能够长久地对该企业持有良好的情感。

> 头脑风暴及应用
> 你是否有过冲动性购物的经历？主要原因是什么？

2.3 消费者的意志过程

消费者经历了认识过程和情感过程之后，是否采取购买行动，还有赖于消费者心理活动的意志过程来确定购买目的,并排除各种主观因素的影响,采取行动,实现购买目的。

2.3.1 消费者意志过程的含义

消费者意志过程就是消费者在购买活动中有目的、自觉地支配和调节自己的行动，克服各种困难，实现既定的购买目标的心理过程。

在现代社会事件的各个方面，人的意志都在发挥作用。例如，几年来我国各大城市楼市价格不停上涨，购房者为了买到自己中意的新房而不惜多年艰辛劳作、节衣缩食，

且在楼盘开盘前几天就在售楼处前搭起帐篷，排队等待。

2.3.2 消费者意志过程的基本特征

（1）有明确的购买目的。消费者的意志是在有目的的行动中表现出来的，这个目的是自觉的、有意识、有计划的。例如，小学生每天将父母给的零花钱积攒起来，目的是购买一个刚上市的玩偶；而很多大学生省吃俭用就是为了购买一款盼望已久的时尚手机。这些购买行为预先有明确的购买目的，并有计划地根据购买目的去支配和调节自己的购买行动，以期实现购买目的。

（2）克服困难的过程。消费者的意志行动是有明确的目的的，而目的的确定和实现往往会遇到种种困难。克服困难的过程就是消费者的意志行动过程。例如，消费者在挑选商品时，面对几种自己都喜爱的商品，或遇到较高档的商品，但经济条件又不允许，或者自己对商品的内在质量难以判断时，就会导致购买信心不足，必须考虑选择或重新物色购买目标，或者克服经济上的困难，去实现自己的购买目的。

（3）调节购买行为的过程。意志对行为的调节，包括发动行为和制止行为两方面。前者表现为激发起消费者积极的情绪，推动消费者为达到既定目的而采取一系列的行动；后者则抑制消极的情绪，制止与达到既定目的相矛盾的行动。两个方面统一作用，使消费者得以控制购买行为的发生、发展和结束的全过程。

2.3.3 消费者的意志过程阶段

意志行动的心理过程是一个极其复杂的过程，当消费者购买商品时，其意志行动的心理过程包括以下三个阶段。

1. 采取决定阶段

采取决定阶段是意志行动的开始阶段，决定着意志行动的方向和行动计划。它包括购买目标的确定、购买动机的取舍、购买方式的选择和购买计划的制定等一系列购前准备工作。消费者从自身需求出发，根据自己的支付能力和商品供应情况，分清需要的主次、轻重、缓急，做出购买决定，即是否购买以及购买的顺序。例如，购物时间的确定，购买场所的选择，经济开支有多少，所需物品哪些先购，哪些后购，等等，这些都需要在意志活动的参与下进行。

2. 执行决定阶段

执行决定阶段是消费者意志过程的完成阶段，是根据既定的购买目的购买商品，实现现实的购买行动的过程。在执行过程中，仍然有可能遇到种种困难和障碍。所以，执行购买决定是真正表现意志的中心环节，它不仅要求消费者克服自身的困难，还要排除外部的障碍，为实现购买目的，付出一定的意志努力。

3. 购后感受阶段

购后感受阶段是指消费者购买商品后,在消费过程中的自我感觉和社会评价的过程。它表现在通过对购来的商品的使用及旁人的评价来反省检验自己的购物行为是否明智,所购商品是否理想。并因此考虑重复购物或扩大购物,是鼓动别人还是劝阻别人购物。因此,在销售活动中,要重视消费者的购后感受,随时调整自己的销售策略,做好售后服务工作,使消费者满意并产生信任感。

2.3.4 意志在营销活动中的作用

在现实生活中,意志品质对消费者的行为方式具有重要作用。例如,在采取决定购买阶段,有时会发生激烈的思想冲突,主要表现在当消费者购买那些有异于传统观点、习惯,具有强烈时代感的商品时,常要承担很大的风险,即购买这种商品是否会遭到别人的非议。能否冲破传统观念的束缚和社会舆论的压力,常常取决于消费者的勇气和意志,而这与消费者自己的意志品质有直接关系。又如,具有意志果断性的消费者,往往能抓住时机,及时做出购买决策;而缺乏意志果断性的消费者则优柔寡断,缺乏主见,坐失良机。

知识与技能训练

1. 填空题

(1)消费者的心理活动过程通常包括(　　)、(　　)和(　　)三个阶段。
(2)消费者的认识过程是指消费者在消费过程中通过感觉、知觉、(　　)、(　　)、(　　)和(　　)等形式对商品或服务等外部信息加以接收、整理、加工、存储。
(3)根据记忆的内容,可以把记忆分成(　　)、(　　)、(　　)和(　　)四种。
(4)按社会性划分,情感可分为(　　)、(　　)和(　　)。
(5)消费者意志过程中包含(　　)、(　　)和(　　)三个基本特征。

2. 判断题

(1)感觉器官只要受到刺激,就会产生相应的反应。(　　)
(2)知觉具有整体性、理解性、选择性和恒常性等特征。(　　)
(3)消费者在选购商品时,常常借助有关商品信息,对商品进行分析、比较、判断等思维过程来决定是否购买。(　　)
(4)情绪与情感是一个相同的概念,不同的叫法。(　　)
(5)消费者的意志行动有明确的目的,而目的的确定和实现往往会遇到种种困难。(　　)

3. 复习思考题

（1）感觉的基本特征是什么？感觉在营销过程中有何作用？

（2）记忆的基本过程有哪些？记忆在营销过程中有何作用？

（3）想象在营销过程中有何作用？

（4）按情绪的性质和程度划分，情绪有哪些不同的表现？

（5）消费者的意志过程有哪三个基本阶段？

4. 技能训练

调查3位同学的手机属于哪些品牌？他们为什么选择所使用的品牌？

（1）同学A：品牌：＿＿＿＿＿＿＿

选择原因：＿＿＿＿＿＿＿＿＿＿＿＿＿＿＿＿＿＿＿＿＿＿＿＿＿＿＿＿＿＿＿＿＿＿＿

（2）同学B：品牌：＿＿＿＿＿＿＿

选择原因：＿＿＿＿＿＿＿＿＿＿＿＿＿＿＿＿＿＿＿＿＿＿＿＿＿＿＿＿＿＿＿＿＿＿＿

（3）同学C：品牌：＿＿＿＿＿＿＿

选择原因：＿＿＿＿＿＿＿＿＿＿＿＿＿＿＿＿＿＿＿＿＿＿＿＿＿＿＿＿＿＿＿＿＿＿＿

（4）自己：品牌：＿＿＿＿＿＿＿

选择原因：＿＿＿＿＿＿＿＿＿＿＿＿＿＿＿＿＿＿＿＿＿＿＿＿＿＿＿＿＿＿＿＿＿＿＿

经典案例分析

2014年可口可乐十五大经典营销案例

2014年，可口可乐在全球各地展开各种创意营销（广告见图2-13）。一会儿追赶节日的潮流，一会儿又爱心满满带来各种感动：给印度和巴基斯坦架起沟通的桥梁，让国际米兰和AC米兰球迷握手言和，帮助远在他乡的工人跟家人电话问候，感受城市的温暖……

图2-13 可口可乐公司广告

可口可乐隐形自动贩卖机，仅情侣经过时现形

为了庆祝情人节，可口可乐公司推出了一款高级隐形自动贩卖机。其不寻常之处在于，当情侣经过时，原本看似空无一物的路边会突然亮起，并出现一段浪漫的巨型广告。紧接着，专属于情人的可爱贩卖机会现出原形，询问每对情侣的姓名，印在瓶身上，打造出真正独一无二的情侣饮料。

可口可乐条形码，竟然扫出一首歌来

可口可乐通过改装超市条形码扫描系统，在其他商品被扫描时，清一色的"嘀"声后，可口可乐却欢乐地"噔噔噔噔噔"唱起来。当枯燥、一成不变的生活突然来点新鲜感时，足以让人欢乐。几乎每一位顾客听到可口可乐穿过扫描仪时发出的经典音乐，都会开心地绽放笑容。

"快乐重生"法：可乐瓶二次利用

可口可乐联合北京奥美广告公司开发了一系列的创意二次利用活动。在用户购买可口可乐时，赠送喷头或一些教程，教用户如何废物利用。该项目率先在越南落地执行，后期会逐渐推广到全亚洲地区。

和平贩卖机 1：让印度和巴基斯坦握手言和

通过放置拥有 3D 触摸屏技术的自动售货机，可口可乐希望缓和印度和巴基斯坦之间的紧张关系。活动现场，两个国家的人民通过内置在售货机中的摄像头，可以互相看见对方，只要双方齐心协力完成触摸屏上的图案：笑脸、心形甚至一段舞蹈，双方会各自获得一听可口可乐。此时，两个国家的人民放下仇恨，很开心地享受"握手言和"的欢乐。

和平贩卖机 2：让国际米兰和 AC 米兰球迷握手言和

在米兰，国际米兰与 AC 米兰每年都火拼得不可开交，狂热的球迷们也各自为政。对此，可口可乐提出了"友谊第一、比赛第二"。一个代表和平主义的可口可乐贩卖机在圣西罗球场亮相。贩卖机分别放置在球场两侧的入口处，只有这一方按下去，另外一方才会吐出可口可乐，通过贩卖机上的视频和音频连接，能直接与对方球迷对话。

人工彩虹庆南非成立 20 周年

2014 年，有"彩虹之国"之称的南非成立 20 周年。为了庆祝这个日子，可口可乐在约翰内斯堡的上空架起了一座"天然"彩虹。在城市广场的大楼顶部安装配水装置，喷水装置会根据太阳的角度洒水，进而顺利形成彩虹。彩虹作为美好的化身，七彩的颜色是最好的幸福色彩，给当地的民众带去了无限的快乐。

可口可乐电话亭，所谓幸福就是有人为你着想

每一天都有很多南亚劳动力来到迪拜工作赚钱以获得更好的生活。他们平均一天只有 6 美元的收入，可打电话给家里的费用确是每分钟 0.91 美元。迪拜可口可乐公司开发了一款可以用可乐瓶盖当通话费的电话亭装置，把这些电话亭放到工人们生活的地区，每一个可口可乐瓶盖都可以免费使用 3 分钟的国际通话费，如图 2-14 所示。

图 2-14 可口可乐电话亭广告

新加坡可口可乐：幸福从天而降

可口可乐在新加坡打造了一项传递快乐的活动：各大工地上空飞来无数架装载着红色箱子的遥控飞机，带着可口可乐和鼓舞的话语从天而降，以慰问新加坡多达 2 500 名建筑工人，为其鼓舞士气、重振精神并分享快乐。

可口可乐校园创意营销，双人可乐瓶盖

新进大学谁都不认识，难免无聊无互动，于是可口可乐为了能让他们互动起来，开发了一款特殊的瓶盖。只有当两个人一起反向旋转可乐的时候，可乐才能打开。

怎么拯救世界上雨量最大的小镇

南美洲的哥伦比亚，世界上雨量最大的小镇——Floro，虽然每年降雨量高达 12 717 毫米，但这里的人缺少饮用水，水质的不洁引发了很多疾病。可口可乐为这个小镇做了一次雨水拍卖，用无数只可口可乐瓶子收集雨水，拍卖给一些管理高层和名人，并在网上义卖。收集到的善款为小镇建了一座雨水处理厂，让人们喝上清洁的水，减少常见病的患病率。

可口可乐迷你货柜，带给你生活小快乐

迷你装的可口可乐，在日常生活中，难觅踪影。可口可乐在德国推出了迷你货柜亭。大小是正常货柜亭的 1/3，让人感觉似乎进入了小矮人的世界，萌感十足。这里有专职的售货员，有迷你贩卖机，还有杂志、报纸、食物等。虽然很小，却足够引人注目。

可口可乐公益广告：婴儿们的欢乐颂，萌萌哒

可口可乐公司把世界各地婴儿的哼哈声，剪辑成了欢乐颂……这是一个公益广告，他们有一个很酷的目标：让每个出生的婴儿都免受艾滋病毒感染，实现"无艾滋一代"。每天全球有 650 个婴儿携带者 HIV 病毒出生。可口可乐希望引起人们的关注，使这个数字减少。

无孔不入的可口可乐：把我们的户外广告扯回家包礼物吧

新年要送礼物吧？送礼物要包装吧？包装要包装纸吧……可别把这事交给百货公司了，自己动手心意满满！来来来，走过路过别错过，你现在看到的可口可乐户外广告，扯下来就是一大张喜庆的红色包装纸！想法极其简单，却又因为免费、体贴，产生了极大的传播效应。默不作声地一分钱不花就把自家的 Logo 印在了千千万万份礼物上。

可口可乐温暖公交站台：让冬日暖暖如夏

在瑞典乌普萨拉，冬季日照时间很短。当你走到街头的一个可口可乐公交站台，路过可口可乐自动售货机时，便会在黑暗中亮起暖暖的红光；接着广告牌开始播放瑞典夏季草甸美景，音响里传来欢乐的鸟鸣，一朵朵鲜花投影在地上，伴随着有加热功能的广告灯，好像一下子就阳光明媚，身在夏天！可口可乐就像冬日里一杯热咖啡，好暖心。

巴西可口可乐：智慧城市户外广告

一个独特的滑板斜坡被安装在里约热内卢的弗拉门戈公园，斜坡是可口可乐标志经典的白色条纹。远处看，是一块极其简约到只剩 Logo 的广告牌。近看，广告牌上的飘带则是立体的。这一活动的目的是鼓励青少年发现有趣和乐趣的活动，激发更积极的生活。

（资料来源：梅花网，http://www.meihua.info/a/51963）

问题讨论：

（1）可口可乐公司针对哪些消费人群开展了营销活动？

（2）可口可乐公司的营销活动如何影响了人们的消费心理活动过程？

第3章 消费者的个性心理特征

 学习目标

知识目标
- 了解消费者的个性及其特征；
- 掌握消费者的气质、性格和能力与消费行为特点。

能力目标
- 能正确认识不同消费者的不同气质、性格和能力在消费过程中的表现；
- 能够根据消费者的不同气质、性格和能力等个性心理表现做出正确的营销决策。

知识结构

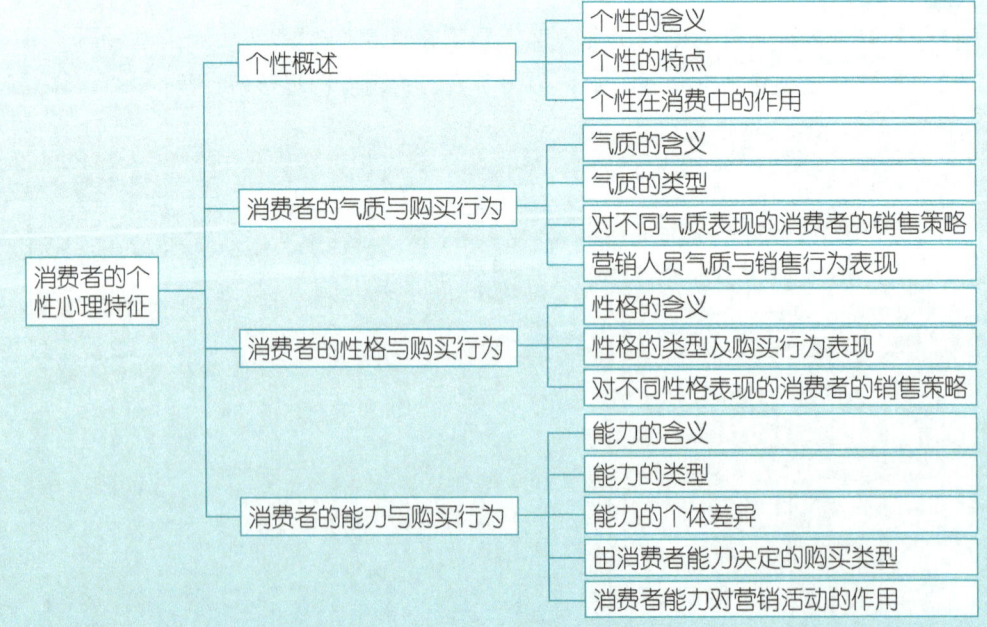

关键词

气质 性格 能力 胆汁质 多血质 黏液质 抑郁质

建议学时

- 5学时，包含技能训练学时1.5学时

第3章 消费者的个性心理特征

 导入案例

可口可乐创推"昵称瓶"全面上市

2013年6月9日,可口可乐宣布正式启动2013年"畅爽夏日,分享快乐"夏日营销活动。此前已在媒体和网络大热的可口可乐"快乐昵称瓶"宣布于当天全面上市。这款独具创新的夏季包装,将流行于网络的社交昵称印制在可口可乐瓶身,为分享注入诸多趣味,掀起一股年轻人之间的收集与分享热潮。在活动启动现场,可口可乐同时宣布亚洲天团五月天为最新一季代言人,发布首支广告片。首度以代言人身份助阵可口可乐的五月天,更是带来一首为可口可乐特别创作的专属歌曲《伤心的人别听慢歌》(贯彻快乐)。首次献唱,五月天与数千歌迷一同嗨翻全场,现场邀约人们共同加入快乐的夏日分享季。

可口可乐推出的夏日昵称装令人耳目一新,风趣幽默,带着强烈的社交媒体时代的特征,有效激发了年轻人之间的分享。据最新的消费者行为研究分析,随着互联网与社会化媒体的发展,人们的社交方式和沟通习惯也随之变化。年轻人之间常以轻松幽默的方式,用一些流行通俗的"昵称"彼此相称,以示亲密和友好。可口可乐整合市场营销高级市场总监邓思文表示:快乐和分享一直是可口可乐的品牌精神,而用消费者自己的语言与他们沟通,是拉近品牌和消费者距离的法宝。可口可乐希望通过全新的快乐"昵称瓶",让消费者在畅爽解渴之余,想起身边的那个"你,我,他",通过分享,拉近彼此的距离,增进友情与亲情。首批推出的二十几款快乐"昵称"均选用人们耳熟能详、广泛使用的流行称呼,轻松幽默,充满生活气息,如"文艺青年"、"小清新"、"纯爷们"、"型男"、"快乐帝"、"神仙姐姐"、"月光族"等,如图3-1所示。多款昵称作为一个整体,体现了可口可乐"畅爽夏日,分享快乐"的轻松主题。

图 3-1 可口可乐昵称瓶数字海报

可口可乐的夏季包装"快乐昵称瓶",首批出现在可口可乐品牌300ml、500ml和600ml的独享包装上,方便分享。随着活动的不断推进,后期有更多的昵称瓶在市场上推出,某些市场还陆续推出极具地方特色的昵称,比如重庆的"重庆妹儿",湖北的"板尖儿"等。同时,为了带给消费者更多的独特体验,可口可乐还推出"快乐昵称瓶定制"的地面活动,消费者只要填写将自己、朋友或家人的名字,一瓶专属的可口可乐昵称瓶就"打印"完成。随着一辆辆快乐定制车,该活动后期陆续在全国各大市场展开。

（资料来源：长城网,http://315.hebei.com.cn/system/2013/06/14/012828578.shtml）

问题思考：

可口可乐的"快乐昵称瓶"包装也体现了哪些消费者的个性特征？

消费者的个性心理特征反映了人的个性倾向,研究消费者个性心理的形成和发展,有助于揭示构成不同消费行为的内部原因,预见和引导消费者的购买行为。

3.1 个性概述

在购买活动中我们经常会发现有的消费者缺乏主见,不是征求营销人员的意见就是咨询其他顾客；有的消费者不考虑别人的评价,营销人员的推荐在他们身上也很难发挥作用,自己想买什么就买什么。这种种现象,都是人的个性在发挥作用。

3.1.1 个性的含义

个性是指人在先天因素的基础上,在社会生活实践中形成的相对稳定的心理特征的总和。个性是在个体生理的基础上,在一定的社会历史条件下,通过参加社会实践活动并受外界环境的作用逐渐形成和发展的。个性的形成既受先天因素（生理和遗传）的影响,又与后天因素（如社会环境、成长经历等）有关。个性包括个性倾向性和个性心理特征两个方面。两个方面错综复杂地交织为一体,构成了人们各不相同的个性。

1. 个性倾向性

个性倾向性是推动人进行活动的动力系统,是个性结构中最活跃的因素,决定着人对周围世界认识和态度的选择和趋向,决定人追求什么,如需要、动机、兴趣、理想、信念和价值观等。

2. 个性心理特征

个性心理特征是个体身上经常表现出来的本质的、稳定的心理特征,主要体现在气质、性格和能力等方面。个性心理特征使自身的心理与行为区别于他人,决定了个性的差异，使得消费者的购买行为复杂多样，变化多端。例如，在观察事物时，有的人细致入微，有的人粗枝大叶；在接人待物时，有的人热情洋溢，有的人冷漠矜持。这都是个性心理特征的不同表现。

3.1.2 个性的特点

个性作为反映个体基本精神面貌的本质的心理特征，具有以下五个基本特点。

（1）整体性。整体性是指个性是一个人的各种个性倾向和个性特征的有机结合，这些成分或特征错综复杂地相互联系、交互作用组成一个完整的个性。例如，个性完整的青少年，所思、所做、所言协调一致，具有积极进取的人生观，并以此为中心把自己的需要、动机、愿望、目标和行为统一起来。

（2）稳定性。稳定性是指构成个性特征的是那些稳定的、具有一贯性和持久性的心理特征。那些偶然出现的、不稳定的心理特征不能称之为个性。例如，偶尔发一次脾气说明不了他的性格特征，只有经常发脾气才能表明他有暴躁的性格特征。

（3）可塑性。个性具有稳定的特点，但个性的稳定性也不是一成不变的，在一定的主客观因素的影响下，如年龄的增长、生活环境的变化、实践的深入或改变、主观的努力以及突发事件等，都能引起个性在不同程度上发生变化，即个性具有可塑性。

（4）独特性。独特性是指一个人的个性中那些区别于其他人的特征。人的个性也千差万别。如有人性子急，有人性子慢；有人安静沉默，有人开朗乐观；有人自私自利，有人慷慨大方。这种特性也正说明了一个人同另一个人并不相同，他们各有特点。

（5）社会性。社会性是指一个人的个性在形成和发展过程中受先天遗传因素和后天社会因素共同作用。即人是生活在一定的社会关系中逐渐掌握一定的社会风俗习惯、行为方式，并形成一定的世界观和价值观，从而成为一位具有复杂社会关系的体现者和实践者。

3.1.3 个性在消费中的作用

个性作为人稳定的心理特征，影响着消费者的消费需求，从而影响了消费者的消费行为。其作用表现为以下几个方面。

1. 消费者个性的独特性决定消费者需求的多样性

消费者个性具有独特性，即个体之间存在差异，这决定了消费者在购买动机、购买方式及购买习惯等方面的差异，从而使他们的消费行为复杂多样。例如，有的人怀旧心理浓厚，对日新月异的新产品难以接受，而有的人喜欢追逐潮流，喜欢标新立异，对新产品总是跃跃欲试，抢先消费，甚至超前消费。消费者需求的多样性是企业进行市场细分和选择目标市场的基础，从而使自己的产品有正确的市场定位。

2. 消费者个性的稳定性决定消费需求的稳定性

消费者个性的稳定性决定了消费者对某些商品和服务的需求在一定时间内的依恋、忠诚，有的甚至一生不变其钟爱。例如，约有五成的烟民吸烟品牌不变，有的甚至十几年总是吸一种品牌。因此，企业应重视市场的培育，培养忠诚客户，有目的、有计划地提供满足消费者稳定需要的商品。

3. 消费者个性的可塑性决定消费者需求的可诱导性

消费者个性在外部环境诱因和内部主观激励的刺激下具有一定的可塑性，从而决定了消费者的需求具有一定的可诱导性，为企业提供了巨大的市场潜力和市场机会。企业通过卓有成效的营销策略，变无需求为有需求，潜在需求为现实需求，未来需求为当前需求，促成消费者的消费行为，从而使企业由被动适应消费者需求转化成积极地引导、激发和创造需求。

4. 消费者个性的社会性决定了消费者需求的可接受性

人在一定的社会关系中逐渐掌握一定的社会风俗习惯、行为方式，这就是消费者个性的社会性，这决定了消费者消费的过程中必须顾及周围生活环境中他人的评价，并力求使自己的消费需求在社会关系中被接受。例如，一个人购买的一件衣服，如果其周围的人都持一种否定评价，他穿这件衣服的概率就会大大降低，从而也降低了他人购买的可能性。这也就要求企业在推出新产品和进行产品更新时应考虑到社会环境、社会文化对其的接受程度。

3.2 消费者的气质与购买行为

气质是消费者个性心理特征中的主要因素之一。不同的气质类型将导致消费者在消费过程中的不同表现，市场营销人员需研究消费者的气质特征，并针对其产生的不同购买行为类型推出相应的营销措施。

3.2.1 气质的含义

心理学中的气质的含义与日常生活中所讲的气质是两个完全不同的概念。在生活中我们经常评价某人"气质优雅"或"毫无气质"，一般是指一个人办事的风格和风度。

心理学中的气质是指个体心理活动典型而稳定的动力特征，是一种人类高级神经活动类型。气质主要表现为三个方面的内容：一是心理活动的速度和稳定性，如知觉的速度、思维的灵活程度、注意力集中时间的长短等；二是心理活动的强度，如情绪的强弱、意志努力的程度等；三是心理活动的指向性，如倾向于外部事务，从外界获得新印象，或者倾向于内部事务，喜欢体验自己的情绪等。

气质的形成和表现具有以下基本特征：

先天性。每个人一出生就表现出某种气质特点。

差异性。受先天遗传因素的不同以及后天生活环境的差异，不同的气质类型存在着很大的差异。

稳定性。气质一经形成，受先天遗传因素影响较大，有一定的稳定性。

变化性。气质的稳定性并非不发生变化，受后天环境和教育等实践因素的影响，也会发生某些变化，但变化缓慢而渐进。

"如果您去商场退换商品，商场不予退该怎么办？"

小王是某大型商场的售后服务人员，主要负责商品的退换货工作。经过长期的观察，他发现来退货的消费者如被拒绝时，往往有以下四种不同的表现。

（1）耐心诉说型。这类消费者会尽自己最大的努力，苦口婆心地慢慢解释退换商品的原因，直至问题得到解决。

（2）自认倒霉型。这类消费者往往认为向商家申诉也没用，商品质量不好也不是商场生产的，自己吃点亏下回长经验。

（3）灵活变通型。这类消费者往往找好说话的其他商场管理人员解释，甚至找主管或值班经理申诉，只要有一个人同意退货就有望解决问题。

（4）据理力争型。这类消费者绝不求情，不依不饶地与商场人员讲道理，不行就向媒体投诉、曝光，甚至向工商局、消费者协会投诉。

以上的不同表现，实质上就是消费者不同的气质类型所决定的消费者消费行为的外部不同表现。

3.2.2 气质的类型

一般认为，典型的气质类型有胆汁质、多血质、黏液质和抑郁质四种。

1. 胆汁质

胆汁质气质类型的人兴奋度高，精力旺盛，反应迅速，直爽热情，表里如一，情绪体验强烈，有顽强拼劲和果敢性；但缺乏耐心，灵活性不够，抑制能力差，易冲动，脾气暴躁，整个心理活动笼罩着迅速而突发的色彩，具有外倾性。

2. 多血质

多血质气质类型的人情绪兴奋度高，感情易表露，活泼好动，思维灵活，反应迅速，动作敏捷，外部表现明显，易适应环境，喜欢交往，乐观开朗，兴趣广泛，可塑性强；但往往不求甚解，注意力易转移，情绪不稳定且体验不深，做事粗枝大叶，具有外倾性。

3. 黏液质

黏液质气质类型的人情绪兴奋度低，安静沉稳，喜欢沉思，注意稳定，善于克制忍耐，做事富有理性，慎重细致，具有韧性；但反应缓慢，灵活性不足，比较刻板且执拗，不易习惯新环境、新工作，情绪不易外露，具有内倾性。

4. 抑郁质

抑郁质气质类型的人情绪兴奋度低，敏锐稳重，情感体验深刻、持久，行动缓慢，有较强敏感性；但胆小、孤僻、谨小慎微，不善交往，遇困难或挫折不够灵活，易畏缩，过于敏感，容易体察到一般人不易觉察的事件且很少外露，具有内倾性。

气质受先天因素的影响，各种气质类型并没有好坏之分，不能从社会意义上去评价。但不同气质类型的消费者在不同的活动中、不同的条件下，可能发挥其所长，也可能发挥其所短。

头脑风暴及应用

你认识图 3-2 中的小说人物吗？试根据小说中的情节描写判断他们属于哪种气质类型。为什么？

图 3-2 古代名著人物形象（图片来源：互联网）

3.2.3 对不同气质表现的消费者的销售策略

不同气质类型的消费者，其购物行为表现出不同的特征。市场营销人员应以气质类型为依据，分析判断消费者的心理活动和行为表现，提供有针对性的服务，促进其购买决定的形成以完成销售任务。

1. 胆汁质型消费者

这类消费者表情外露，心急口快，选购商品时言谈举止显得匆忙，一般对所接触到的第一件合意的商品就想买下，不喜欢反复选择比较，能够快速甚至草率地做出购买决定。他们往往急于完成购买任务，等候购买时间稍长或营销人员的工作速度慢、效率低，将会激起其烦躁情绪。他们在与营销人员的接触中，言行主要受感情支配，态度可能在短时间内发生剧烈变化，挑选商品时以直观感觉为主，不加以慎重考虑。

接待这类消费者要求营销人员动作快捷、态度耐心、应答及时。可适当向他们介绍商品的有关性能，以引起他们的注意和兴趣。另外，还要注意语言友好，不要刺激对方。

2. 多血质型消费者

这类消费者在消费过程中，对购物环境及周围人物适应能力强，热情、开朗，愿意与营销人员交换意见或者与其他消费者攀谈。有的会主动告诉别人自己购买某种商品的原因和用途，喜欢向别人讲述自己的使用感受和经验，自己不知道，也希望从别人那里了解到。另外，这类消费者在选购过程中，易受周围环境的感染、购买现场的刺激和社会流行的影响。商品的外表、造型、颜色、命名等对这类消费者影响较大，但有时注意力容易转移，兴趣忽高忽低，行为易受感情的影响。

接待这类消费者，一是营销人员应主动介绍、与之交谈，注意与他们联络感情，以促使其购买；二是在交谈中应加以引导，使他们专注于商品，缩短购买过程。

头脑风暴及应用

为什么营销人员在与多血质型消费者沟通过程中应尽量缩短该类消费者的购买过程？

3. 黏液质型消费者

这类消费者挑选商品时比较认真、冷静和慎重，信任文静、稳重的营销人员。他们善于控制自己的感情，不容易受广告、商标、包装的干扰和影响。他们对各类商品，喜欢自己加以细心的比较、选择后才决定是否购买，给人慢悠悠的感觉，有时会引起营销人员和其他顾客的不满情绪。

接待这类消费者要避免过多的提示和热情，否则容易引起他们的反感；要允许他们有认真思考和挑选商品的时间，接待时更要有耐心。

4. 抑郁质型消费者

这类消费者选购商品时，表现得优柔寡断，显得千思万虑，从不仓促地做出决定。他们对营销人员或其他人的介绍将信将疑、态度敏感，挑选商品小心谨慎，过于一丝不苟，还经常因犹豫不决而放弃购买。

接待这类消费者要注意态度和蔼、耐心；对他们可做些有关商品的介绍，以消除其疑虑，促成购买；对他们的态度反复应予以理解，同时务必注意说话的方式，避免引起他们不必要的敏感反应而拒绝购买。

每个人的气质类型通常不是单一的。大多数人都是近似某种气质类型或几种气质类型的混合，而其中的某种类型较为突出。市场营销人员应根据消费者的不同气质表现，施展不同的营销策略，有利于消费者购买行为的顺利达成。

3.2.4 营销人员气质与销售行为表现

消费者存在着不同的气质类型表现，作为营销人员同样也存在着不同的气质类型和典型的销售行为表现，通常有以下几种。

1. 急躁型营销人员

急躁型营销人员具有明显的胆汁质气质特征。其销售行为的优点是工作富有朝气，动作敏捷，善于随机应变；不足之处是心境变化剧烈，服务态度时好时坏，往往因急于成交而与消费者顶撞和争吵。

2. 活泼型营销人员

活泼型营销人员具有明显的多血质外向气质特征。销售行为的优点是容易与消费者接近，互相沟通快，动作干脆利落，服务面广，容易促成消费者购买；不足之处是注意力容易转移，兴趣易变，缺乏坚持性和耐久性。

3. 温顺型营销人员

温顺型营销人员兼有多血质和黏液质的某些气质特征。销售行为的优点是热情有限但不冲动，能顺从消费者的意见，满足其挑选商品的需求；不足之处是销售行为动作不够敏捷，处理问题不够泼辣大胆。

4. 冷静型营销人员

冷静型营销人员具有明显的黏液质气质特征。销售行为的优点是接待消费者沉着冷静，注意力集中稳定，介绍商品可观，服务细致；不足之处是缺乏朝气，表情略微淡漠，与消费者保持一定的距离。

5. 沉默型营销人员

沉默型营销人员具有较明显的抑郁质气质特征。销售行为的优点是工作情绪稳定，工作认真，埋头苦干；不足之处是与消费者沟通较慢，不善于宣传推销商品，也不能及时回答消费者所提出的问题，常常因此失去一些销售机会。

3.3 消费者的性格与购买行为

在销售活动中，消费者个体性格的差异是形成各种独特的购买行为的另一重要原因。

消费者千差万别的性格特点，不仅表现在现实生活中，也往往表现在他们对商品购买活动中各种事物的态度和习惯化的购买方式上。营销人员应根据消费者的不同性格特点，开展不同的营销策略。

3.3.1 性格的含义

性格是指一个人对现实的稳定态度和习惯化了的行为方式中所表现出来的个性心理特征，主要表现在人对现实的态度、语言和行为方式中。例如，有的人勤奋，学习、工作认真努力；有的人懒惰，学习、工作拖延马虎、不负责任；有的人谦虚谨慎，有的人狂妄自大；等等。优良的性格对人的发展具有积极的影响，不良的性格对人的发展具有消极的影响。

性格和气质相互渗透、彼此制约。主要表现为：气质能影响性格的形成和表现方式，使性格带有明显的个性特征；性格对气质有深刻的影响，在一定程度上能掩盖和改造气质，使气质的消极因素得到抑制，积极因素得到发挥。

性格和气质之间又有明显的区别：气质是先天因素形成的，主要受高级神经系统的影响，表现为人的情绪或活动的动力特征，具有牢固性和稳定性，变化较缓慢，没有好坏之分；性格主要是后天养成的，更多的受社会生活和实践的影响，是个性心理特征的核心，具有相对稳定性和较强的可塑性，能够改造，有明显的好坏之分。

性格的心理结构十分复杂，各个层面具有各种不同的性格特征，主要有以下四种表现形式。

1. 性格的态度特征

性格的态度特征主要是指人在处理各种社会关系方面的态度特征，包含对社会、集体和他人的态度特征，对工作和学习的态度特征，对自己的态度特征。性格的态度表现在人的行为方式中。例如，在遇到危险时，有人勇敢、无畏，一往直前，因而转危为安；有人怯懦、退缩，一筹莫展，总感觉大难临头。

"独立"、"自由"、"冒险"、"性感"的 Levi's

世人心中，在全球销售超过35亿条的Levi's牛仔裤不仅是时尚潮流的引领者，更是美国精神的一个典型服饰代表，带有鲜明的符号象征意义：独立、自由、冒险、性感等，其广告如图3-3所示。

19世纪的淘金潮让美国成为冒险者的乐园，也间接造就了美国经济的腾飞，营造出进取、率性、自由的美式文化，这与当时讲究精致与华丽的"贵族血统"的欧洲文化截然不同。Levi's为粗犷不羁的淘金工人设计的牛仔裤，恰恰成了渴望自由、独立、理想的新生活态度最直接的表现方式。因此，Levi's牛仔裤一出现，就成了一种生活态度的象征，进而成为美式风格和欧洲大陆文化的分水岭。

随着时代和环境的演变，Levi's被赋予了更多的精神和文化艺术气质，但Levi's最初的野性、刚毅、叛逆与美国开拓者的精神，始终是穿着Levi's的人最欣赏的一种生活态度。今天，牛仔裤已经成为既可以表现性感、青春、活力，又永不落伍的"时装"。在全世界所有的牛仔裤品牌中，Levi's像一棵百年常青之树，从1873年Levi's牛仔裤创始人生产出第一条Levi's牛仔裤之日起，Levi's牛仔裤就天然地同美国的淘金热、西部牛仔以及美国军队联系在一起，甚至成为美国历史的一部分。

图3-3 Levi's牛仔广告

世界上很难有一个服装品牌能够像Levi's这样历经140多年风风雨雨，从一个国家流行到全球，品牌个性始终保持如一，并成为全世界男女老幼都可以接受的牛仔和时装的领导品牌，这不能不说是Levi's品牌创造的一个世纪神话。

【案例思考与应用】

Levi's牛仔裤的品牌个性符合了哪些消费者群体的个性需求？

2. 性格的意志特征

性格的意志特征是指人在对自己行为的自觉调节方式和努力程度方面的性格特征。其内容包括对个体行为产生的目的性、自制性、果断性及坚持性等。例如，做事是有明确的目的性还是盲动蛮干，是具有独立的主见还是易受暗示；工作学习是主动、自制还是任性和怯懦；遇到紧急情况是沉着镇定还是惊慌失措；是果断、勇敢还是优柔寡断、胆小怯懦；在长期困难的工作中是有恒心、坚韧不拔，还是半途而废、执拗与动摇等。

3. 性格的情绪特征

性格的情绪特征是指活动对人的情绪的影响程度以及对情绪的有意识的控制方面的特征。通常表现为情绪活动的强度、稳定性、持久性以及主导心境四个方面。例如，有的人情绪强烈，而有的人情绪微弱；有的人情绪稳定，而有的人则容易波动；有的人情绪持久，而有的人情绪短暂；有的人乐观，而有的人悲观。

4. 性格的理智特征

性格的理智特征是指人在认知过程中的性格特征。其内容包括感知、记忆、想象和思维方面的特征。例如，在感知方面，是主动观察型还是被动感知型；在思维方面，是具体罗列型还是抽象概括型；在想象力方面，是丰富型还是贫乏型，等等。

3.3.2 性格的类型及购买行为表现

性格类型的划分有不同标准，常见的有以下几种类型。

1. 按心理活动的机能分类

（1）理智型。理智型性格的消费者通常以理智看待事物，并以理智支配自己的行为。在购买中喜欢通过周密思考，理智、详细地权衡商品各种利弊因素，在对商品各方面认识之前，不轻易购买。购买时间相对较长，挑选商品仔细。

（2）情绪型。情绪型性格的消费者通常情绪体验深刻，言行举止易受情绪左右，易感情用事。在购买商品中，情绪反应较为强烈，容易受购物现场各种因素的影响，对店堂布置、商品广告、商品陈列及营销人员的服务态度和方式比较看重。该类消费者的购买决定常会受到现场情绪支配，稍有不满意就会在短时间内改变。

（3）意志型。意志型性格的消费者一般具有明确的行动目标，行为积极主动且自制、坚定而持久，勇往直前。在购买活动中，目标明确，行为积极主动，最终实现自己的购买意图。该类型消费者的购买决定很少受购物环境影响，即使遇到困难也会坚定购买决策，购买行为果断迅速。

2. 按心理活动的指向分类

（1）外向型。外向型性格的消费者对外部事物比较关心，感情外露，活泼开朗，自由奔放，当机立断，独立性强，待人接物随和，不拘小节，善于交际，勇于进取，容易适应环境的变化，但有轻率的一面。在购买过程中，热情活泼，喜欢与营销人员交换意见，主动询问有关商品的质量、品种、使用方法等方面的问题，易受商品广告的影响，这类消费者的购买态度比较果断，做决定比较爽快。

（2）内向型。内向型性格的消费者一般表现为对外界事物反应较缓慢，感情深沉，处事谨慎，深思熟虑，沉静孤僻，缺乏决断能力，但一旦下定决心办某件事总能锲而不舍，交际面窄，适应环境不够灵活。在购买活动中沉默寡言，动作反应缓慢，不明显，面部表情变化不大，内心活动丰富而不露声色，不善于与营销人员交谈，挑选商品时不希望他人帮助，对商品广告反应冷淡，常凭自己的经验购买。

3. 按个体行为的独立性分类

（1）独立型。独立型的消费者，其独立性强，不易受外界的干扰，善于独立发现问题，较能发挥自己的力量，甚至企图将自己的见解强加于人。该类消费者在购买活动中能独立地挑选商品，购买经验丰富，不易受商品广告和营销人员的商品介绍的影响。遇到满意的商品时，会迅速购买。

（2）顺从型。顺从型的消费者，其依赖性强，独立性差，容易不加分析地接受别人的意见，很少有自己的主张，意外情况下常表现得不知所措。该类消费者在购买活动中，常注意其他消费者对商品的购买态度和购买方式，会主动听取营销人员的商品分析和他人的购买意见，从众心理较明显。

4. 按消费态度的不同分类

（1）节俭型。节俭型性格的消费者的消费态度表现为勤俭节约，讲究实用，注重商品质量，对商品的价格较敏感，对商品的外观造型、色彩等不太在意。

（2）自由型。自由型性格的消费者的消费态度表现为比较随便，想象力丰富，选购商品的标准常常改变。

（3）保守型。保守型性格的消费者的消费态度表现为比较严谨，习惯于传统的消费方式，对新产品、新观念接受较慢，而且常带有怀疑或抵制的态度，喜欢选购有多次使用经验的商品。

（4）顺应型。顺应型性格的消费者的消费态度比较随和，其消费观念属于大众型，随时尚的变化而变化，易受同事、邻居、朋友等社会群体因素的影响，也较易受广告与其他促销手段的影响。

 实例链接 3-2

月光族

"月光"一词，在时下已不陌生，特别是现在很多年轻人，都自称自己是"月光族"。"月光族"是指将每月赚的钱都用光、花光的人，所谓"吃光用光，身体健康"。同时，"月光族"也用来形容赚钱不多，每月收入仅可以维持每月基本开销的一类人。"月光族"是相对于努力攒钱的储蓄族而言的。这个词是一个中性词，没有绝对的褒贬之分（月光族漫画如图3-4所示）。

"月光族"一般都是年青一代，都有较为稳定的收入，有知识、有头脑、有能力，花钱不仅表达对物质生活的热爱，更是他们赚钱的动力。他们不认同父辈"勤俭节约"、"会赚不如会省"的消费观念。他们的格言是"能花才更能赚"，喜欢追逐新潮，只要吃得开心、穿得漂亮，想买就买，根本不在乎钱财。"月光族"的口号："挣多少花多少。"

"月光族"是信贷消费最坚定的支持者和实践者，他们感谢"按揭"的消费方式，对"庚

图3-4 月光族漫画

吃卯粮"的做法感到心安理得。但他们很少向别人借钱消费,大不了在信用卡里透点儿支,下个月回头再补上。

"月光族"是商家最喜欢的消费者,因为他们有强烈的消费欲望,敢花钱;更重要的是他们有很强的赚钱能力,有钱可花。"富,富不过 30 天;穷,穷不了一个月"是他们最生动的写照。

(资料来源:百度百科,http://baike.baidu.com/view/1692.html?wtp=tt)

【案例思考与应用】

你认为月光族群体的消费对象主要有哪些产品和服务?

3.3.3 对不同性格表现的消费者的销售策略

消费者的性格特征在购买活动中会以各种外部的形象表现出来,这就要求营销人员细心观察、认真揣摩、善于分析,及时捕捉消费者性格特征的某些信息。一般来说,营销人员可以通过消费者性格特点判断标准(见表 3-1)来了解消费者的性格特点。

表 3-1 消费者性格特点判断标准

性格		判断标准
性格高傲	动作姿态和行为举止	走路昂首挺胸,说话摇头晃脑,旁若无人
性格急躁		急步行进,交往中容易激动,购买商品时急于成交
性格温和	面部表情及其变化	见到满意的商品时,脸上常呈现出微笑的表情
性格抑郁		紧锁双眉,愁容满面,表情很少变化
性格开朗	眼神	目光明亮有神
性格多疑		目光中常表现出怀疑和不信任
性格直爽	言谈方式和表达速度	说话直率、表达清楚、语速较快
性格懦弱		说话常犹豫不决、吞吞吐吐,表达含混不清,语速比较缓慢等

为了使消费者的购买行为愉快、顺利地进行,营销人员必须根据消费者的不同性格表现,采取合适的、行之有效的销售策略。

1. 对待选购商品速度快和慢的消费者的策略

消费者的性格不同,选购商品的速度也有所不同。一般来说,对慢性子的消费者,营销人员要有充分的耐心,不可因为消费者选购商品的时间长而急躁,甚至显出不耐烦的表情;对急性子的消费者,营销人员对他们没有经过充分思考匆忙做出的购买决定应谨慎,及时提醒他们仔细挑选商品,防止其后悔退货。

2. 对待言谈多或寡的消费者的策略

消费者在购买活动中,有的爱说话,有的则沉默寡言。对爱说话的消费者,营销人员的接待要稳重,掌握分寸,多用纯业务性的语言,态度要热情;对沉默寡言的消费者,营销人员应根据他们的面部表情和目光注视方向等表现,及时摸清其购买意图,用客观的语言来介绍商品,尽快找出共同语言,促使消费者的购买行为实现。

3. 对待随意和疑虑的消费者的策略

随意型消费者对商品的性能和特点往往不太熟悉,在选购商品时常拿不定主意。营销人员应主动帮助他们出主意,检查商品的质量,挑选合适的商品,不可弄虚作假,要以诚信为本。对疑虑型消费者,营销人员要尽量让他们自己去观察和选定商品。如果消费者有疑问,应真诚和客观地给以解释或介绍,尽可能打消其对商品的疑虑。

4. 对待购买行为积极或消极的消费者的策略

购买行为积极的消费者,购买目标明确,购买计划清晰,购买过程中的举止和语言表达较流畅。营销人员在了解他们的意图后,应主动配合,使他们的购买行为迅速实现。购买行为消极的消费者,常常无明确的购买目标和意图,进店后能否产生购买行为,在很大程度上取决于营销人员能否积极、热情、主动地接待他们,并激发他们的购买热情,引发他们的购买行为。

5. 对待不同情绪的消费者的策略

对待情绪容易激动的消费者,营销人员应注重语言艺术,要冷静、耐心地接待,不能随便开玩笑,否则,会使消费者情绪兴奋而难以抑制。对待情绪温和的消费者,营销人员应主动、热情地向他们介绍商品,帮助他们选择满足其需要的商品。

3.4 消费者的能力与购买行为

在消费者的个性心理特征中,除了气质和性格以外,消费者的能力对消费者的消费行为也有着至关重要的影响。

3.4.1 能力的含义

能力是指人们顺利完成某种活动所必备的并且直接影响活动效率的个性心理特征。活动的内容和性质不同,对能力的构成和要求也不同。例如,从事营销工作,要具有灵活而敏捷的思维、较好的语言表达、较强的记忆等能力;从事管理工作,要具备一定的组织、交际、宣传说服等能力。

人的能力是在先天遗传因素的影响下,经过后天的环境影响(家庭、学校、社会等因素)和个人的努力逐步形成的。能力的发展和提高必须依靠知识、技能的学习;同时,掌握知识和技能又必须以一定的能力为前提,能力的大小影响着掌握知识和技能水平的高低。消费者通过知识和技能的学习与实践,逐渐形成和提高自己的消费能力,同时也形成了各种不同的性格特征。性格对能力的发展有一定的制约作用，良好的性格能弥补消费者某些能力上的缺陷。

> **头脑风暴及应用**
> 你赞成"良好的性格能弥补某些能力上的缺陷"这种说法吗？如何理解这种说法？

3.4.2 能力的类型

1. 一般能力和特殊能力

一般能力是在很多基本活动中表现出来的能力，是人认识、理解客观事物并运用知识、经验解决问题的能力，如注意力、观察力、记忆力、想象力和思维力等，一般将其称为"智力"。特殊能力是表现在某些专业活动中所具备的特殊技能，如节奏感受能力、色彩鉴别能力、计算能力、飞行驾驶能力等。

2. 模仿能力和创造能力

模仿能力是指人们通过观察别人的行为活动来学习各种知识，然后以相同的方式做出反应的能力。人在儿童时期的学习主要依靠一定的模仿能力，如语言学习、美术学习、体育技能的学习等。创造能力是指根据一定的目的，运用已有的知识和经验，创造出有社会价值的独特的新东西的能力，如新观点、新理论、新技术、新产品、新工艺、新方法等。

3. 实践能力

实践能力是指人们完成某种活动的能力，如生活能力、适应能力、学习能力、社交能力、表达能力、审美能力等。对于从事不同专业的人，除了具备一定的专业能力外，还要具备一定的实践能力。

3.4.3 能力的个体差异

能力是个性心理特征之一，不同的人在能力方面存在差异，其差异一般表现在以下几个方面。

1. 能力类型的差异

每个人所具有的能力都是多方面的，其中有相对较强的能力，也有一般的能力和较差的能力。由于不同人的能力结构不同，因而能力在类型上便形成差异。例如，记忆能力，有的人属于视觉型，即视觉识记效果较好；有的人属于听觉型，即听觉识记效果较好;有的人则属于运动型,即有动作参加时识记效果较好,等等。由于能力类型的差异,因而人们在实践活动中处理和解决问题的方式方法常常各不相同。

2. 能力水平的差异

能力水平的差异,是指人与人之间各种能力的发展程度和发展水平不同。例如,正常的人均具有记忆能力,但人与人之间的记忆力强度不同;正常的人也都有思维能力,但思维的广度和深度也不同。

 **知识窗**

能力水平的等级划分

在心理学的研究中,有人把能力水平的差异分为四个等级:①能力低下,轻者只能从事一些较简单的活动,重者即为残障人士,丧失活动能力,甚至生活不能自理;②能力一般,即有一定的专长,但是只限于一般地完成活动;③有才能,即具有较高水平的某种专长,具有一定的创造力,能较好地完成活动;④天才,即具有高水平的专长,善于在活动中进行创造性思维,取得突出而优异的活动成果,达到常人难以达到的程度和水平。据调查,能力水平在人群中的分布是:能力低下者和天才极少,能力一般者占绝大多数,有才能者较少。

3. 能力表现时间的差异

能力表现时间的差异是指个体能力发展在年龄上的差异,是主客观因素综合作用的结果。例如,有人早慧,唐代的王勃,10岁能赋诗,少年时就写出了著名的《滕王阁序》;但也有人大器晚成,我国画家齐白石40岁后才彰显出他的绘画才能。造成这种现象的原因是多方面的,可能是这些人在早期没有学习或表现自己能力的机会;也可能是早期智力平常,但经过长期的勤奋努力,能力有了明显提高。

 **实例链接 3-3**

选择梦想、选择坚持——李彦宏央视《开讲啦》(节选稿)

我在很早的时候就对计算机非常有兴趣,1984年,我当时在山西省阳泉市。我所在的学校,就买了几台计算机,学校里光我们一个年级有四百多人,总共只有几台这种苹果计算机,那么只能有少数学生有机会去学习计算机的使用。当时学校就用一个办法,就是考一次试,谁的数学成绩好,我们就选他去学计算机。当时我就满怀信心地去学计算机,学了一年之后,学校进行一次考试,选出了前三名。选出的前三名去参加全国青少年程序设计大赛。

后来我们三个人没有一个人进入前十名，我很清楚为什么我们进不去，因为大家在信息、资源面前太不平等了。这一次失利对我后来有比较大的影响。后来到高三考大学的时候，我报考了今天北大的信息管理系。现在想起来，这是为什么后来我能够做百度，能够让人们这么容易地找到他想要找到的信息，因为我从小心里就埋了这么一颗种子，要让所有的人，要让全中国的人，不管你在多偏远的地方，你都能够像北大的教授一样，方便、平等地获取信息，找到所求。

但是我也很快发现，这样的一个专业有关计算机的课比较少，学得也比较浅、比较容易。大家知道美国在科学技术方面一直是比较领先的，尤其是在我们那个时代，美国是远远领先于中国的。那么要想学习更好的、更优秀的科学和技术最佳的方式，在那个时候就是到美国去。但是我发现在美国没有我对应的专业，我很茫然，我需要重新做一个决策，下一步怎么办。我做了两件事情：第一件事情是希望我在我所在的领域能够比别人了解得更深入一些，作为一个本科生，我到北大的图书馆里天天去看最新发表的有关我的专业的论文。第二件事情就是去申请美国的计算机专业。后来我被布法罗纽约州立大学计算机系录取了。刚刚到美国的时候，我特别不适应，比如说上的一些课程我本科没有学过，人家在讲研究生的课程我听不懂，听完了之后一头雾水。下来之后我就问我旁边的同学什么叫 Flip-Flop，我同学说"这你都不知道，这就是触发器"。我问："什么叫触发器？"因为我本科没有学过这些硬件的东西。

所以第一年学习是很困难的，但是我又有生存的压力，想及早地去挣钱。有一次我看到我们系外有一位教授做计算机图形学，想要招一个助理研究生，就是我们说的RA，这样是给工资的。我就把我的简历发过去，后来他叫我去面试，他问了我几个有关计算机、计算机图形学的问题，我估计我答得不好、非常不好。最后他问了我一个问题，至今我印象都非常深刻，他说：Do you have computers in China？是什么意思？

他的意思不是"你在中国有计算机吗"，因为那个时候的中国人没有一个人能够买得起计算机，他问的是"你们中国有计算机吗"。我怎么跟他说呢，我说我将来想建全球最大的搜索引擎？我要让数亿人、每一个人都很方便地想找到什么就能找到什么，我要买很多很多的计算机用来干这件事……但是我当时没有这样说，我当时只是说"有"，然后就默默地离开了他的办公室。

20多年以后，我想无论是那位教授还是我自己，我们都没有想到，今天的中国，智能手机的拥有量已经是美国全部人口的两倍。

那些芯片厂商的CEO见了我也说"你要什么样的芯片我给你定制，你的计算机有什么要求，你告诉我，我量身给你做"。当他们说这句话的时候，我真的会想起来当时那个教授问我的问题：Do you have computers in China？有时候我也在想，过去这二十几年到底发生了什么事情，是什么造就了这些改变，我又是如何一步一步地变成今天大家都感兴趣的一个人的。

其实我想了想，无非就是人生道路上每一次的选择。你选对了海阔天空，你选错了荆棘密布。所以我们怎么样才能做出正确的选择，我觉得其实有三个条件：第一，不能太笨。今天你们能够坐在这里，没有一个人是笨的，所以这个条件每个人都满足。第二，要有浓厚的兴趣。你对这件事要想做出正确的判断，一定得对这件事情感兴趣。你感兴趣了，才会花时间，才会深入地进行思考。第三，其实这个第三是最最重要的，就是有丰富的信息源。

自从跟那个教授对话以后，我开始意识到，我在计算机图形学上不行，但我有我的强项，我对信息检索感兴趣。我先进入了华尔街，做实时的金融新闻检索系统。《华尔街日报》现在用的检索系统可能仍然是当时我写的。后来我意识到华尔街不是我真正的归宿。因为华尔街真正认为最有价值的人不是程序员，而是那些做股票交易的交易员，所以我决定到硅谷去。

我加入了当时的一个搜索引擎公司，开始下决心：只要我在这个公司一天，我一定要保证这个搜索引擎是世界上最好用的搜索引擎。我那个时候的确把最先进的技术应用到那个搜索引擎上，但是很多事情不是我说了算。因为我说了不算，所以这些建议没有被采纳，这样的建议不被采纳之后，我意识到有一天我需要做一件事是自己说了算的。这就是1999年年底我决定离开美国，回到中国来创业的历程，这就是百度诞生的一个机缘。

2005年上市，到2015年正好上市十周年。8月5日是我们上市十周年的时候，纳斯达克的CEO给我发了一封邮件，他发了两张照片，这两张照片就是在美国时代广场，循环地用中文和英文在写"Happy 10th Listing Anniversary Baidu"。当我看到这些照片的时候，我又想起来那个教授的话："Do you have computers in China？"就是这样当你面对一个一个机会，当你面对一个一个选择的时候，如果你做了正确的选择，你认准了，你就不会害怕失败，不会害怕挫折，不会害怕被拒绝，你会坚持下去，不跟风，不动摇，一直到成功为止。

【案例思考与应用】

对于大学生来说，还有哪些优秀的创业企业家，他们有哪些优秀的素质和能力值得大家学习？

3.4.4 由消费者能力决定的购买类型

消费者不同的能力决定了不同的购买类型。一般消费者常见的购买类型有以下两种划分方法。

1. 按购买目标的确定程度划分

（1）确定型。确定型消费者有比较明确的购买目标，事先掌握了一定的市场信息和商品知识。他们进入营业现场后，能够有目的地选择商品，主动提出所需商品的规格、式样、价格等多项要求。如果购买目标明确且能够通过语言清晰、准确地表达，购买决策过程一般较为顺利。

（2）半确定型。半确定型消费者进入营业现场前已有大致的购买目标，但对商品的具体要求尚不明确。他们进入现场后，行为是随机的，与营销人员接触时，不能具体地提出对所需商品的各项要求，注意力不是集中在某一种商品上，决策过程要根据购买现场情景而定。

（3）盲目型。盲目型消费者购买目标不明确或不确定。他们进入营业现场，无目的地浏览，对所需商品的各种要求意识蒙眬，表达不清，往往难以为营销人员掌握。这种消费者在进行决策时容易受购买现场环境的影响，如营销人员的态度、其他消费者的购买情况等。

2. 按对商品的认识程度划分

（1）知识型。知识型消费者具有较全面的能力，了解较多商品有关的质量、性能、价格、产销等知识，拥有丰富的商品购买、使用经验，能够辨别商品的质量优劣，能很内行地在同种或同类商品中进行比较、选择。这类消费者在选择中比较自信，往往胸有成竹，有时会向营销人员提少量关键性问题。营销人员接待这类顾客时要尊重他们自己的意见，或提供一些专业资料，不必过多地解释和评论。

（2）略知型。略知型消费者的能力和水平处于中等状况，他们通常掌握一定的商品消费知识，对商品有一定的了解，但不够系统和全面，对商品的质量、性能等内在属性不能完全独立地做出准确判断。这类消费者乐于听取他人和营销人员的介绍以及厂商的宣传，常常主动地寻求营销人员的帮助，其购买决策容易受外界环境的影响。

（3）无知型。无知型消费者的能力和水平处于缺乏和低下状态。他们不仅对商品的消费知识和经验都很缺乏，而且购买的目的性也不强，挑选商品常常不得要领，随意性大，犹豫不决，缺乏主见，希望营销人员多做介绍、详细解释。他们容易受广告、其他消费者或营销人员的影响，买后容易产生后悔心理。对于这类消费者，营销人员要不怕麻烦，主动认真、实事求是地介绍商品。

3.4.5 消费者能力对营销活动的作用

消费者在购买活动中的能力，除本身素质是重要的基础外，还有许多其他因素也发挥了作用。例如，向消费者传递商品信息，讲解商品知识，培训保养维修方法，示范使用操作技术等。消费实践活动是消费者能力发展的决定性条件，它制约着能力发展的性质与水平。

人的能力是在实践中表现出来的。因此，在营销活动中，消费者购买行为的多样性或差异性也会在购买活动中表现出来，这就为市场营销人员促进销售、引导消费提供了依据。同时，营销工作应讲究职业道德，切不可有意利用消费者的能力弱项去推销伪劣商品，欺诈消费者。

由于市场营销人员的营销能力与服务效果有密切的联系，所以营销服务人员也要通过实践和加强理论学习，来不断提高自己的营销能力。

知识与技能训练

1. 填空题

（1）心理学中个性包括（　　）和（　　）两个方面。

（2）日常生活中常见的气质类型包括（　　）、（　　）、（　　）和（　　）四种类型。

（3）按心理活动的机能分类，性格可以分为理智型、（　　）和（　　）三种。

（4）表现在某些专业活动中的能力称为（　　），如绘画、品酒、唱歌等。

（5）从对商品的认识程度看，可以把消费者分为（　　）、（　　）和（　　）三种。

2. 判断题

（1）消费者个性的可塑性决定消费者需求的可诱导性。（　　）

（2）在生活中，我们经常评价某人气质优雅或气质粗俗，即个性心理特征中所指的气质。（　　）

（3）活泼好动，反应迅速，动作敏捷，思维灵活，但往往不求甚解，注意力易转移，情绪不稳定，这些都是抑郁质气质类型的典型特点。（　　）

（4）性格无好坏之分，而气质有好坏之分，人们都愿意和多血质的人交朋友。（　　）

（5）对慢性子的消费者，营销人员要有充分耐心，千万不能因为消费者选购商品的时间长而沉不住气，更不能急躁，显出不耐烦的表情。（　　）

3. 复习思考题

（1）个性具有哪些基本特点？个性在消费中有哪些作用？

（2）消费者典型的气质类型有哪些？各自有哪些具体表现？企业可采取哪些销售策略？

（3）消费者的性格有哪些类型？其各自的购买行为有哪些具体表现？企业可采取哪些销售策略？

（4）消费者应具有的能力包括哪些方面？

4. 技能训练

（1）按照以下气质类型测试表对自己的气质类型进行测试。测试的结果是你属于_____气质类型。

（2）邀请一位你最信任的同学或朋友对你的气质评价。他认为你属于_____气质类型。

气质表现的优点：_____

气质表现的缺点：_____

（3）以上自己的测试与朋友的评价是否符合？_____

如果有差距，你认为差距的原因是什么？_____

附：

气质类型测试表

指导语：调查表中一共有60个题目，请你根据自己的情况如实回答。每题共有5个档次分数，认为符合自己情况的，请在□内记下数值2；较符合的记1；介于符合与不符合之间的记0；较不符合的记–1；完全不符合的记–2。

气质类型测试题：

（1）做事力求稳妥，不做无把握的事。□

（2）遇到可气的事就怒不可遏，想把心里话全说出来才痛快。□

（3）宁肯一个人干事，不愿很多人在一起。□

（4）到一个新的环境很快就能适应。□

（5）厌恶那些强烈的刺激，如尖叫、噪声、危险镜头等。□

（6）和人争吵时，总是先发制人，喜欢挑衅。□

（7）喜欢安静的环境。□

（8）善于和人交往。□

（9）羡慕那种善于克制自己感情的人。□

（10）生活有规律，很少违背作息制度。□

（11）在多数情况下情绪是乐观的。□

（12）碰到陌生人觉得很拘束。□

（13）遇到令人气愤的事，能很好地自我克制。□

（14）做事总是有旺盛的精力。□

（15）遇到问题常常举棋不定，优柔寡断。□

（16）在人群中从不觉得过分拘束。□

（17）情绪高昂时，觉得干什么都有趣；情绪低落时，又觉得干什么都没有意思。□

（18）当注意力集中于一事物时，别的事很难使我分心。□

（19）理解问题总比别人快。□

（20）碰到危险情景时，常有一种极度的恐怖感。□

（21）对学习、工作、事业怀有很高的热情。□

（22）能够长时间做枯燥、单调的工作。□

（23）符合兴趣的事情，干起来劲头十足，否则就不想干。□

（24）一点小事就能引起情绪波动。□

（25）讨厌那种需要耐心、细致的工作。□

（26）与人交往不卑不亢。□

（27）喜欢参加热烈的活动。□

（28）爱看感情细腻、描写人物内心活动的文学作品。□

（29）工作学习时间长了，常感到厌倦。□

（30）不喜欢长时间谈论一个问题，愿意实际动手干。□

（31）宁愿侃侃而谈，不愿窃窃私语。□

（32）别人说我总是闷闷不乐。□

（33）理解问题常比别人慢一些。□

（34）疲倦时只要短暂的休息就能精神抖擞，重新投入工作。□

（35）心里有话宁愿自己想，不愿说出来。□

（36）认准一个目标就希望尽快实现，不达目的誓不罢休。□

（37）学习、工作同样一段时间，常比别人更疲劳。□

（38）做事有些莽撞，常常不考虑后果。□

（39）老师或师傅讲授新知识、新技术时，总希望他讲慢些，多重复几遍。□

（40）能够很快地忘记那些不愉快的事。□

（41）做作业或完成一件工作总比别人花的时间多。□

（42）喜欢运动量大的剧烈体育运动，或参加各种文艺活动。□

（43）不能很快地将注意力从一件事情转移到另一件事情上去。□

（44）接受一个任务后，就希望把它迅速解决。□

（45）认为墨守成规比冒风险强些。□

（46）能够同时注意几件事。□

（47）当我闷闷不乐时，别人很难使我高兴起来。□

（48）爱看情节跌宕起伏的激动人心的小说。□

（49）对工作抱认真、严谨、始终如一的态度。□

（50）和周围人们的关系总是相处不好。□

（51）喜欢复习学过的知识，重复已掌握的工作。□

（52）希望做变化大、花样多的工作。□

（53）小时候会背的诗歌，我似乎比别人记得清楚。□

（54）别人说我"语出伤人"，可我不觉得这样。□

（55）在体育活动中，常因反应慢而落后。□

（56）反应敏捷，头脑机智。□

（57）喜欢有条理而不甚麻烦的工作。□

（58）兴奋的事常使我失眠。□

（59）老师讲新概念，常常听不懂，但弄懂以后很难忘记。□

（60）假如工作枯燥无味，马上就会情绪低落。□

确定你属于哪种气质的办法如下：

（1）把每题得分按下表中题号相加，并算出各栏的总分。

胆汁质	题号	2	6	9	14	17	21	27	31	36	38	42	48	50	54	58	总分
	得分																
多血质	题号	4	8	11	16	19	23	25	29	34	40	44	46	52	56	60	总分
	得分																
黏液质	题号	1	7	10	13	18	22	26	30	33	39	43	45	49	55	57	总分
	得分																
抑郁质	题号	3	5	12	15	20	24	28	32	35	37	41	47	51	53	59	总分
	得分																

（2）如果多血质一栏得分超过20，其他三栏得分较低，则为典型多血质；如这一栏在20分以下、10分以上，其他三栏得分较低，则为一般多血质；如果有两栏的得分显著超过另两栏得分，而且分数比较接近，则为混合型气质，如胆汁—多血质混合型、多血—黏液质混合型、黏液—抑郁质混合型等；如果一栏的得分很低，其他三栏都不高，但很接近，则为三种气质的混合型，如多血—胆汁—黏液质混合型或黏液—多血—抑郁混合型。

多数人的气质是一般型气质或两种气质的混合型，典型气质和三种气质混合型的人较少。

经典案例分析

"泛90后"，你真的了解吗？

"泛90后"是专指出生于1986—1995年间的这类消费人群。这类消费人群的基本特点可以用9组词来概括：规模大、信心高、学历高、就业压力大、购房压力大、赡养压力大、购物前看评价、不盲目追崇西方、更注重相关性。

一、"泛90后"人群的基本特点

（1）规模大。"泛90后"拥有庞大的人口数量和可观的消费贡献能力。"泛90后"约占据17%的人口结构，这些消费者目前对零售的贡献是15%，到2020年，这群消费者对零售的贡献将达到35%。

（2）信心高。"泛90后"拥有较高的消费信心指数，略高于总体人群，其源于对个人经济状况的较好预期和较高的消费意愿。

（3）学历高。跟总体人群相比，"泛90后"大专以上学历占23%，相比平均14%高出9个百分点，这也意味着他们的收入水平也高。

（4）就业压力大。2013年全国高校应届毕业生699万人，被称为"最难就业年"。然而到了2014年，这一人数更是攀升至727万人，在往年的基础上增加了28万人，可谓"更难就业年"。由于岗位有限，除了更多的高学历群体外，他们还要和广大的"80后"、"海归"、国外涌入的人才竞争，激烈程度是他们的前辈"80后"所没有面对的。

（5）购房压力大。在过去的10年中，平均房价增长6倍，但平均收入只增长了2.4倍。因此，"泛90后"购房能力指数，从2003年的1.5下降到目前的0.6。虽然父母给予的条件更好，支持更多，但是物价上涨，尤其是房价的涨幅已远超过他们收入增加的比例，5年、10年后当这个群体步入婚姻和购房高潮时，他们的购买力将不如"80后"。

（6）赡养压力大。中国传统的人口结构是4-2-1，一对夫妇，赡养4个老人，养育一个小孩。但是随着二胎政策的放开，有49%的年轻夫妇表示，如果符合政策，他们愿意生二胎。随着年龄增长，"泛90后"将承受4-2-1乃至4-2-2家庭的赡养压力。

（7）购物之前看评价。随着世界扁平化，技术革新，生活方式和教育水平的变化，"泛90后"在购物前习惯查看他人对产品的购买和使用体验，更"精打细算"。

（8）不盲目追崇西方。"泛90后"的心态更加开放和包容，他们的成长阶段接触国外流行呈现出范围更广、种类更多以及同步化的特征。他们对西方文化并没有他们的前辈那般极端推崇，同时他们也不排斥中国文化，对中国文化的接受程度反而比"80后"更高。

（9）更注重相关性。"泛90后"接受新鲜事物多且常态化。他们的成长经历使他们有比前辈更快的适应能力，但需要产品和他们群体的相关性更强。研究表明，他们觉得当今多数新产品和新概念牵强赋予产品以"泛90后"的标签，这是他们所排斥的。

二、与"70后"、"80后"相比，"泛90后"的独特消费特征

"泛90后"对于品牌的认同区别于"70后"、"80后"，他们更多"对号入座"、"寻求共鸣"。他们对传统广告语如"年轻无极限"、"突破科技，成就未来"等无感，更容易接受"我，想动就动"、"我们领先，他们效仿"之类明显张扬自我个性的广告语。

不同于"70后"、"80后"追崇品牌定位，"泛90后"认为品牌是反应自己个性及态度的"标签"，并追求同质性。他们愿意选择同质化的"标签"匹配自己的个性，从某种角度看，标签为他们代言。例如，消费者认为苹果是一个"有梦想的品牌"，三星是一个"勤奋的品牌"。

不同于"70后"、"80后"追求产品的质量和档次，"泛90后"追求的品牌需要有"自己的故事"。"你只闻到我的香水，却没看到我的汗水。你可以轻视我们的年轻，我们会证明这是谁的时代"之类的品牌故事和口号日益成为吸引"泛90后"消费者注目的利器。

不同于"70后"、"80后"的拼搏观念,"泛90后"巧拼不蛮干,"爱分享",寻找认同他们的品牌。他们不会不顾一切向前冲,遇到问题也不会打破砂锅问到底,思考更多的是如何寻找"巧法子"。

不同于"70后"、"80后"的愤青文化,"泛90后"崇尚轻松地拼,他们永远乐观面对挑战。表达心中的不满时,他们会选择自嘲和诙谐的方式而不是激进和发泄。

不同于"70后"、"80后"的集体生活,信息时代给"泛90后"带来了新的社交方式,他们更向往"圈子和部落"文化。共同的兴趣和价值观是圈子和部落的基础,他们因志趣相投而走到一起,畅所欲言。

不同于"70后"、"80后","泛90后"有自己"特定的圈子"和团体,圈子和部落的载体与形式众多,微博、微信、QQ、豆瓣等社交媒体都成为寄宿这些圈子的平台。品牌商应整体了解,合理布局,有针对性地选择,与他们进行有效沟通。

不同于"70后"、"80后"更倾心于在网上寻找更多的实惠,"泛90后"更偏爱"知识和体验"的分享,互动评论。知识经验的分享、鼓励和娱乐成为他们在圈子里的首要讨论话题。

相比"70后"、"80后","泛90后"行为更"随性","泛90后"在转账、团购、票务、酒店预订、打车移动支付的比例明显高于总体人群。例如,"一场说走就走的旅行"、"一次快捷的指尖支付"等。

"泛90后"消费者更多非计划性购物。同时,购物也成为他们休闲的一个选择。便利性更高的便利店,以及走到哪儿买到哪儿的移动购物平台已显现出超高的增长率。品牌沟通需赢在路上及掌上。

"泛90后"的他们将是高学历、高信心、高收入、有压力、精明的一代,他们喜欢的品牌是有故事的,能成为展现个性及态度的标签。关注"泛90后",走进"泛90后",并充分了解他们的公司也将在今后5~10年更好地抓住市场先机。

(资料来源:营销智库,http://www.domarketing.org/html/2014/brand_0909/12669.html)

问题讨论:

(1)针对"泛90后"年轻人个性心理特征分析,厂家和商家应如何制定和调整自己的营销策略?

(2)结合实际,你认为哪些行业目前在"泛90后"年轻人领域存在商机?

第4章
消费者购买过程的心理活动

 学习目标

知识目标
- 理解消费者需求理论中的兴趣、需要、动机在消费者购买行为中的作用；
- 掌握消费者决策的内容和决策过程；
- 掌握消费者购买行为类型及购买行为过程的心理分析。

能力目标
- 能够正确发现、认识消费者的兴趣、需要和动机；
- 能够正确运用消费者的购买决策和购买行为过程开展营销活动。

知识结构

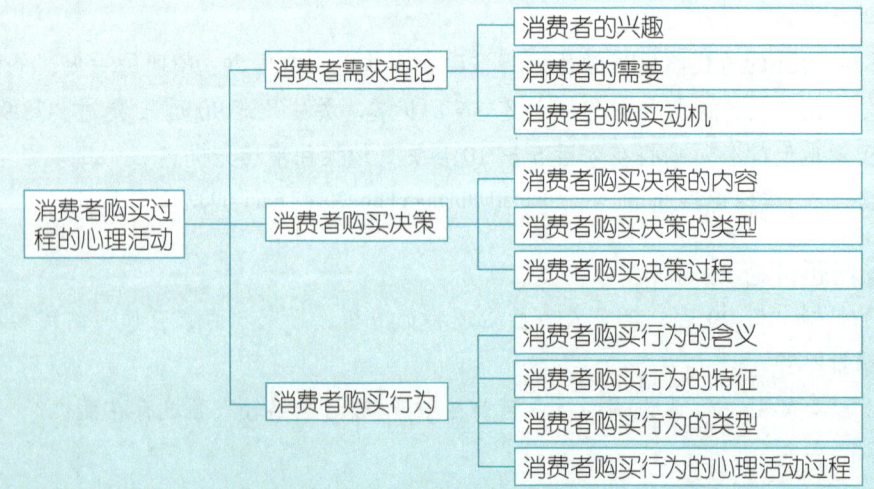

关键词
兴趣 需要 动机 诱导 消费者购买决策 消费者购买行为

建议学时
- 4学时，包含技能训练学时1学时

 导入案例

憨豆首次中国行，士力架抢占娱乐营销制高点

2014年8月14日，由憨豆主演、"地心引力"制作团队精心指导的士力架广告片在全球上映。广告中英国泰斗级喜剧大师憨豆先生跟随武林高手飞檐走壁，却不料因为"饿"了而导致状态不佳，一时失足掉入敌人阵营，狐假虎威地打起了"饿货拳"。兄弟们为了救出憨豆先生，顺势递给他一条士力架，他吃后满血复活变身武林高手逃离了敌人的虎口。憨豆先生士力架广告如图4-1所示。

图4-1 憨豆先生士力架广告

士力架沿袭了一贯幽默叙事的手法，此番请来憨豆先生，将广告注入独特的中国功夫元素和憨豆先生的英式幽默，在创作上启用好莱坞电影制作团队和中国顶级武术指导，契合品牌的全球化定位，并考虑到中国本土的广告观看需求，成为巧克力广告中独树一帜的典型代表。

2014年8月20日，憨豆先生在上海完成了他的中国首秀。士力架选择东方卫视的《今晚80后脱口秀》栏目合作。该栏目主要通过脱口秀的形式，展现人们对于社会热点、文化事件、时尚潮流的态度和思想，幽默风趣却又不失智慧与锐度。栏目整体风格与士力架的广告及憨豆先生的形象不谋而合。在节目现场，憨豆先生带领中国大爷大妈在上海最具代表性的世博园内伴着广场舞神曲《倍儿爽》大跳起了饿货拳。自此事件起，憨豆和他的饿货拳彻底红遍全国。节目中加入的"大妈"、"广场舞"等时下关键词也使节目整体更具可看性及趣味性。

此次憨豆来华为士力架代言受到了全国媒体热捧，仅20—21日两天，报道的媒体就达到数百家，国外媒体也自发对此次活动进行了披露。微博话题中的"憨豆饿货拳"也在短时间内达到了过亿次的阅读量，成为微博热词之一。

（资料来源：广告门，http://www.adquan.com/post-15-28499.html）

> **? 问题思考：**
>
> 憨豆先生的士力架广告传递了哪些广告信息？抓住了消费者的哪些消费需求？

消费者的购买行为是一系列环节、要素构成的心理活动过程。在这一过程中，消费者需求是购买行为产生的前奏，而购买决策最终起主导作用。深入研究消费者需求理论、购买决策的程序和原则、购买行为的过程与类型等，有助于全面把握消费者的行为特点与规律。

4.1 消费者需求理论

消费者的购买行为在一定目标指导下受消费者的兴趣、需要和动机等消费心理因素的影响。因此，市场营销人员需认真研究，掌握兴趣、需要和动机等消费者需求理论在消费者购买过程中的作用，制定相应的营销策略，促进商品的销售。

4.1.1 消费者的兴趣

1. 兴趣的含义

所谓兴趣，是一个人力求接触和认识某种事物的一种意识倾向。消费兴趣是指人们需要某种商品的情绪倾向。

在消费过程中，当消费者对某种商品或劳务有需要时，便会对该商品或劳务感兴趣，从而成为消费者购买活动的动力因素之一。兴趣在消费者的购买决策过程中对消费者的购买行为产生以下重要的影响。

（1）兴趣有助于消费者为未来的购买活动做准备。消费者如对某种商品发生兴趣，会主动收集有关信息，积累知识，为未来的购买活动打下基础。例如，一个人喜爱玩电子游戏，就有可能去购买计算机、游戏机及网络电视等。

（2）兴趣能使消费者缩短决策过程，尽快做出购买决定并加以执行。消费者在选购自己感兴趣的商品时，一般心情比较愉快，精神比较集中，态度积极认真，这样使得购买过程易于顺利进行。

（3）兴趣可以刺激消费者对某种商品重复购买或长期使用。消费者对某种商品的持久兴趣会发展成个人偏好，从而固定地使用该商品，形成重复的、长期的购买行为。例如，对集邮、花鸟鱼虫等有兴趣的消费者，会经常光顾有关的商品专业市场，重复购买与此兴趣有关的商品。

2. 兴趣的特点

（1）倾向性。倾向性是指兴趣所指向的客观事物的具体内容和对象。例如，学生有喜欢电子游戏的兴趣，能促使他们努力学习计算机知识。消费者在购买活动过程中，总是对某一品牌、某一类型的商品感兴趣。

（2）效能性。效能性是指兴趣对人们行动的推动作用。例如，某消费者一旦对某商品感兴趣，则总想买到它，即使借钱也要买。兴趣深刻还会形成重复购买的习惯和偏好。

（3）差异性。差异性是指消费者的兴趣因人而异，差别极大。例如，有些消费者兴趣范围广泛，琴棋书画样样爱好；有些消费者则对什么事情都不感兴趣，百无聊赖。

3. 兴趣的种类

（1）依据兴趣与指向对象的关系划分。

1）直接兴趣。是指消费者对商品或劳务本身的需要而产生的喜爱和追求。例如，青年学生由于对苹果手机的喜爱而省吃俭用去购买它等。

2）间接兴趣。是指对某种事物的本身没有兴趣，而对于这种事物未来的结果有兴趣。例如，目前很多家长给孩子报艺术辅导班，并非由于喜爱艺术，而是为了培养孩子将来成才而进行的教育消费。

（2）依据兴趣反映到消费者购买商品种类的倾向性的不同划分。

1）偏好型。是指对特定事物具有特殊兴趣的消费者类型。此类兴趣集中，甚至可能带有极端化的倾向，直接影响消费者购买商品的种类。

2）广泛型。是指具有多种兴趣的消费者类型。他们对外界刺激反应灵敏，可以受到各种商品广告、宣传、推销方式的吸引或社会环境的影响，购买形式不拘一格。

3）固定型。是指兴趣持久型的消费者类型。他们的购买具有经常性和稳定性的特点，往往是某些商品的长期消费者。固定型与偏好型的区别在于没有极端化的倾向。

4）随意型。是指兴趣易变的消费者类型。他们一般没有对某种商品的特殊偏爱或固定习惯，也不会成为某种商品长期的忠实消费者。他们容易受周围环境的影响，不断转移兴趣的对象，因时而宜地购买商品。

> **头脑风暴及应用**
> 根据以上兴趣类型的分析，你认为自己属于哪类？

4. 兴趣在商品销售过程中的具体应用

在与消费者的接触过程中，营销人员要判定消费者的兴趣类型，结合自己对产品的了解快速判定特定消费者的兴趣集中点，围绕一至两个兴趣集中点来展开营销，做到有的放矢。

一般而言，消费者购买商品的兴趣集中点主要有以下几种。

（1）使用价值。商品的使用价值是消费者兴趣的基本集中点。对于经济上不是很宽裕的消费者，强调商品的多种功能尤为重要。

（2）流行性。流行性是虚荣型消费者的一个重要兴趣集中点，大多数装饰品、高档日常用品都应突出这一集中点。营销人员可根据消费者的着装、手机、配饰等判断其兴趣是否集中于此。

（3）安全性。安全性对于食品、婴幼儿用品、老年用品、电器等商品非常重要。特别是老年消费者、孕育期家庭的父母的兴趣多会集中于此。

近几年，儿童安全手表非常畅销。外出游玩时，为防止孩子走丢，父母能随时随地通过手表查看孩子所处的位置。孩子如果遇到突发危险，按一下表上的SOS键，手表就会轮番拨打三个亲情号，通知家长；家长还可以给孩子设置一个安全场景，比如学校，一旦孩子离开这个场景，家长的手机上就会发出提示，家长可以立即追踪过去。这主要是抓住了父母对孩子安全的兴趣集中点。小天才电话手表广告如图4-2所示。

图4-2 小天才电话手表广告

（4）美观性。青年消费者及年轻夫妇对于美观性较为重视，女性消费者会比男性消费者更多地重视这一点。

（5）教育性。随着收入水平的提高，消费者对于商品的教育性日益关注。尤其婚育家庭的消费者则更为关注。

（6）保健性。保健性是食品、服装、用具等商品应具备的特性。针对老年人、儿童商品要强调这一特性，有财力和有时间关注健康的消费者尤其重视这一点。

（7）耐久性。耐久性作为商品使用价值中一个特殊方面受到大多数消费者的重视。但有些突出时尚的商品则不必强调这一点，青年消费者对于耐久性往往也考虑不多。

（8）经济性。经济不宽裕的消费者往往强调商品的质量和价格。因为相对于商品的其他优势来说，物美价廉可以使消费者的承受力加强。

 实例链接 4-1

考试季，红牛建了一个百万人参与的能量自习室

显然，在当前的移动时代，大批民众都患上了一种名叫"手机分离焦虑症"的病。尤其年轻人，最是重度高发患者，具体临床表现为：起床第一件事和睡前最后一件事都是看手机，每隔5分钟就要瞅一眼是否有新消息提醒，幻听，老觉得手机响了……对生活、学习、工作都大大不利。2016年7月,红牛就抓住这一社会痛点,开展了一场校园营销活动。

6月,很多同学的朋友圈都收到了红牛能量校园的一则消息:为了帮助大学生备战考试季,红牛自己建了一间能量自习室(见图4-3)!这间在线自习室,最大的特点是"容得下万人,却容不下一部手机"。进入红牛能量自习室互动页面,可以选择教学楼、图书馆、食堂等熟悉的场景,并根据旁边座位同学的头像选座。这对于受众来讲,或许是一个不错的兴趣点,毕竟能同时和天南海北的同学一起上自习的机会并不多见。在选好座位后,按下"开始自习"键,就安心地脱机自习吧。如果能坚持15分钟,就会有一个小小的奖励;如果是45分钟,就会有话费红包、视频网站会员卡等礼品,皆为大学生活必需品。

图4-3 红牛能量自习室广告

考试季的两周,活动方获得了一组漂亮数据——参与红牛能量自习室的受众已超过300万人次,其中自习坚持15分钟的有47万人次,超过45分钟的深度参与者有34万人次,这或许是史上门槛最高、用户主动参与时长最长的活动了,尤其是在这个手机瘾比感冒还流行的时代。

社交媒体上,"红牛能量自习室"的话题也获得1.1亿次阅读,仅话题就有7 000多页的参与。它倡导的"放下手机、专注自习"的概念也吸引了众多意见领袖的参与,引发了网友对于考试季话题的广泛讨论。

深入场景,线上自习室满足考试季需求

在消费升级的大趋势下,校园愈发成为品牌营销的重要市场,由于其特殊性,企业想要成功破局却并不容易。所以当谈到校园营销时,想到的都是路边挂横幅、搭帐篷、发传单等传统做法,如何告别这种生硬地推销、叫卖,取而代之以一种更有趣、更深入、更容易被受众接受的沟通形式成为目前校园营销的最大挑战。

2015年,通过"手机换红牛"场景营销项目让商业品牌和产品首次走进大学教室,全程陪伴课堂学习的红牛,在2016年的考试季定位了全新的场景——自习室!以考试季专注自习这一主题,红牛再次展开了一场品牌沟通、产品体验、消费培养的校园营销战役。

在考试季，四六级考试、期末考试、出国考试等集中爆发，悠闲了一个学期的大学生们开始进入忙碌的自习备考阶段。此时正是红牛表现的绝佳机会，不仅考试季刻苦复习的主旋律在抽象层面吻合了红牛"你的能量超乎你想象"的品牌精神，同学们埋头苦读的场景也为红牛产品提供了用武之地——提神醒脑、补充能量，实乃考试自习、全神贯注之必备。

巧借天时，红牛从满足同学们"自习考出好成绩"的需求出发，"能量自习室"项目应运而生：教学楼、图书馆、食堂……H5的设计紧紧围绕大学生的熟悉场景，甚至"贴心"地准备了仅限两席的"雅座"——德育处，先到先得，让人忍俊不禁。这样高度关联性大大提高了同学们的参与热情，让线上自习室一推出就广受欢迎。

巧设机制，陪伴与专注是坚持到底的动力

人们常说，"陪伴是最长情的告白"。忽略这句话里的"鸡精味"，我们在日常生活中确实经常产生类似感触：当你在做一件有难度的事时，如跑步、健身、减肥、创业，独自一人可能很快就因为懒惰、倦怠、困难而半途而废，但如果有志同道合的小伙伴，大家互相督促就更容易坚持到底。

同理，在手机依赖症晚期的大学生中，坚持45分钟不刷微信并非易事——我看一分钟的书，然后手机吃醋了，我哄了它一小时。因此，红牛"能量自习室"不仅具有简单的"打表计时"功能，还巧妙加入了"陪伴"概念——在选座环节，参与者可以看到前后左右一起自习的同学，你们也许就在同一座城市，也可能相隔万里，但此刻的你不是一个人在战斗，而是和天南海北的万名小伙伴一起，彼此陪伴，互相督促，共同完成一堂无干扰的自习时间。

"臭嘚瑟"、"三好生"、"脏乱差"、"教导员"……红牛在不同座位上贴上了不同的标签，有趣的标签与同学们的日常形成了对应或者反差，让参与者充满新鲜感。

关联品牌，专注的能量超乎想象

红牛的校园营销一向着重品牌专属性。首先，活动主题与品牌精神深度契合，红牛强调"你的能量超乎你想象"，而要得到这种"超乎想象"的结果，唯有全神贯注、全力以赴才有可能。万人自习室活动强调的正是让同学们放下手机、专注自习，以取得超乎想象的漂亮成绩；其次，活动场景凸显产品特点，红牛补充能量、提神醒脑的产品属性，无疑契合了考试季里的备考需求。

通过能量自习室项目，红牛以校园为起点，将产品与大学生息息相关的使用场景绑定，既满足了当下的热点及备考需求，又巧妙地传递了自身产品的功能和品牌精神，同时也引发了社会对专注这件事的讨论和思考，激发口碑扩散，成功地刷了一把品牌好感度。它用行动证明了，要跟大学生这群最时尚、最积极、思维最活跃的受众打交道，品牌必须号准年轻人的脉搏，保持开创性和领先性，才能立于不败之地。

（资料来源：今日头条，http://www.toutiao.com/i6309747486793662977/）

【案例思考与应用】

红牛能量自习室营销活动的成功，主要体现了大学生群体的哪些消费兴趣？

4.1.2 消费者的需要

1. 需要的含义

消费者需要是指消费者生理和心理上的匮乏状态，即感到缺少些什么，从而想获得它们的状态。消费者在生存和发展过程中会有各种各样的需要。例如，饿的时候有进食的需要，渴的时候有喝水的需要，在与他人交往中有获得友爱、被人尊重的需要，等等。

2. 需要的特征

（1）需要的层次性。人们的需要是有层次的。在满足各种需要的过程中，消费者将首先满足低层次的需要，之后较高层次的需要才会显现出来并逐步成为主要的满足对象。

（2）需要的多样性。需要的多样性不仅体现在每个人的需要是多种多样的，还体现在同一种需要对于不同的人也是各不相同的。由于年龄、性别、民族、职业的差别，收入水平、生活习惯、文化程度、个性特点及宗教信仰、兴趣爱好、居住地区等的不同，需要也有所不同。

（3）需要的互补性和互替性。需要对某些商品具有互补性特点。例如，计算机的购买可能会连带购买打印机、扫描仪等。此外，许多商品具有互替性的特点。例如，目前旅行交通的消费，飞机、高速列车、长途豪华汽车可以互相替代。因此，经营互补性商品，不仅大大方便消费者，还能增加商品销售额；而互替性商品的销售则加剧了竞争的压力。

（4）需要的伸缩性。消费需要具有一定的伸缩性，受到货币收入、支付能力、商品供应和价格等因素制约。消费者收入高、商品价格便宜、供应充分，消费者的需要量就大，反之则可能少。

（5）需要的可诱导性。消费需要可以诱导，受到外界商业广告、橱窗展览、柜台咨询和销售服务等因素的影响。

（6）需要的季节性。需要的季节性是指消费者的需要随着季节的变化而变化。

（7）需要的发展性。消费需要是发展的，随着科学技术和生产的发展及社会的进步，人们的收入和生活水平会不断提高，消费需要也会随之发生变化。

3. 需要的分类

（1）按照需要产生的原因划分。

1）生理性需要。是指消费者为了维持和发展个体生命而产生的对客观事物的需求和欲望。例如，人们对饮食、休息、运动、御寒等的需要。

2）社会性需要。是指消费者为了参加社会活动、进行社会交往而产生的对客观事物的需求和欲望。例如，人们对友谊、爱情、归属、社会地位、成就、威望等的需要。

（2）按照需要的实质内容不同划分。

1）物质需要。是指消费者在物质生活和社会交往中对社会物质产品的需求和欲望。例如，人们对食品、服装、住房、家用电器、高档家具的需要。

2）精神需要。是指消费者对精神生活和精神产品的需求和欲望。例如，人们对文化、艺术等的需要，还包括对人们之间的相互理解、沟通、友情、关心和情感交流的需要。

（3）按照需要的层次不同划分。

1）生存需要。是指消费者为了维持生存而产生的对基本生活物品的欲望和要求。例如，人们对粮食、空气、水、服装、房屋、交通等的需要。

2）享受需要。是指消费者为增添生活情趣，实现感官和精神愉悦而产生的欲望和要求。例如，人们对文化娱乐、体育健身、旅游、社交活动等的需要。

3）发展需要。是指消费者为发展智力和体力，提高个人才能，实现人生价值而对所需消费品的欲望和要求。例如，人们对教育、书籍、计算机、保健品等的需要。

（4）按照需要满足的对象不同划分。

1）社会公共需要。是指满足社会公共或社会集团要求的需要。

2）个人需要。是指满足消费者个人需求的需要。

（5）按照需要的实现程度不同划分。

1）现实需要。是指消费者具有明确的消费意识和足够的消费能力，已经或者即将实现的消费要求和欲望。

2）潜在需要。是指消费者的消费意识和消费能力目前尚未完全具备，但已列入消费计划的要求和欲望。

4．马斯洛需要层次理论

美国心理学家马斯洛提出了马斯洛需要层次理论。马斯洛将人类需要按由低级到高级的顺序分成五个层次（类型），如图4-4所示。

图4-4 马斯洛需要层次理论

（1）生理的需要。生理的需要是人类的第一层次需要，是指人为了维持和发展个体生命而对外界条件的需要。例如，人们对空气、阳光、食品等的需要。

（2）安全的需要。安全的需要是人类的第二层次需要，是指人为了保护自己的生理和心理免受伤害，获得保护、照顾和安全感的需要。例如，要求人身的健康、安全、有序的环境，稳定的职业和有保障的生活等。马斯洛还把储蓄和各种形式的保险也列入安全需要。

（3）归属和爱的需要。归属和爱的需要，又称社交的需要，是人类的第三层次需要，是指人希望给予和接受别人的爱情与友情，以及得到某些社会团体的重视和容纳的需要（归属感）。例如，人们对结识朋友、交流情感、表达爱情、参加社会团体活动等的需要。

（4）尊重的需要。尊重的需要是人类的第四层次需要，是人对其自尊心、荣誉感和受人尊重及其在社会获得一定地位的需要。例如，人们对独立、自由、自信、地位、名誉、认同和被尊重等的需要。尊重需要得到满足，可以增强自信心和自我意识，否则，便会产生自卑感或失去信心。

（5）自我实现的需要。自我实现的需要是人类最高层次需要，是指满足个体把各种潜能都发挥出来的一种需要，如不断地追求事业成功，使技术精益求精等。

马斯洛认为，五个层次的需要是相互联系、逐渐发展的，各层次需要之间有以下关系。

（1）前两种需要是低层次的基本需要，中间第三种需要是在基本需要得到满足的基础上的精神需要，后两种需要是高层次的发展需要。

（2）一般来说，这五种需要像阶梯一样，从低到高。低一层次的需要获得满足后，就会向高一层次的需要发展。

（3）这五种需要不是每个人都能满足的，越是靠近顶部的需要，满足的百分比越少。

（4）同一时期，个体可能同时存在多种需要，因为人的行为往往是受多种需要支配的。每一个时期总有一种需要占支配地位。

 实例链接 4-2

马斯洛需要层次理论在家居产品销售中的应用

家居销售顾问在与消费者沟通过程中，应通过对消费者的言行举止分析消费者存在的不同需要，运用不同的沟通语言诱导顾客，给予相应的产品推荐。

（1）生理的需要。例如，刚在异地上班的大学毕业生对家居产品的基本需要。

沟通语言："您敲一下这块板材，您能感受到结实耐用，随便您怎么搬动都不会散架，没问题的。而且我们这几天正在搞活动，价格非常实惠。"

（2）安全的需要。例如，人们要求家居产品对人身健康、安全、环保等。环保家居产品广告如图 4-5 所示。

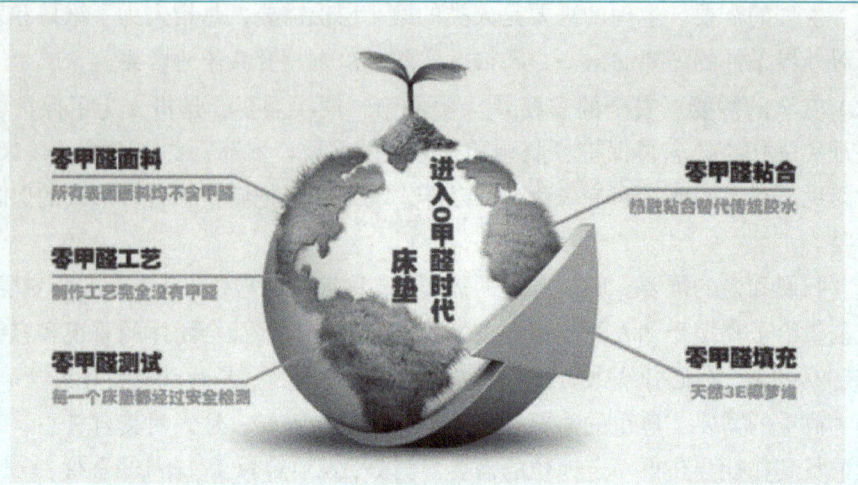

图 4-5 环保家居产品广告

沟通语言:"您给孩子买家具,相信您第一考虑的肯定是健康、安全。您看我们的家具经过了××环保认证,这您尽管放心。"

(3)归属和爱的需要。例如,人们对家庭客厅产品的需要。

沟通语言:"您可以想象一下每次您和您的爱人一起在这张精美的木桌边用餐和交谈时,你们夫妇所产生的那种幸福感。木制品可以使房间更温暖,您不这样认为吗?"

(4)尊重的需要。例如,人们对能代表一定消费水平、品位的高档产品、品牌家居产品的需要。

沟通语言:"想象一下这张纹理素雅的饭桌会怎样美化您的房间,流线型的设计会更好地烘托出您的高雅艺术品位。"

(5)自我实现的需要。例如,人们对高档次、奢侈家居品牌的消费等。

沟通语言:"一看您就是搞艺术的,这款家具我们是限量销售,并且我们是独家发售,专门针对您这样的成功人士。"

【案例思考与应用】

基于消费者对家居产品的不同需要层次,家居产品营销人员还可以从哪些角度展示产品?

> **头脑风暴及应用**
>
> 假如你是一位汽车公司的销售员,结合马斯洛需要层次理论在家居产品销售中的应用,试问你将如何与消费者进行语言沟通。

4.1.3 消费者的购买动机

1. 购买动机的含义

购买动机是指为了满足一定的需要而引起人们购买行为的愿望或意念。购买动机是推动购买活动的内在动力，也是消费者购买行为的直接出发点。

动机的产生必须具备两个条件，一是有一定强度的需要；二是具有满足需要的目标和诱因。一般来说，动机是行为的动因，消费者购买动机对其购买行为具有下列作用。

（1）始发作用。始发作用是引起消费者购买行为的初始动机，这种动机引导消费者购买某种商品。例如，要看奥运会，可能是买电视机的始发因素。

（2）选择作用。选择作用是动机的调节功能所起的作用。消费者的动机是多种多样的，动机的选择作用可以引导其购买某种品牌的商品。例如，要买空调，首先想到格力品牌。

（3）维持作用。动机的实现往往需要一定的时间过程，在这个过程中，动机始终起着促进作用，直至行为目标实现为止。例如，买冰箱，冰箱的漂亮外形和多种功能对购买冰箱均具有维持作用。

（4）强化作用。动机的强化机能具有正负两种。为满足动机的结果，不断保持与强化行为动因，叫作"正强化"；反之，起着减弱和消退行为作用的，叫作"负强化"。例如，近年来房地产市场的价格大幅上涨，对某些消费者起到了"正强化"作用，即赶快买，再不买价格还要上涨；但对于某些消费者则起到了"负强化"作用，即不购买了，太贵了。

（5）中止作用。当动机已经实现，或者由于刺激与需要的变化，动机都会起使行为停止的作用。当然，一个动机停止了，另一个动机又会继起，发起新的行为过程。例如，冰箱已买到，那么就不会再有购买冰箱的冲动了，但计划购买家庭计算机的动机可能就开始产生了。

2. 消费者购买动机的类型

（1）一般购买动机。从消费者购买商品的原因和驱动力而言，消费者的一般购买动机可分为生理性购买动机和心理性购买动机两大类。

1）生理性购买动机。是指消费者由于生理本能的需要而产生的购买动机。消费者作为生物意义上的人，为了满足、维持、保护、延续、发展自身生命而产生的能满足其生理需要的商品购买动机。例如，市场上常见的支付能力弱的消费者群体，其购买一般都投向基本生活资料，优先满足生理上的需要。

2）心理性购买动机。是指消费者由于心理需要而产生的购买动机。其主要是由后天的社会或精神需要所引起的，是消费者除本能以外，为满足、维持社会生活，进行社会生产和社会交际，在社会实践中实现自身价值等需要而产生的各种购买动机。

心理性购买动机可以分为以下三类：

第一,感性动机。这是由于人的情绪(喜、怒、哀、乐等)和情感(道德、情操、群体、观念等)引起的购买动机。感性动机所引发的购买欲望,多注重商品的外在质量,讲究包装精美、样式新奇、色彩艳丽,对商品价格不求便宜而求适中或偏高。

第二,理性动机。这是对所购商品经过认真考虑,在理智的约束和控制下产生的购买动机。在理性动机驱使下的购买,比较注重商品的质量,讲求实用、可靠、价格便宜、使用方便、设计科学合理及效率等。

第三,惠顾动机。也叫信任动机,是以表示信任、感谢为主要目的的购买动机。具有此种动机的消费者由于某些原因对特定企业、品牌以至某些营销人员产生特殊的信任与偏好,从而重复地、习惯地选择固定的经销商,或者反复、习惯地购买同一生产企业、同一品牌的商品的购买动机。该类动机消费者是企业的最忠实的支持者。

(2)具体购买动机。在实际购买活动中,消费者购买商品的心理活动是非常复杂的,其需要和欲望是多方面的,因而形成了形形色色的具体的购买动机。

1)求实心理动机。是指以追求商品的使用价值为主要目标的购买动机。此类消费者购买商品时特别重视商品的实际效用、功能质量,讲求经济实惠、经久耐用,不大追求外观的美丽或品牌的名气等。这类购买动机在消费者群中最具普遍性和代表性。此类动机消费者是中低档和大众商品的主要购买者。

2)求新心理动机。是指以追求商品的新颖、奇特、时尚为主要目标的购买动机。具有这种购买动机的消费者特别重视商品的款式、颜色、造型是否符合时尚或与众不同,而不太注重商品的使用价值和价格高低。

3)求美心理动机。是指以追求商品的艺术价值和欣赏价值为主要目标的购买动机。具有这种购买动机的消费者重视商品本身的色彩美、造型美、艺术美,重视商品对人体的美化作用、对环境的装饰作用、对人的精神生活的陶冶作用,而对商品本身的实用价值不太重视。

4)求便心理动机。是指以追求购买过程的方便、快捷、省时为主要目标的购买动机。特别是购买日常生活用品,如油、盐、肥皂等,为求方便、简便,很少有人顾及品牌和商店等。购买家电时,很多消费者会考虑售后服务是否方便。

5)求廉心理动机。是指以追求商品价格低廉,希望以较少的货币支出获得较多物质利益为主要目标的购买动机。具有这种购买动机的消费者注重商品的价格,对价格的变化反应格外敏感,对处理价、优惠价、特价、折扣价的商品特别感兴趣,求廉购买动机是一种较为普遍的购买动机。

6)求名心理动机。是指以追求名牌商品、高档商品或仰慕某种传统商品的名望为主要购买目标的购买动机。此类消费者以追求所购商品显示自己的地位和名望为主要目标。具有该类动机的消费者特别注重商品的品牌、档次及象征意义,而不太重视商品的使用价值,以此来显示自己的经济能力和社会地位,从中获得一种让人羡慕的满足心理。

实例链接 4-3

哈根达斯——高端卡位的智慧

"哈根达斯"这个听起来颇具北欧风情的冰淇淋品牌,是移居美国的波兰人鲁本·马特斯在 1961 年创办的。哈根达斯进行了另类而清晰的自我定位——在大部分冰淇淋品牌仍在街头流动雪糕车上销售,力图用低廉的价格和相对美好的口味吸引更多回头客时,哈根达斯将自身定位为顶级雪糕的代表,以自我沉醉、愉悦万分的感官享受作为卖点,占领高端成人消费市场。

20 世纪 80 年代哈根达斯在欧美市场大获成功,除了对于"尊贵、稀有"品牌气质的强调以外,与浪漫爱情的关联也成为其成功的关键要素。哈根达斯为冰淇淋甜蜜香滑的口感赋予各种带有浓情意味的象征——情人的亲吻、指尖的缠绕、绵长温柔的拥抱,进而将品牌的目标顾客从尊贵一族调整为对爱情怀有旖旎幻想的女性族群。一方面,抓住了女性群体对于浪漫情调和美味食物往往难以抵抗的特质;另一方面,这种定位使产品与目标客户间产生了深层的情感维系,无论是该品牌广告中对于"爱她,就带她去哈根达斯"的极尽渲染和强调,还是顾客在品味冰品时脑中泛起的种种浮想,都将顾客群体更牢固地锁定在幻想、渴望、尝试和享受中。

围绕着情人品牌形象与尊贵冰品的定位,哈根达斯在品牌塑造上的低调路线赋予了其神秘与矜持感,契合情人间"我在你眼中独一无二"的情感需求,以精心营造出小资情调和高品位的生活。哈根达斯冰淇淋广告如图 4-6 所示。

图 4-6 哈根达斯冰淇淋广告

(资料来源:《销售与市场》杂志管理版,2015 年第 3 期,作者王新业)

【案例思考与应用】

哈根达斯的产品定位主要针对消费者的哪些购买动机?

7）好胜心理动机。又称攀比购买动机，是指以争强好胜或与他人攀比并胜过他人为主要目标的购买动机。此类消费者购买某种商品大多不考虑自己是否有这种消费需求，是否具备这种消费条件，而片面地为了超过他人强化个人的消费欲望，以求得心理上的平衡和满足。持这种购买动机的消费者，往往没有养成量入为出的消费习惯，以致有些人为此债台高筑。

8）嗜好心理动机。是指以满足个人特殊偏好为目标的购买动机。这种动机的购买行为比较理智，且具有经常性和持续性的特点。例如，有些消费者喜好古董字画、花鸟鱼虫等。有些消费者宁愿省吃俭用，省下钱来也要买自己嗜好的物品。

9）安全心理动机。是指以要求商品或劳务的消费不会给自己的生命和身心健康带来危害的动机。这种动机在消费者对药品、食品、家用电器等商品的选择上表现得较为突出。

10）储备动机。是指以占有一定量的紧俏商品为主要目标的动机。

头脑风暴及应用

请观察你周围的熟悉的人是否购买了家庭轿车？其购买动机是什么？你更换新手机了吗？更换的动机是什么？

3. 消费者购买动机的可诱导性

消费者的购买动机具有可诱导性。所谓诱导，是指营销人员针对消费者的购买动机，运用各种方法和手段，向消费者提供商品信息资料，对商品进行说明，使消费者购买动机得到强化，对该商品产生喜欢倾向，进而采取购买行为的过程。

消费者购买动机的可诱导性为商业企业扩大商品销售提供了可能，营销人员的诱导可促使消费者的心理倾向购买方向，有利于帮助实现销售。营销人员诱导消费者的购买动机，必须遵守职业道德，采取科学的诱导方式，强化消费者购买动机。主要的诱导方式有以下几种。

（1）证明性诱导。主要包括实证诱导、证据诱导和论证诱导。

1）实证诱导。即在购物现场向消费者提供实物证明的方法。例如，计算机产品当场给消费者试用，豆浆机等厨房小家电产品当场操作示范等。

2）证据诱导。即向消费者提供间接使用效用证据的方法。例如，向消费者提供该商品的获奖资料、新闻报道、消费者协会的推荐报告等资料，作为诱导消费者产生购买动机的证据。

3）论证诱导。即以口语化的理论说明取得消费者信任的方法。例如，介绍商品的成分、生产工艺、性能、使用方法等，内容要真实，切忌信口开河。劝说诱导要恰到好处，简明扼要地向消费者介绍商品，要视消费者的需要适时进行。

（2）转化性诱导。在与消费者沟通过程中，有可能出现针锋相对的局面，这时需要通过转化诱导缓解矛盾，重新引起消费者的兴趣，使无望购买行为转变为现实购买行为。

1）先肯定再陈述。例如，先肯定消费者言之有理，使消费者从心理上得到满足，然后再婉言陈述自己的意见，这样容易产生好的诱导效果。

2）询问法。例如，对消费者提出的问题，利用反问的方式提出询问，请消费者再做考虑，启发消费者的购买动机。询问时态度要和气，切忌用质问的口气伤了对方的自尊。

3）转移法。例如，面对消费者提出的一些难以回答的问题，可采取转换话题、分散消费者注意的方法，间接地诱导消费者的购买动机。

4）拖延法。例如，遇到消费者提出的问题无法准确、圆满地回答时，先让消费者看商品说明书，以拖延时间给消费者充分、自由地考虑，以便产生诱导效果。

（3）建议性诱导。建议性诱导是指在证明性诱导或转化性诱导成功后，不失时机地向消费者提出购买建议，达到扩大销售的目的。建议性诱导的内容，一般有以下五种表现形式。

1）建议购买高档商品。营销人员要在对消费者的购买预算做出准确判断的前提下提出该类建议，以免建议不妥伤了对方的自尊心。

2）建议购买替代商品。该建议的条件是消费者预购买的商品本店无货，但有在质量、性能、价格上与该商品类似的其他商品。

3）建议购买互补商品。这类建议要注意当两种商品有主次之分时，消费者已购买主项商品，再建议其购买次项商品。

4）建议购买大包装商品。同类商品，大包装比小包装在费用上更为经济。对于某些连续使用的消耗性商品，可考虑使用这种建议。

5）建议购买新产品。当新产品与老产品相比有明显的性能特色优势时，可进行该类建议。

 实例链接 4-4

最厉害的销售

一位乡下来的小伙子去应聘城里"世界最大"的"应有尽有"百货公司的销售员。

老板问他："你以前做过销售员吗？"

他回答说："我以前是村里挨家挨户推销的小贩子。"

老板喜欢他的机灵："你明天可以来上班了。等下班的时候，我会来看一下。"

一天的时间对这个乡下来的穷小子来说太长了，而且还有些难熬。但是年轻人还是熬到了下午5点。差不多该下班了，老板真的来了，问他："你今天做了几单买卖？"

"一单。"年轻人回答说。

"只有一单？"老板很吃惊地说，"我们这儿的销售员一天基本上可以完成20～30

单生意呢。你卖了多少钱？"

"30万美元。"年轻人回答道。

"你怎么卖到那么多钱的？"目瞪口呆、半晌才回过神来的老板问道。

乡下来的年轻人说："是这样的，一位男士进来买东西，我先卖给他一个小号的鱼钩，然后中号的鱼钩，最后大号的鱼钩。接着，我卖给他小号的渔线、中号的渔线，最后是大号的渔线。我问他上哪儿钓鱼，他说海边。我建议他买条船，所以我带他到卖船的专柜，卖给他长20英尺有两个发动机的纵帆船。然后他说他的汽车可能拖不动这么大的船。我于是带他去汽车销售区，卖给他一辆丰田新款豪华型'巡洋舰'。"

老板后退两步，几乎难以置信地问道："一位顾客仅仅来买个鱼钩，你就能卖给他这么多东西？"

"不是的，"乡下来的年轻售货员回答道，"他是来给他小孩买纸尿裤的。他说他妻子出差了。我就告诉他：'你的周末算毁了，为什么不带着孩子去钓鱼呢？'"

【案例思考与应用】

小伙子采用了哪种诱导方式完成了30万美元的销售业绩？

4.2 消费者购买决策

消费者购买决策是指消费者为了满足某种需求，在一定的购买动机的支配下，在可供选择的两个或者两个以上的购买方案中，经过分析、评价、选择后实施最佳的购买方案以及购后评价的活动过程。

4.2.1 消费者购买决策的内容

在今天的市场经济中，消费者到处都会遇到各种决策问题。

1. 为什么买（Why）——购买目的或购买动机

消费者的购买动机是多种多样的。例如，同样买家庭轿车，有的是为了工作方便，有的是为了改善生活品质，有的则是为了显示自己的身份、地位和财富。

2. 买什么（What）——确定购买对象

决定买什么是消费者购买决策最基本的任务之一。它是决策的核心和首要问题。例如，夏季到了，为了防暑降温，需要购买空调，必须明确空调是买分体的还是买立式的，是买"格力"的还是"美的"的，买什么颜色的。

3. 为谁买和由谁买（Who）——确定使用者和购买者

为谁买，决定着购买商品的各项基本属性，如款式、包装、装潢、物理机械性能等。消费者所使用的商品并非都由自己亲自购买，同样，购买的商品也并非都由自己使用。

4. 什么价格买（How much）——确定购买价位

消费者的经济收入一定程度上决定了消费者的消费档次。同样的商品，不同的购买动机也决定了其最终消费者的支出会有很大的不同。

5. 买多少（How many）——确定购买数量

购买数量取决于消费者的实际需要、支付能力及市场的供求情况等因素。如果某种产品在市场上供不应求，消费者即使目前并不急需或支付能力不强，也可能借钱购买；反之，如果市场供给充裕或供过于求，消费者既不会急于购买，也不会购买太多。

6. 在哪里买（Where to buy）——确定购买地点

购买地点的决定受多种因素的影响。例如，近几年，电商平台的发展对实体店的销售产生了较大的影响，很多消费者都养成了网上购物的习惯。

2015年中国网络购物市场发展趋势分析预测

截至2014年12月，我国网络购物用户规模达到3.61亿人次，较2013年年底增加5953万人次，增长率为19.7%；我国网民使用网络购物的比例从48.9%提升至55.7%。

纵观2014年我国网络购物市场，主要呈现出普及化、全球化、移动化的发展趋势。具体而言，网购群体主流年龄跨度增大，向全民扩散。CNNIC数据显示，2014年最主流网购用户（20~29岁网购人群）规模同比增长23.7%，10~20岁网购人群用户规模同比增长10.4%，50岁及以上网购人群用户规模同比增长33.2%。

跨境B2C业务的开启彰显中国网络零售全球化发展趋势。随着中国消费者对海外优质商品的旺盛需求，中国制造在海外市场的畅销，以及跨境支付体验的不断完善，2014年跨境B2C业务在天猫、京东、苏宁等各大网络零售平台上线。阿里数据显示，"双十一"期间，217个国家和地区在阿里巴巴平台上进行交易。至此，跨境电商在中国进入全球化大众消费时代。

手机网购激发移动环境下消费，引领网络购物发展。2014年手机购物市场发展迅速。CNNIC数据显示，2014年我国手机网络购物用户规模达到2.36亿人次，增长率为63.5%，是网络购物市场整体用户规模增长速度的3.2倍，手机购物的使用比例提升了13.5个百分点达到42.4%。CNNIC研究显示，手机购物并非PC购物的替代，而是在移动环境下产生增量消费，并且重塑线下商业形态促成交易，从而推动网络购物移动化发展趋势。

2014年随着京东、聚美优品、阿里巴巴的上市，网络零售市场格局趋向稳定。淘宝网、天猫、京东的品牌渗透率位居前三位，分别为87%、69.7%和45.3%，遥遥领先于同类竞争对手。唯品会以特卖形式后来居上，超过众多传统网络购物平台，位居第四，品牌渗透率18.8%。由团购网站转型成功的聚美优品排在第九位，品牌渗透率11.7%。2014年网络购物市场品牌渗透率如图4-7所示。

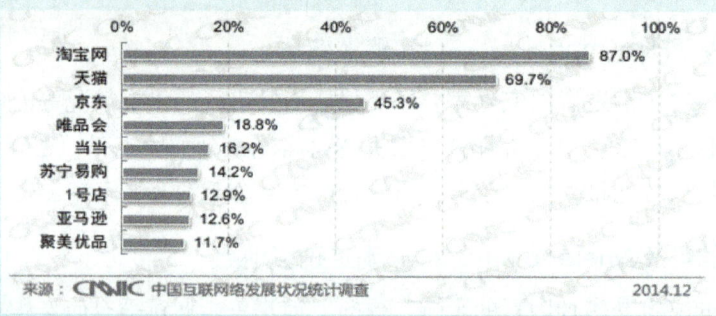

图4-7 2014年网络购物市场品牌渗透率

（资料来源：CNNIC中国互联网络发展状况统计调查）

7. 何时买（When to buy）——确定购买时间

决定何时购买受众多因素的影响。例如，消费者对某商品需要的急迫性、市场的供应情况、营业时间、交通情况和消费者自己的空闲时间等。此外，商品本身的季节性、时令性也影响购买时间。

8. 如何买（How to buy）——以什么方式购买

如何买涉及的是购买方式的确定。例如，是直接到商店选购，还是邮购、预购或托人代购；是付现金、开支票，还是分期付款等。

4.2.2 消费者购买决策的类型

美国营销大师菲利普·科特勒曾经以消费者购买行为的介入度和各品牌间的差异程度为基础，把消费者的购买行为划分为四类（见图4-8）。其中，购买行为的介入度是指购买行为对消费者而言的重要程度，从而在时间、精力、体力等方面的不同投入程度。

第4章 消费者购买过程的心理活动

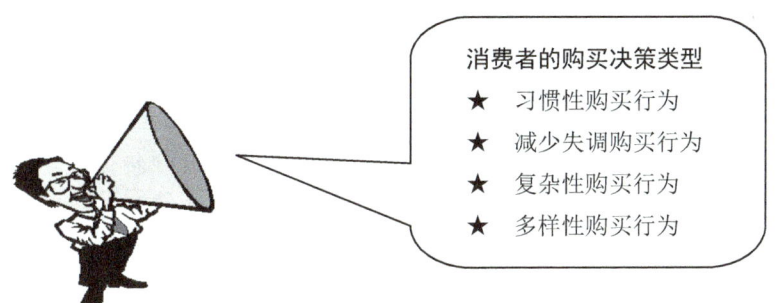

图 4-8 消费者购买决策类型

1. 习惯性购买行为

消费者有时购买某一商品，并不是因为特别偏爱某一品牌，而是出于习惯。习惯性购买行为经常发生在产品介入程度低，而且竞争产品之间差异又很小的情况下。

针对习惯性购买行为，企业要特别注意给消费者留下深刻印象，企业的广告要强调本产品的主要特点，要以鲜明的视觉标志、巧妙的形象构思赢得消费者对本企业产品的青睐。为此，企业的广告要加强重复性、反复性，以加深消费者对产品的熟悉程度。

2. 减少失调购买行为

当消费者高度介入某项产品的购买，但又看不出各品牌有何差异时，对所购产品往往产生失调感。为了追求心理的平衡，消费者会广泛地收集各种对已购产品的有利信息，以证明自己购买决定的正确性。

针对减少失调购买行为，企业应通过调整价格和售货网点的选择，并向消费者提供有利的信息，帮助消费者消除不平衡心理，坚定其对所购产品的信心。

3. 复杂性购买行为

当消费者选购的产品价格昂贵、购买频次低，或者隐藏的风险较大时，为慎重起见，往往需要广泛地收集信息，并经过认真比较，产生对这一产品和品牌的信任态度，从而慎重地做出购买决策。该类购买行为属于复杂购买行为，如购买汽车和房子等。

针对复杂性购买行为，企业应设法帮助消费者了解与该产品有关的知识，并设法让他们知道和确信本产品在比较重要的性能方面的特征及优势，使他们树立对本产品的信任感。这期间，企业要特别注意针对购买决定者做介绍本产品特性的多种形式的广告。

4. 多样性购买行为

多样性购买行为又叫作广泛选择的购买行为。如果一个消费者购买的商品品牌间差异虽大，但可供选择的品牌很多、产品价值低、购买频率高，他们并不会花太多的时间选择品牌，也不会专注于某一产品，而是经常变换品种。多样性购买行为多发生在低介入度产品的购买，这种品种的更换并非对上次购买商品不满意，而是想寻找新奇，换换品牌。购买快速消费品大部分属于此种类型。

针对多样性购买行为，当企业处于市场优势地位时，应注意以充足的货源占据货架的有利位置，并通过提醒性的广告促成消费者建立习惯性购买行为；而当企业处于非市场优势地位时，则应以降低产品价格、免费试用、介绍新产品的独特优势等方式，鼓励消费者进行多个品种的选择和新产品的试用。

实例链接 4-5

"我是江小白，生活很简单"

"我是江小白，生活很简单"是江小白酒业（创始人陶石泉）的品牌口号（见图 4-9），随着时间推移和人们对"我是江小白"理念的丰富，现在也成为都市年轻群体的集体宣言。因"我是江小白"个性鲜明，富含时代感和文艺气息，颇受青春群体的热捧和喜爱。随着时代的变化和更多年轻群体的加入，"我是江小白"所反映的青春含义也愈发丰富，逐渐被赋予了"简单纯粹"、"文艺青年改变世界"、"寻找真我"、"消除互联网隔阂"等新的时代含义。

图 4-9 江小白品牌口号

江小白以青春的名义创新，以青春的名义创意，深刻洞察了中国酒业传统保守的不足，拘泥于千篇一律的历史文化诉求，对鲜活的当代人文视而不见，着力于传统酒业的品质创新和品牌创新，致力于引领和践行中国酒业的年轻化、时尚化、国际化。

小白的第一层含义是"小白痴"，寓意涉世不深、不懂得权威真谛，约等于白痴的人。具体表现为不守礼节、不守秩序、不会自我规范，常常以自我为中心，对他人随意开炮、提意见。"小白"有时也指智商情商低或理解能力差的人。

现在，"小白"已经成为一个中性词，更多地指菜鸟、新手的意思，是当代新青年群体向往简单生活，做人做事追求纯粹，标榜"我就是我"，自信自谦的一种表现。

这个世界原本简单，复杂的只是我们自己。"我是江小白，生活很简单"是江小白追求的生活态度，也是肆意青春、真我性情的一种表达。简单纯粹是一种生存方式，既切合了当今时代所倡导的绿色、低碳、环保等生活理念，又提出了一种以真心换真心，不矫揉造作的待人处事方法。

"我是江小白，生活很简单"可以说是当代新青年的集体宣言，也成为一句传递品牌精神的经典文案。

广义上的文艺青年囊括了所有喜欢文化艺术的青年人。狭义上的文艺青年则特指具备某些共体特征的一批有志青年，这一群体也正是江小白所代表的一类人。这些共体特征包括：挚爱艺术、轻视权威、心思细腻，情绪化对待真实生活；敢于直面感性自我，并且不断追寻内心的"真我世界"。

江小白的大多数粉丝通常都喜欢艺术地生活，反对庸俗、势利地生活，总是处在成人和孩子中间的青涩地点，渴望交流、分享、智慧和自由。他们不是为生活而活的，而是为理想中的生活而活的。同时，文艺青年也是一种人生态度，无关其在文学艺术上的造诣，只是群体用于自我识别的一种标签。

敏锐的特质使得文艺青年们在面对重要事情，能迅速且准确地透过事件表面判断其本质意义和走向，帮助自己和别人做出有价值的行动决定；天马行空的思想和过人的才华则赋予了他们丰富而广阔的精神世界。"文艺青年改变世界"代表的是一种江小白粉丝的美好希冀，也是一种不断追逐梦想的勇气，并且在逐梦过程中实现对自我的探索。

随着物质生活的日益丰富，人们的精神世界不可避免地逐渐贫瘠起来。耳边充斥的是金钱欲望的叫嚣，目之所及的是灯火辉煌的骄奢淫逸，青年们在不断奔波中逐渐迷失自己，"寻找真我"由此成为当代话题。

著名心理学家弗洛姆曾著书《自我的追寻》，以提醒人们认清自我，努力成为真正自我的本体，摆脱人为痛苦的桎梏，从而追寻真正的幸福。这和江小白"寻找真我"的理念如出一辙。人生就是一个不断寻找真我的过程，丢了时间和金钱，却不能丢掉最初的自己。当生活变得混沌，当你快要忘记来时的路时，请放慢脚步：在现实中迷失了自己，就在现实中寻找自己。你是世间唯一一件属于你自己的存在。不忘初心，方得始终。

互联网缩短了人与人之间的空间距离，然而事实证明，更为便利、即时的沟通渠道却并未拉近人心之间的距离，反而在很大程度上促使一部分人处于一种与世隔绝的状态。过分依赖互联网让人们在现实生活中很难交到知心朋友，由此产生了一种被人群孤立的感觉，人情逐渐变得冷漠，人与人的距离也越来越远。

消除互联网隔阂，让生活变得简单，让交流变得简单，是当下被计算机、手机、iPad等屏幕困住眼球的"屏民"们的共同追求。总的来说，江小白代表的是一个自信的青春群体。青年乐于以"我是江小白"来标榜自己，表现出他们对简单纯粹的生活理念和永不妥协的人生信仰的认可。

江小白系列产品的面世，给老气横秋的中国酒业增添了一股时尚清新的感觉，迅速在年轻消费群体中获得高度认同，被评为"2012中国酒业风云榜年度新品"，并成为各地酒企争相模仿的对象。

（资料来源：网易，http://sd.news.163.com/16/1014/10/C3B6FJKK039318IG.html）

【案例思考与应用】

"江小白"品牌主要针对哪些目标客户？这群目标客户有哪些消费行为特点？

4.2.3 消费者购买决策过程

消费者购买决策过程较为复杂，由一系列相关联的活动构成，营销学者对决策过程阶段的划分不尽相同，菲利普·科特勒把决策过程划分为五个阶段，如图4-10所示。

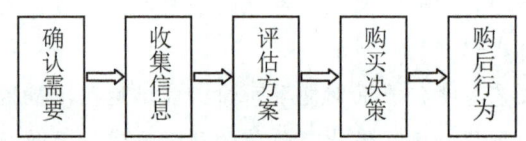

图 4-10 消费者购买决策过程

1. 确认需要

消费者的购买行为，首先是从产生需要开始的。当消费者感到自己的某种需要必须通过市场满足时，就会集中精力到市场上去寻求该种商品，这时购买决策便开始了。这种需要可能是由其内在的生理活动引起的，也可能是受到外界的某种刺激引起的。

此阶段，企业必须通过市场调研，认定促使消费者确认需要的具体因素，从而巧妙地推销自己的产品，使之与消费者的需要挂钩。因此，营销人员应注意不失时机地采取适当措施，唤起和强化消费者的需要。

2. 收集信息

消费者的有些需要可以随时随地得到满足，但有些需要的满足则会受到多种因素的制约。在多数情况下，消费者还要考虑购买什么品牌的商品、花多少钱、到哪里去买等问题，需要搜寻各种信息，作为决定购买的依据。

消费者收集的信息一般有产品质量、功能、价格、牌号、已经购买者的评价等。信息来源主要有以下四个方面。

（1）个人来源。个人来源是指由可信度高的家庭、亲友、邻居、同事等传递信息。受传统认识影响，此种方式是消费者信息收集的主要来源。

（2）商业来源。商业来源是指通过广告、推销员、商品包装、商品展销以及有关商品说明书等渠道获得的信息。

（3）公共来源。公共来源是指通过大众传播媒体、消费者组织、政府机构等非营利性组织获得的信息。

（4）经验来源。经验来源是指通过消费者自身学习、操作、实验和使用商品的经验等获得的信息。

各种来源的信息，对消费者的购买行为产生的影响不同。广告宣传、报纸、杂志等，传播面广，但可信度低，消费者心存疑虑。亲朋好友口头传播或已购买的效果信息影响最大，但营业员较难把握和控制。经验来源的信息，对消费者购买行为的影响较稳定。因此，把握消费者的信息来源，对营销人员制定相关销售策略有相当大的帮助。

3．评估方案

消费者利用从各种渠道得到的各种资料信息可能是重复的，甚至是矛盾的，因此还要进行分析、评估和选择，这是决策过程中的决定性环节。在消费者的评估方案过程中，市场营销人员应注意以下几点。

（1）产品性能是消费者所考虑的首要问题，其次是商品品牌、式样、价格、耐用性及售后服务等因素。

（2）不同消费者对产品的各种性能给予的重视程度不同或评估标准不同，因人、因时、因地而异，有的评价注重价格，有的注重性能，有的注重品牌或式样等。

（3）多数消费者的评选过程是将实际产品同自己理想中的产品相比较。

企业营销人员首先要注意了解并努力提高本企业产品的知名度，其次还要调查研究消费者比较评价某类商品时所考虑的主要因素，最后加大宣传力度，将对消费者购买决策产生极大影响。

4．购买决策

消费者通过对可供选择的商品进行评价，并做出选择后，就形成购买意向，这种意向趋于购买行为。消费者购买之前须做出购买决策。购买决策是许多项目的总选择，购买方案包括品牌决策、卖主决策、数量决策、时间决策、付款方式决策和购买者决策等几个方面的决策内容。

消费者对商品信息进行比较和评价后，已形成购买意向，但购买意向并不一定导致实际的购买行为，还要受到两个因素的影响。

（1）他人的态度。反对态度越强烈，或者持反对态度者与购买者关系越密切，修改购买意向的可能性就越大。

（2）意外的情况。如果发生了意外的情况如失业、意外急需、涨价等，则很可能改变购买意向。

在这一阶段，一方面，营销人员要向消费者提供更多具体的有关商品的信息，便于消费者把握和了解；另一方面，应通过服务形成方便消费者的条件，加深其对商品的良好印象。同时，营销人员应当尽可能了解使消费者犹豫的因素和引起风险觉察的因素，设法排除障碍，降低风险，促使消费者做出最终的购买决策。

5. 购后行为

消费者在使用商品的过程中，以购前的期望与实际使用效用相衡量决定满意程度。消费者的满意程度通常分为三种：满意、基本满意、不满意。购买后的满意程度决定了消费者的购后行为，决定了消费者对该品牌的态度，以及是否重复购买该产品，并且还会影响到其他消费者，形成连锁效应，产生引导更多消费者购买或阻止别人购买该商品的效果。

因此，营销人员应积极主动地完善产品功能、提高产品质量和性能外，还要加强售后服务，促使购买者确信其购买决策的正确性，提高其忠诚度。事实上，那些有保留地宣传其产品优点的企业，反倒使消费者产生了高于期望的满意度，并树立起良好的产品形象和企业形象。

4.3 消费者购买行为

消费者的购买行为是复杂的，其产生是受到内在因素和外在因素的相互促进、交互影响的。市场营销人员必须认真研究，并能根据消费者的购买行为制定符合消费者需要的营销策略。

4.3.1 消费者购买行为的含义

消费者购买行为是指消费者为满足其个人或家庭生活需要而进行的一切活动，包括寻找、选择、购买、使用、评价及处置商品和劳务等一系列的行为过程。

一个人在特定的刺激下产生需要，这种需要在一定的条件下便会成为一种内在的驱动力，即动机。消费者的需要和动机都是消费行为的内在因素。当有了动机，人们就要寻求满足需要的目标，并且在目标找到之后进行满足需要的活动和行为，即购买行为或消费行为。目标达到后，需要得到了满足，紧张状态随之解除。但并非到此为止，这时新的需要又产生了，另一种动机和行为又会开始。如此循环往复，就构成了消费者连续不断的购买行为过程，如图 4-11 所示。

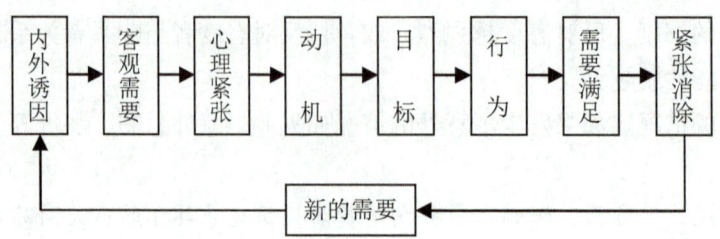

图 4-11 消费者的购买行为过程

4.3.2 消费者购买行为的特征

企业要在市场竞争中能够适应市场、驾驭市场,必须掌握消费者购买行为的基本特征。消费者的购买行为具备以下特征。

1. 购买者多而分散

消费购买涉及每个人和家庭,购买者多而分散。由于消费者所处的地理位置、闲暇时间不一致,造成购买地点和购买时间的分散性。

2. 购买量少,多次购买

消费者购买是以个人和家庭为购买和消费单位的,由于受到消费人数、需要量、购买力、储藏地点、商品保质期等诸多因素的影响,消费者往往小批量、多批次购买。

3. 购买的差异性大

消费者购买因受年龄、性别、职业、收入、文化程度、民族、宗教等因素影响,其需求有很大的差异性。

4. 大多属于非专家购买

绝大多数消费者缺乏相应的购买专业知识、价格知识和市场知识,尤其是对某些技术性较强、操作较复杂的商品。在多数情况下,消费者购买时往往受感情的影响较大。

5. 购买的流动性大

在市场经济较发达的今天,人口在地区间的流动性较大,因而导致消费购买的流动性很大。消费者购买经常在不同产品、不同地区及不同企业之间流动。

6. 购买具有周期性

有些生活必需商品如牛奶、蔬菜等,消费者需要经常购买、均衡消费;有些商品如时令服装、节日消费品等,消费者需要季节购买或节日购买;而有些商品如家用电器等,消费者则需要等商品的使用价值基本消费完毕才重新购买。这些都表现为消费者购买的周期性。

7. 购买的时代特征和发展性

消费者购买常常受到时代精神、社会风尚及生活习俗的影响,而随着社会的发展和人们消费水平、生活质量的提高,消费需求也在不断向前推进和发展。例如,随着网络技术的普及,网络电视的消费逐渐流行起来。

 知识窗

2016年中国消费市场的四大趋势

2015年10月,国际市场研究咨询公司Mintel英敏特发布了《2016年中国消费者趋势》报告,讨论了影响2016年中国消费市场的综合趋势。对于品牌以及消费者而言,了解这四大趋势,有助于把握市场前瞻性。

1. O2O依然是大势所趋

O2O依然受消费者欢迎。不论是传统零售品牌还是创业公司,都在将消费者的兴趣转化成可持续发展的业务。

研究发现,中国城市消费者对上门到家的专业服务有着强烈的兴趣及忠诚度,近一半(46%)中国消费者在网上预订过上门服务,如洗衣、家居清洁、按摩等,八成(78%)使用过上门服务的人表示以后会再次使用。当然,对于差异定制服务,地区生活方式的不同也起到重要作用。比如,英敏特发现,对比其他地区,中国华东地区的消费者(72%)由于生活忙碌,较少每天在家做饭。更有年轻男性消费者尤其被定制化所吸引,2/5的20～29岁中国年轻男性消费者追求定制化的个性产品和服务。2016年,更多企业将O2O业务覆盖到更多偏远地区。

同时,传统实体店面临的挑战和威胁将继续增多。传统零售商除了尝试推出O2O服务,还应增加实体店的价值和意义,使店铺成为消费者获得新体验和进行社会活动的场所。

2. 互动,更强"即时带入感"

视频越来越受到消费者的欢迎。根据英敏特的调查,多达83%的互联网用户在计算机上看视频,73%的人在平板上看视频。而38%的中国消费者已观看付费在线视频,31%的人有兴趣试一试,这表明观看付费视频在中国有巨大的市场潜力。

视频在受欢迎的同时也加大了与消费者的互动,"弹幕"的出现就是消费者有兴趣参与互联网互动的一个早期信号。此外,不少品牌将直播引入到消费者的多个日常生活状态,通过这种方式建立行之有效的营销渠道。例如,直播与网购相结合便是一种较好的途径。

3. "她时代"来临,把握女性消费者

女性在生活以及财务上的独立自由趋势更明显,正在创造一个"她时代"市场。英敏特研究发现,58%的中国妈妈表示她们全权掌管家庭财政。在消费习惯上,女性更愿意接受新的生活方式,也更渴望尝试新产品拥有新体验,而男性更加坚持他们熟悉的东西。事实上,如今中国有66%的未婚男性固守"不结婚生活就不圆满",而只有52%的未婚女性这样认为,同时,48%的单身女性渴望去未知的地方旅行。

为获得更多女性消费者的"青睐",品牌产品和服务除迎合女性消费者所需外,也应该展示对女性的理解、欣赏和支持,针对性地定制产品和服务,从而促使"她经济"的继续增长。市场上也期望出现更多以女性为客户且是女性自创的独立品牌。

4. 健康意识更强

中国消费者健康的生活方式心态正在形成,他们在选择食品以及各种产品时更加谨慎。同时,科技对于中国关注健康趋势的形成发挥了重要的作用。

研究发现,30%的消费者使用手机应用或平板应用监控他们的活动量,74%的消费者表示未来有兴趣使用可穿戴设备来管理健康。同时,声称身体处于亚健康状态的人数比例从2012年的75%上升到2015年的86%。英敏特还发现,人们认为定期运动(64%)已成为健康生活的最重要的一个方式,高于2014年的51%。因此,企业只有把更多精力投放在帮助消费者平衡身心健康上,才能获得消费的好感。

(资料来源:国际市场研究咨询公司Mintel英敏特,《2016年中国消费者趋势报告》)

头脑风暴及应用

目前实体书店受到了网络书店的严重冲击,你认为实体书店是否还有存在的必要?为什么?

4.3.3 消费者购买行为的类型

1. 根据购买行为主体划分

(1)个体性购买行为。个体性购买行为即购买行为主体为个体的购买行为,其不仅仅指以个体方式实施购买,而且也指以纯粹个体方式完成购买行为全过程。

(2)群体性购买行为。群体性购买行为是指以集体形式完成购买全过程的购买行为。它可以是家庭、朋友、夫妻,也可以是政府、企事业单位。

2. 根据购买行为特征划分

(1)理智型购买行为。理智型购买行为是指消费者在每次购买前对所购的商品要进行较为仔细地研究比较。此类消费者一般具有理性的行为准则和评价标准,较为冷静和慎重,感情色彩较少,善于控制自己的情绪。他们主观性较强,不轻易相信广告、宣传、承诺、促销方式及营销人员的介绍,喜欢细心挑选。

(2)习惯型购买行为。习惯型购买行为是指消费者由于对某种商品或某家商店的信赖、偏爱而产生的经常、反复的购买,形成习惯。此类消费者对某些商品十分熟悉,体验较深,再次购买时往往不再花费时间进行比较、选择,注意力稳定、集中,行动迅速,轻易促成重复购买。

（3）经济型购买行为。经济型购买行为是指消费者购买时特别重视价格，对于价格的反应特别灵敏，善于发现别人不易觉察的价格差异。此类消费者无论是选择高档商品，还是中低档商品，首选的是价格。有的消费者习惯于追求低价，唯有廉价商品才能使之得到满足。与此相反，也有的消费者喜好高档商品，相信"一分价钱一分货"。

（4）冲动型购买行为。冲动型购买行为是指消费者容易受商品的外观、包装、商标或其他促销方式的刺激而产生的购买行为。此类消费者一般都是以直观感觉为主，从个人的兴趣或情绪出发，喜欢新奇、新颖、美观、时尚的产品，不大讲究商品的用处、性能，因而易受广告宣传、销售人员的劝说、卖场气氛、他人评价的影响，购买时不愿做反复选择比较。

（5）疑虑型购买行为。疑虑型购买行为是指消费者在购买时表现得小心谨慎和疑虑重重。此类消费者购买商品时一般较缓慢、费时多，常常是"三思而后行"，或犹豫不决而中断购买，或购买后疑心重重。

头脑风暴及应用

观察你周围的朋友，判断他们的购买行为各属于哪种购买类型。

3. 根据消费者的购买目标划分

（1）全确定型。全确定型是指消费者在购买商品以前，已经有明确的购买目标，对商品的名称、型号、规格、颜色、式样、品牌以至价格的升降幅度都有明确的要求。此类消费者在选购过程中，一般都是有目的地选择，主动提出所要购买的商品名称，并对所要购买的商品提出具体要求，当商品能满足其需要时，则会毫不犹豫地购买。

（2）半确定型。半确定型是指消费者在购买商品以前，已有大致的购买目标，但具体要求还不够明确，最后购买需经过选择比较才能完成。例如，消费者购买空调是原先计划好的，但购买什么品牌、规格、型号、式样等心中无数。此类消费者在选购过程中，一般要经过较长时间的分析、比较才能完成其购买行为。

（3）不确定型。不确定型是指消费者在购买商品以前，没有明确的或既定的购买目标。这类消费者在选购过程中主要是参观、游览、休闲，漫无目的地观看商品或随便了解一些商品的销售情况，感到有兴趣或合适的商品偶尔会购买，有时则观后离开。

4.3.4 消费者购买行为的心理活动过程

消费者购买行为过程是指消费者从产生某种购买欲望到最终完成购买行为的全部行为过程。在消费的过程中，虽然消费者的购买动机不同，购买商品的种类、数量不同，所耗费的时间和精力不同，但消费者在购买过程中的心理状态一般都表现为八个发展阶段（见图4-12）。

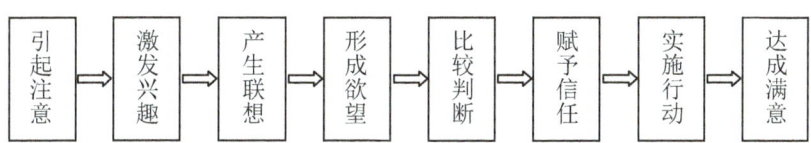

图 4-12 消费者购买行为的心理活动过程

1. 引起注意

营业现场鲜明突出的广告和装饰、新颖的商品包装、响亮的兜售吆喝、变化多端的商品功能展示等，作为刺激物都会引起消费者的注意。消费者无论是聚精会神地对预购商品进行观察、聆听、分析、比较、认识，还是漫不经心地浏览商品，都是注意状态的不同体现。

2. 激发兴趣

消费者在注意某种商品的时候，会伴随其他心理活动，如想象、比较、分析、判断等，并对某种商品做出如颜色、式样、味道、价格等方面的反馈，这就引起了消费者的兴趣。消费者若认为该商品的功能、价值能适合或满足自己的物质或精神的需要，这种兴趣就会进一步强化，并引发消费者愉快的情绪体验，推动消费者购买行为的发展。

3. 产生联想

在购买活动中，消费者对某种商品发生了兴趣并有了一定的认识之后，将会进一步激发联想。通过联想，消费者往往会获得更丰富的有关商品的知识和强烈的情绪体验。

4. 形成欲望

在购买过程中，随着消费者联想的深化，消费者购买商品的欲望就会随着对该商品的认识及个人情绪的变化由潜伏的状态转入活动状态，真正地起到推动消费者购买过程的作用。

5. 比较判断

面对琳琅满目的商品，当消费者产生购买某种商品的欲望后，根据自己的观察或营销人员的介绍，开始对商品的特征、功能、外观、质量、价格等方面做出比较，并对商品的相关属性加以肯定或否定的判断，为最终的购买决策提供依据。

6. 赋予信任

在购买过程中，消费者通过多方面的比较，对商品的特性有了较好的把握，确定出自己对某种商品的肯定程度，从而也就选定了自己所要购买的对象。消费者对该商品产生信任，即愿意把自己购买欲望的实现寄托在这种商品、售卖商品的企业以及营销人员身上。其间营销人员的接待技巧、服务语言、服务态度及对商品知识的了解将显示出无比的重要性。

7. 实施行动

消费者经过比较、判断后，确信某一商品是自己所必需的，并对这一商品产生信任时，消费者就会果断地做出购买的决定，并迅速实施购买行为。

8. 达成满意

在购买过程中，消费者买到了称心如意的商品，或者在购买过程中享受到了良好的服务，消费者就会产生高兴、愉悦的情绪体验，即产生满意感。具有满意情绪体验的消费者，大多会成为这一企业或这一品牌的回头客。因此，企业的销售服务要努力为消费者创造满意的情绪体验，使消费者高兴而来，满意而归。但如果达不到其满意程度，则会产生相反的购后行为，即拒绝再次购买，并对其周围的人产生消极的影响。

知识与技能训练

1. 填空题

（1）依据兴趣反映到消费者购买商品种类的倾向性的不同，可分为（　　）、（　　）、（　　）和（　　）四种兴趣类型。

（2）马斯洛将人类需要按由低级到高级的顺序分成（　　）、（　　）、（　　）、（　　）和（　　）五个层次。

（3）证明性诱导具体包括（　　）、（　　）和（　　）三种。

（4）消费者购买决策内容的5个W主要是指：（　　）、（　　）、（　　）、（　　）和（　　）五个方面。

（5）根据购买行为特征划分，消费者的购买行为类型主要有理智型购买行为、习惯型购买行为、（　　）、（　　）和疑虑型购买行为五种类型。

2. 判断题

（1）消费者需要是指消费者生理和心理上的匮乏状态，即感到缺少些什么，从而想获得它们的状态。（　　）

（2）从消费者购买商品的原因和驱动力而言，消费者的购买动机可分为生理性购买动机和理智性购买动机两大类。（　　）

（3）菲利普·科特勒曾经以消费者购买行为的介入度和各品牌间的差异程度为基础，把消费者的购买行为划分为复杂性购买行为、减少失调购买行为、多样性购买行为、习惯性购买行为四类。（　　）

（4）营销学者对决策过程阶段的划分不尽相同，菲利普·科特勒把决策过程划分为确认需要、收集信息、评估方案、购买决策和购后行为五个阶段。（　　）

（5）消费者在购买过程中的心理状态一般都表现为引起注意、激发兴趣、产生联想、

形成欲望、比较判断、赋予信任、实施行动以及达成满意八个发展阶段。（　　）

3. 复习思考题

（1）商品销售过程中消费者有哪些兴趣集中点？
（2）简要介绍马斯洛需要层次理论的含义。
（3）消费者购买行为过程中有哪些具体购买动机？
（4）诱导消费者产生购买动机有哪些方式？
（5）消费者购买决策中有哪些不同参与者？
（6）消费者的决策过程包含哪些基本步骤？
（7）消费者购买行为心理活动过程有哪些环节？

4. 技能训练

注意一下你周围的消费香烟和酒类的男性朋友，他们经常消费何种类型的香烟和酒类，与其进行深入沟通，回答以下问题：

（1）朋友：_____ 职业：_____ 年龄：_____
（2）经常消费何种类型、品牌的香烟？消费该种香烟的主要动机是什么？
_____
_____
（3）经常消费何种类型、品牌的酒类？消费该种酒类的主要动机是什么？
_____
_____

经典案例分析

六个核桃：为什么成功

精准的产品定位

首先，六个核桃产品定位非常清晰而且准确，在健脑益智饮品这个细分产品领域占据了先机。

植物蛋白饮料属于大饮料概念里的一个重要的分支。在植物蛋白饮料这个领域，市场上有椰树椰汁、露露杏仁露、银鹭花生奶等品牌，各自有其品牌诉求：椰树椰汁是"白白嫩嫩"，露露杏仁露是"更滋润"，银鹭花生奶是"白里透红"。大都集中在美容养颜的功效诉求，集体偏向食补养颜。

但凡成功的产品，必定有自己独特的产品定位。六个核桃瞄准了健脑益智饮料这个市场空白点，定位为健脑益智饮料，抢占了先机，为后续的成功奠定了坚实的基础。六个核桃广告如图4-13所示。

图 4-13 六个核桃广告

市场调研发现，面临着激烈的竞争，无论是企事业单位领导、职员、白领，还是在校的学生，都需要经常用脑。与此同时，核桃"健脑益智"的形象早已深入人心。因此，用核桃为主要原料做成的健脑益智饮料具备了成功的基础条件。

换言之，六个核桃定位在健脑益智饮料这个细分产品领域，一是具备了巨大的潜在消费市场，发展前景看好；二是核桃天然所具有的健脑益智功能为六个核桃饮料提供了最好的、天然的物理证明，无须太多的市场教育和动员。

品牌传播的助推器

在品牌建设和传播方面，品牌识别很重要。为了建立个性鲜明的品牌识别，养元智慧启用"六个核桃"作为产品名。

"六个核桃"的命名可谓是险中取胜、平中出奇的典范，直观、明白，让人过目难忘，也让人半信半疑。不少人说这个标新立异的名字玩数学游戏，涉嫌虚假宣传，因为按照成本核算，"六个核桃"里面根本不可能真浓缩了六个核桃的精华。

但是，争议性同时意味着话题性和关注度，数字的真假尚在其次，敢于将营养含量体现在名称之中，至少体现了河北养元对于产品营养价值的信心。在消费者心目中，六个核桃不知不觉完成了一次概念替换，一举成了核桃饮料的代言人。

这个命名是客户的灵感产物。在命名中，直接突出核桃，有利于突出产品自身的特性，"六个"的组合也符合"每天吃六七个核桃"有利于身心健康的常识。再通过个性化的组合，突出了命名的独特性，更容易记忆。另外，在中国传统民俗文化中，"六"代表"顺"，六六大顺，有吉祥、好运的寓意。

在品类名称"核桃露"和"核桃乳"的取舍上，养元智汇果断启用"核桃乳"。品类名称要求通俗、容易理解、具有通用性，"核桃乳"被确定为品类名。为什么不叫"核桃露"？"露"容易让人联想到"露水"，显得水分更多一些；"乳"容易让人联想到"乳汁"，就像牛奶一样嫩白浓郁，似乎更有营养。从字面上消费者的联想可能会是：核桃乳营养成分比例大，干货多，下料足，相反核桃露则显得稀、薄、水。

在产品定价方面，作为原料核桃比杏仁贵，作为能健脑的饮料，在逻辑上应该比其他植物蛋白饮料要贵。所以,"六个核桃"的定价比一般的蛋白饮料高。"六个核桃"整箱零售价要高于市场领导品牌5元以上。这样的高价不仅是产品品质和功效的保障,同时还是品牌档次联想的直接营销武器。当然,它也给渠道留足了运作空间。

在品牌传播方面,六个核桃的广告语先是"六个核桃,好在六点",然后在2009年,转变为"经常用脑,多喝六个核桃"。怎么找到"健脑益智"与现代消费者需求之间的结合点?怎么让核桃乳成为人们日常生活的必需品,尽可能地覆盖更大范围的目标消费群体?这是六个核桃的品牌诉求需要解决的问题。"经常用脑,多喝六个核桃"这句朗朗上口的广告语一下子击中了学生和都市白领的下怀,六个核桃也借此走进了千家万户。

在2009年以前,六个核桃充其量只是一个地方品牌,2010年8月,养元斥资数千万元签约央视,并携手凤凰卫视主持人陈鲁豫推出了新版广告,启动了六个核桃在央视的广告宣传,吹响了从区域进军全国市场的总号角。

强劲的市场开拓和维护

在渠道开拓方面,在河北,露露是当之无愧的行业霸主,在超市、批发部等传统渠道上有着当仁不让的话语权。作为后起之秀,六个核桃很难在露露的"地盘"取得突破。

六个核桃采取了"围点打圆"的思路。首先划定一个圆心,一个地区先以市区为主,一个县级市场先以县城为主,一个乡镇市场先以乡镇的街道为主。再一个就是,先抓领袖消费群。它首先展开的是社区推广、校区推广。做完推广之后,消费者有了认知,才开始做铺货。

在农村市场,主要是在乡镇一级的校区推广,"乡镇抓校区,县城抓社区",在农村推广完全是用打动家长的一种方式。就像生命一号,在中考、高考之前都大力打学生牌。春节期间则推广礼品渠道。概括来说,其实行的是两区推广模式,"校区作先导,社区做基础"。

同时,养元制定了非常优厚的经销商产品代理政策,如经销商星级服务体系(强调对经销商的优质服务,吸引优秀经销商资源,加大促销力度等)、零风险代理产品(如代理期限已到不再续约的代理商,原价收回所有产品)等。

(资料来源:中国广告网,http://www.cnad.com/html/Article/2013/0327/20130327150713189.shtml)

问题讨论:

(1)六个核桃品牌推广的成功,主要抓住了消费者的哪些消费需求?

(2)查阅资料,市场上还有哪些与六个核桃相类似的饮料品牌?这些产品如何进行产品定位?

第5章 消费者群体与消费心理

学习目标

知识目标

◆ 理解消费者群体的含义与分类；
◆ 理解消费者群体对消费行为的影响；
◆ 掌握不同消费者群体的消费心理特征和相应的营销策略。

能力目标

◆ 能够根据市场状况对消费者群体进行细分；
◆ 能够根据不同消费者群体的消费心理特征开展相应的营销活动。

知识结构

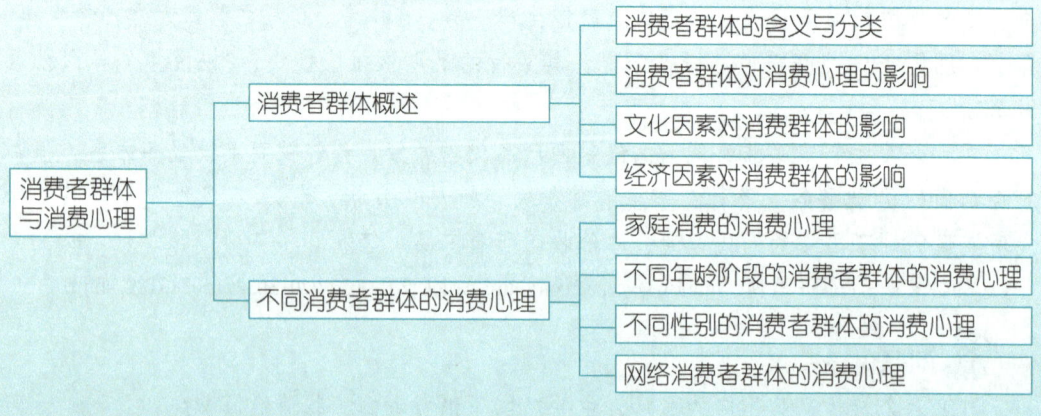

关键词

消费者群体　家庭消费　少年儿童群体　青年群体　中年群体　老年群体　男性群体　女性群体

建议学时

◆ 4 学时，包含技能训练学时 1 学时

第5章 消费者群体与消费心理

 导入案例

吉列的荷尔蒙营销史

在吉列的世界里，有两个梦想：先让世界变得更好，再阻止全世界男性的胡须在黑夜里潜滋暗长。吉列的"男色"加吉列的刀片让这两个梦想的实现成为可能。吉列的刀片削掉了男人"面子问题"的麻烦，削出了男色营销的典范。近百年来，吉列充满荷尔蒙的营销手法创造了一个又一个经典，成为无数男士品牌效仿的对象。

赔本赚吆喝：借助"胡子大兵"营销

第一次世界大战期间，当吉列创始人金·坎普·吉列看到蓄着大胡子的士兵在前线的新闻照片时，他就意识到这里隐藏着一个巨大的市场。士兵们的脸上长出了茂密的"森林"，不仅不卫生，而且士兵受伤后因毛发影响也不易痊愈。1917年4月，吉列以低于成本价的价格同政府签订了有史以来最大的一笔政府采购合同，政府低价购买350万副刀架和3 600万片刀片发给士兵。这似乎是一桩亏本买卖，但随后不久，不计其数的美国士兵成了吉列剃须刀的使用者。这些士兵到欧洲作战，把吉列剃须刀带到了欧洲，欧洲人深受其影响，喜欢上了这种安全、方便的剃须刀。

第二次世界大战期间，吉列剃须刀被美国士兵带到了世界各地，使世界上成百上千万的男人进入这一市场，同时吉列的名字和其广告语"自己动手刮胡子"以及吉列外包装上"留胡子的老人头"商标被世界各国的人们记住了。

"赢"的精神：与体育结下不解之缘

1939年，吉列获得了世界职业棒球大赛独家广播赞助权。从此以后，吉列的名字频繁地出现在赛马、拳击、橄榄球等各种体育比赛中，与体育结下不解之缘。从1970年墨西哥世界杯足球赛起，吉列就一直是世界杯足球赛的合作伙伴，它是与世界杯足球赛合作时间最长的企业，人们对吉列的感情与对世界杯足球赛的感情相同，世界杯足球赛也成为吉列与全球千万消费者联系的载体。吉列中国区公关部经理龚京鸣说："我们选择体育作为吉列品牌的沟通平台，一个很重要的原因在于体育'赢'的精神和向上、自信、进取的态度。"

带动消费潮流：寻找男色经济代言人

从战争到与体育联姻，将男性用品与男性热点话题紧密结合，吉列无疑是明智的。而近年来男色经济的悄然崛起，对吉列来说不仅是一个机会，也是一个挑战。因为男色经济可以同时引导男性、女性两个市场，这就需要全新的营销思维。

2005年5月28日，吉列正式宣布与英格兰国家足球队队长、皇马超级巨星29岁的贝克汉姆签订了一份为期3年的出任吉列新产品M3power形象代言人的广告合同。吉列发言人说："贝克汉姆是男人中的极品，他不仅是优秀男人的典范，而且更是体育场上的传奇人物。"此后，贝克汉姆代言的广告频繁地在电视、报纸、杂志、户外媒体

上亮相,体现了吉列"完美男人、完美体验"的销售主张(见图5-1)。在与贝克汉姆终止合同后,吉列在品牌代言人上的投入有增无减。2007年,网球天王罗杰·费德勒、法国足球明星蒂埃里·亨利、高尔夫明星泰格·伍兹三位重量级冠军同时加盟吉列,形成新一代品牌全球形象代言人——吉列冠军阵营。虽然三位冠军来自不同的赛场,但他们身上共同体现出来的精神正是吉列希望传递给全球每一位男士的,那就是"每天保持自信,不断超越自我"。世界冠军坚定和无所畏惧的信念让吉列树立了另一种新好男人的形象。

图5-1 贝克汉姆吉列广告

2007年加冕世界足球先生后,集"成功、年轻、英俊、认真、优雅"于一身的巴西足球明星卡卡被吉列看中,作为其在拉美地区的形象代言人。吉列的评价是:"卡卡给人一种超级果断的健康男人的形象,他从不畏惧挑战,并且时刻准备发挥出自己的最佳状态。"

考量市场:为中国男人而变

品牌代言人会让众多男性对吉列传达的"完美体验、完美男人"有更深层次的理解,确立新的生活目标和精神追求,同时滋长"英雄"主义情愫。因此,那些与英雄有关的活动,必将为吉列的荷尔蒙营销添上浓墨重彩。

2006年,当湖南卫视斥巨资对《谁是英雄》栏目进行全面包装升级时,吉列瞄准了其中的商机,冠名赞助800万元,以支持这一全民选英雄娱乐活动。此次赞助活动是宝洁与吉列合并后在全球范围内推出的第一个与媒体进行合作的活动,宝洁非常重视。2010年1月,中国著名羽毛球世界冠军林丹跻身费德勒、贝克汉姆、亨利等世界顶尖运动员行列,成为吉列第一个中国本土代言人(见图5-2)。2015年8月13日,男士剃须领导品牌吉列宣布宁泽涛成为其最新代言人,他精致帅气的长相、8块腹肌、马甲线、人鱼线、首次参加世锦赛就改写泳坛历史等个人形象特点,促成了本次代言。

图 5-2 林丹吉列广告

宝洁有理由相信，吉列能在中国走得更远。中国年轻人渴望更酷的生活方式，渴望更酷的消费体验。研究和了解中国年轻人的生活方式和常用语言，走进他们的生活，并让他们形成良好的剃须习惯，已成为吉列的当务之急。

（资料来源：吴娟，全球品牌网，http://www.globrand.com/2008/88444.shtml）

 问题思考：

"吉列"产品的成功满足了男性消费者的哪些心理需求？

现实生活中，消费者经常以群体的方式对市场运行产生影响。研究各个消费者群体的心理，有利于企业充分利用自身资源，找准自己的目标市场，从而制定出正确而有效的市场营销策略。

5.1 消费者群体概述

在现实生活中，我们常常可以看到，一个人单独表现的行为与在群体中表现的行为是不一样的。群体心理的存在，对于个体有着重要的意义。社会对个体的影响，就要通过群体这种微观环境发生作用。

5.1.1 消费者群体的含义与分类

1. 消费者群体的含义

消费者群体是由具有某种共同特征的若干消费者组成的集合体。

凡是具有同一特征的消费者在消费心理特征、购买行为及购买习惯等方面都有许多共同之处。只有具备以下基本条件和特征的社会成员才能构成一个群体：群体成员需以一定纽带联系起来，如血缘、职业等；群体成员之间有共同的目标和持续的相互交往；群体成员有共同的群体意识和规范。

2. 消费者群体的分类

根据不同的分类标准，常见的消费者群体的分类方法如表 5-1 所示。

表 5-1 消费者群体的分类

分类标准		消费者群体的类别
消费心理学因素	组织形式	正式群体、非正式群体
	心理归属	所属群体、参照群体
	行为模式	自觉群体、回避群体
自然地理因素	国际地区	国内、国外消费者群体；中东地区、东南亚地区消费者群体；华北地区、东北地区消费者群体
	自然、环境、经济	山区、平原、丘陵地带消费者群体；沿海、内地、边远地区消费者群体；城市、乡村消费者群体
人口统计因素	性别	男性消费者群体、女性消费者群体
	年龄	少年儿童、青年、中年和老年消费者群体
	教育程度	小学文化、中学文化、大学文化消费者群体
	职业	工人、医生、知识分子、经理人员、政府公务员等消费者群体
	收入水平	高收入、中等收入、低收入消费者群体
	家庭类型	多代家庭、核心家庭、单亲家庭、单身家庭等消费者群体
	民族	汉族、回族、满族、藏族、苗族、壮族等消费者群体
	宗教	信仰佛教、基督教、天主教、伊斯兰教等消费者群体
消费者心理因素	生活方式	不同民俗民情的、不同生活习惯的、紧追潮流的、趋于保守的等消费者群体
	性格	勇敢或懦弱、支配或服从、积极或消极、独立或依赖等消费者群体
	心理倾向	注重实际、相信权威、犹豫怀疑等消费者群体
消费者对商品的现实反应	购买动机	求实、求新、求廉、求美、求奢、求同等消费者群体
	品牌偏好	非常偏好、比较偏好、一般偏好、无偏好、反感、很反感等消费者群体
	使用程度	未曾使用、初次使用、长久使用、潜在使用等消费者群体
	使用量	大量使用、一般使用、少量使用、不使用消费者群体
	对商品要素的敏感性	对价格敏感、对质量敏感、对服务敏感等消费者群体

以下主要介绍从消费心理学角度进行划分的消费者群体。

（1）正式群体和非正式群体。

1）正式群体。是指组织形式较为固定且有特定目标的群体，如家庭、邻里、班级、工作单位等。消费者一生的消费行为都要有意无意地受到其正式群体成员的影响。

2）非正式群体。是指结构比较松散，由于个体某种专门兴趣、某种信念或某方面的特殊需要而从属或参加的群体，如业余篮球队、跆拳道协会等。其成员之间也存在着直接交往，从而影响着个体的消费行为。

（2）所属群体和参照群体。

1）所属群体。是指一个人实际归属或参加的群体。该群体既可以是正式组织，也可以是非正式组织。其构成有两种情况：一种是由具有相同或相似价值观、审美观的人构成,是个体自愿的结合,如冬泳协会等;另一种是受自然、社会因素的制约而形成的,不以个人的意志为转移,如学生、知识分子等。所属群体对消费者的影响是直接的、显现的和稳定的。

2)参照群体。是指消费者做出购买决策时的比较群体。参照群体对消费者的价值观和消费行为具有明显的影响。消费者常把参照群体的规范和准则作为自己消费行为的标准,会自觉不自觉地把自己的消费行为与这种标准进行对照,力图改变与之不适应的地方。例如,一些年轻人把明星作为自己崇拜的偶像,试图从各个方面进行模仿。因此,许多明星成为知名品牌争抢的产品代言人(胡歌广告代言如图5-3所示)。

图 5-3 胡歌广告代言

> **头脑风暴及应用**
> 请问你和你周围的同学的参照群体有哪些?他们对大家的消费产生了哪些影响?

(3)自觉群体和回避群体。

1)自觉群体。是指消费者按自己的年龄、性别、民族、教育、职业等指标自动地将自己归属于某个群体,个体能有意识地用这一群体的特征约束自己的消费行为。

2)回避群体。与自觉群体相反,是指个体消费者自认为与自己不相符的、极力避免归属的群体。这类情况可以影响到市场上某种商品的销售或企业的形象。例如,国外某种啤酒曾被认为是低阶层消费者饮用的,在中、高阶层就难以找到消费市场。

5.1.2 消费者群体对消费心理的影响

人们在消费群体中相互作用、相互影响,就产生了群体心理,如从众、模仿、流行和暗示等。这些群体性的心理现象对消费者心理及行为会产生制约作用。

1. 从众

从众现象在消费领域中是一种较普遍存在的心理现象。从众行为既有积极意义，也有消极意义。积极的方面可以引导消费者创造消费流行，在消费行为中量力而行、合理安排、讲究实效等。而在消极方面，可能会导致消费者不顾自己的收入水平，盲目攀比，借债甚至以非法手段来达到目的。

2. 模仿

模仿是普遍存在的一种心理现象，从个体对他人的无意识的动作到衣、食、住、行，对他人的风度、性格、工作方法、生活方式，乃至对整个社会生活有关的风俗、习惯、礼节、时尚等，都存在着模仿。

3. 流行

消费行为的流行，是一定时期内常常出现的一种为一个群体、阶层的许多人都接受和使用的商品和服务。在消费流行中，形成了对某种商品、劳务的需求热以及对某种消费形式的追求热，如购房热、购车热、国外旅行热等。消费者通过对所崇尚的商品的追求，获得心理上的满足。

4. 暗示

所谓暗示，是指人或环境以含蓄、间接的方式向他人发出某种信息，而使之无意识地接受并做出相应的反应。营销活动中运用暗示对消费者的心理和行为施加影响，可以使消费者产生顺从性的反应，或接受暗示者的观点，或按暗示者要求的方式行事。例如，聘请名人为企业作广告，雇用一批人拥挤摊头，造成一种"生意兴隆"的假象。看到有人排队，马上就会有人跟着排队的盲目抢购，这是行为暗示的结果。

实例链接 5-1

青岛啤酒疯玩世界杯 打造三大"神级"球迷热点

想当世界杯"预言帝"？想在家看球不上班？想侃球论道"上头条"？没有关系，青岛啤酒满足你！青岛啤酒为球迷量身打造了最热球队"我的足球预言秀"MV，让你一秒钟变身"预言帝"；"明天看球不上班"与当红歌手谢帝一起唱出球迷的心声；还有你看球心得与神评论，能写敢发就帮你上头条……一大波超炫的足球互动活动激情来袭，青岛啤酒邀你玩转2014年世界杯，一起激情狂欢到底。

神预言：我的足球预言秀

想成为世界杯"预言帝"？要和朋友明星一起狂欢，为自己心目中的球队加油助威？那就加入青岛啤酒"我的足球预言秀"吧！早在世界杯开幕之前，青岛啤酒就为消费者推出了9支世界杯热门球队的专属助威MV"我的足球预言秀"，让球迷能用一种特别的方式表达对喜爱球队的获胜预言，如图5-4所示。

图5-4 青岛啤酒"我的足球预言秀"广告

活动在上线短短两周时间里就得到了几十万人的参与，王宝强、华少、王自健、李毓芬、大鹏、姚贝娜、范志毅、郝林和颜强等各界明星也纷纷秀出自己的"世界杯预言"，势要与青岛啤酒一起欢聚这一杯，在2014年巴西世界杯的30天激战中，众多的球迷加入了青岛啤酒"欢聚"的阵营中！

神歌曲：老子明天看球不上班

"老子明天不上班不管球赛有好晚……进攻把球移走球进咯就干啤酒……老子明天不上班球迷些欢聚这一杯……"6月12日，谢帝推出又一神曲《老子明天看球不上班》，在世界杯开幕前一天为球迷世界杯看足球寻找理由，这支与青岛啤酒共同打造的MV被众多网友戏称为"世界杯'罢工'神曲"，再次引爆"不上班"话题，纷纷表示：明天不上班啦，看球！喝酒！这首神曲用霸气十足的语言和姿态，说出了所有球迷在世界杯期间的最大心声。

神评论：跟帖评球上头条

当然，如果你想加入足球评论员的行列，发表你的神评论，青岛啤酒也为你准备了"上头条"的机会。世界杯期间，青岛啤酒与网易客户端"每日轻松一刻"展开了"神评论，上头条"的深度合作，青岛啤酒借助网易独有的"跟帖"平台，为网友提供了一个可以一起讨论比赛的环境，无论你是要发表神评论还是技术帖，在这里每位球迷都可以随意评球，为自己钟爱的球队加油。每日青岛啤酒还挑选出由网友产生的"神评论"进行整合精编，所有参与评球的网友都将有机会登上头条，一展"世界杯大咖"风采！

无论是"我的足球预言秀"、"谢帝的《老子明天看球不上班》"还是"神评论，上头条"，青岛啤酒在世界杯前后推出的这些系列创意互动，真正和球迷一起玩转世界杯，共享世界杯的每一个激情时刻。据青岛啤酒相关负责人表示：2014年，青岛啤酒最大的希望，就是通过"欢聚这一杯"鼓励所有的球迷与青岛啤酒一同高调看球，畅快喝啤酒，尽情享受足球与啤酒带给我们的快乐和激情！

（资料来源：凤凰体育，http://sports.ifeng.com/gundongxinwen/detail_2014_06/14/36823864_0.shtml）

【案例思考与应用】
青岛啤酒的玩转世界杯活动采用哪些方法影响了球迷群体？

5.1.3 文化因素对消费群体的影响

1. 文化的含义

文化的概念有广义、狭义之分。广义的文化是指人类在社会历史发展过程中所创造的物质财富和精神财富的总和。它包括风俗习惯、行为规范、宗教信仰、生活方式、价值观念及人们创造的物质产品等。

狭义的文化是指社会的意识形态以及与之相适应的制度和组织机构。

文化在对消费心理产生影响的过程中具备文化的民族性、文化影响的无形性和文化的发展性等基本特征。

2. 不同文化与消费心理

亚文化是文化的细分，是文化的组成部分，在某种程度上比社会文化更为重要，它对消费者购买心理与行为有更为直接的影响。

（1）民族亚文化。不同的民族在观念、信仰、语言、文字和生活方式等方面，都有各自独特的文化特征。

（2）种族亚文化。由于不同人种在体形、肤色、发色及瞳孔颜色方面具有很大差异，因而对其消费心理和行为必然产生一定的影响。尤其是在化妆品、服装、鞋帽、手袋、饰物等颜色选择和搭配上，种族差异尤为突出。

（3）地域亚文化。不同地域的人，由于生活环境和文化的影响，在需要、兴趣、爱好等方面表现出明显的差异。

（4）宗教亚文化。不同的宗教都有不同的教规和禁忌，而其对教徒的思想和行为有重要影响。

（5）职业亚文化。不同的职业，因其不同的生活、工作环境、收入水平等因素的影响，具备不同的消费心理特征。例如，农民将大部分的收入用于建房；教师在购买书籍、报纸、杂志等文化用品方面花费较多；演员对服装、美容、化妆品方面有较高的要求等。

3. 文化对消费者的影响

（1）文化对消费者观念的影响。不同文化背景下的人们，其消费观念有着很大的差别。在我国，人们大都崇尚节俭，常常是有计划地储蓄，不喜欢借钱花；而西方人一般较少储蓄，崇尚消费。例如，一个美国老太婆和一个中国老太婆去见上帝，上帝问她们生前最后实现的人生目标是什么？美国老太婆说，她生前正好把年轻时分期付款购房的最后一期房款交完了；中国老太婆说，她生前刚刚用自己一生的积蓄买了一套自己的房子。

（2）文化对消费者生活方式的影响。人们的生活方式与社会文化有密切的关系。一方面文化直接影响人们的行为方式，另一方面文化通过观念影响人们的行为。例如，美国人去一次超级市场要买上足够一两周的物品。因为他们中午以吃快餐为主，只有晚上才动手做饭。而在我国，人们一般喜欢买一次吃一次，餐餐要自己做。不过，近年来，在大城市，由于工作单位离家较远和人们生活节奏的加快，中午不做饭的家庭越来越多。

 实例链接 5-2

海底捞美国扩张为何现"水土不服"

早在2012年传出海底捞要在美国开设分店后，就不断有声音讨论：美国人能不能阻止海底捞？但在"只有想不到、没有做不到"的无死角服务面前，大多数人得出的结论还是：只要是地球人，就无法拒绝海底捞的服务。

然而2013年9月初开始试营业不久，海底捞在美国的第一家分店就开始"水土不服"。有媒体曝出海底捞在美国只获2.5星差评。一向低调的海底捞创始人张勇在微博上回应道："价格贵说明市场调研不足，中国产品在外应便宜取胜。而我们在新加坡高于同行的定价小有成绩后变得有些主观，听取各方意见不足。没有英文菜单说明顾客是以上帝的价值观不牢固。我们有些急于求成。"海底捞美国失利漫画如图5-5所示。

图 5-5 海底捞美国失利漫画

海底捞曾经引以为特色的"贴心"服务，在美国市场不仅没了用武之地，甚至产生了负面效果。手中少了一把利剑，海底捞是否还能从火锅店中得到消费者的青睐？

"变态"服务，海外难吃香

海底捞在国内受追捧，国外遭冷遇，只因长处在美国全都用不上："老美检察员不理解为啥火锅店会有美甲服务，美国人不太接受店家发给礼物，还有如果服务员听到顾客交谈什么马上表示'我们可以提供什么'，可能一分小费也得不到还要遭白眼，因为你偷听了顾客的隐私。"

海底捞在美国市场的目标客户群是海外已经本土化的华人群体、亚洲人和部分欧美人，但西方和国内对服务业的理解完全不同，海底捞式的热情服务在当地很难被接受。

除此之外，由于中美对服务业的定义也不同，"变态"服务也很难复制。在国内，海底捞创始人从"以人为本"的理念出发，关注草根员工的需要和社会尊严的满足，但美国的服务员本身受到平等和体面的待遇，收入里面很大一部分是靠小费，所以这在美国也并不适用。

定位高端，难接地气

海底捞在美国的第一家分店位于洛杉矶富人区阿凯迪亚市，据消费者反映价格偏贵。王钺分析，海底捞在国内之所以能比一般火锅店定价更高，是因为特色服务本身带来的议价能力，但这一前提在美国市场并不存在。

火锅对欧美人来说，不符合日常饮食习惯，本身很难形成固定消费。与此同时，中餐在美国市场更多的是针对中低收入群体，因此在欧美国家，想在火锅领域维持高端路线，更是难上加难。

另外，面对中高端人群，就必须要用能服务好中高端人群的服务人员。最好是本地人或是融入本地社会的华裔或亚裔，但这些人对火锅非常陌生，要让他们接受火锅文化很难，让他们在一定时间内服务好这些中高端消费者更不容易。

变中国特色为美国特色

海底捞的国际化困境在于：保持本色，难以被当地人接受；抛弃特色，又失去了核心竞争力。企业文化要延续下去，正是这个文化和经营理念，在中国才得以成功。但是这个理念在美国未必成功，这就很矛盾。

另一个问题来自海底捞开直营店的高成本。餐饮的要素还包括口味、中央厨房及物流配送体系等几个关键要素，当店面不成规模时，做生意的成本会非常高。尤其是火锅，对服务人员的要求高，但现在美国很多餐饮店都趋向于省掉大部分的人力成本。

这不难让人想起十年前进军美国的小肥羊。自2003年，小肥羊第一家境外连锁店在美国洛杉矶开业后，先后在美国、日本、加拿大、阿联酋、印尼等地开了20多家店。而小肥羊在选择加盟店方式的情况下，吸引在当地有一定财力、熟悉当地市场的华人加盟。加盟店相较直营店更有优势，利于扩大规模，但随着净利润的下滑，2009年，小肥羊转让股权撤出美国市场。

海底捞在美国市场上的失利，需要重塑竞争优势，融入美国文化，在当地做出和中国市场不一样的特色。服务一定是特色服务，但要是当地人能理解的特色，而不是中国标榜的热情和无所不能。

（资料来源：余玥，南方都市报，插图：陈婷）

【案例思考与应用】

海底捞美国失利的主要原因是什么？企业应在哪些方面进行改进？

（3）文化对消费习惯的影响。不同文化影响下的风俗习惯，一方面规范着社会成员按一定的方式去活动；另一方面如果有人违背了风俗习惯，还会受到社会舆论的谴责和惩罚。因此，不同的社会文化总会形成一些独特的消费行为习惯。产品在开发和推广时，一定要考虑到消费对象的消费习惯和特别要求。

消费习俗

人们的社会活动中，由于所处时代的政治经济发展水平不同，民族的文明程度、宗教信仰以及地理位置等不同，消费习俗也千差万别，种类各异，常见的有以下几种类型。

（1）喜庆性的消费习俗。是消费习俗中最主要的一种形式，是人们为表达各种美好愿望而引起的各种消费需求，如我国的春节、西方国家的圣诞节等。

（2）纪念性的消费习俗。是指人们为了表达纪念之情而形成的消费风俗与习惯。例如，我国习惯在清明节扫墓，在端午节吃粽子；西方人吊丧习惯穿黑衣、送鲜花等。

（3）信仰性的消费习俗。是由于宗教信仰而引起的消费性的风俗习惯，受宗教教义、教规、教法的影响，并由此衍生而成。如由宗教信仰而引起的禁食习惯、服饰习惯或由民间各种神话传说引起的消费形式等。

（4）社会文化性的消费习俗。是在较高文明程度基础上形成的消费习俗。如我国的京剧、越剧、黄梅戏等是社会文化性消费习俗的体现，代表着不同地区的文化消费习俗。

（5）地域性的消费习俗。是由于地理位置的差别而形成的消费风俗习惯。就我国而言，俗语说"南甜、北咸、东辣、西酸"，反映出不同地区的消费者有不同的口味与饮食习惯。例如，北方人喜欢吃饺子，南方人爱吃汤圆等。

5.1.4 经济因素对消费群体的影响

影响消费者购买行为的经济因素包括社会经济发展水平和消费者的经济收入两个方面。

1. 社会经济发展水平对消费者购买行为的影响

社会经济发展水平反映了社会能为消费者提供消费品的数量、品种和质量，同时也影响着整个社会的消费结构，成为影响消费者购买方式、消费方式、消费水平的重要因素。

在不同的社会经济发展水平上，形成不同的生活环境，又影响或形成了不同的购买行为。

2. 消费者的经济收入对消费者购买行为的影响

每个消费者的经济收入是不同的，而且常常处于变化之中。消费者个人的经济收入必然要影响他的消费观念和购买行为。

（1）消费者的绝对收入变化对消费者购买行为的影响。一般情况下，消费者的绝对收入增加，则购买行为向购买量大、频次增加或购买价格高的耐用消费品方向发展。绝对收入降低，则反之。

（2）消费者相对收入变化对消费者购买行为的影响。消费者的相对收入变化是指消费者的绝对收入不变时，由于其他社会因素，如价格、分配等的变化引起原对比关系发生变化，而使收入发生实际升降变化。当相对收入减少时，会导致消费者改变其消费结构和消费方式，促使购买行为发生收缩性变化。

（3）消费者预期收入的变化对消费者行为的影响。消费者预期收入的变化，也会对消费者现在和未来的购买行为产生一定的影响。当预期收入增加时，将增大消费信心，否则将减弱信心。

5.2 不同消费者群体的消费心理

属于同一群体的消费者，在消费心理特征、购买行为等方面具有许多共同之处。因此，企业必须研究不同群体的群体消费心理，才能有针对性地制定市场营销的战略和策略，形成竞争优势。

5.2.1 家庭消费的消费心理

家庭是人类基本的消费单位。家庭的社会地位和经济条件不仅决定了家庭的购买能力，也决定了家庭成员的需求层次和消费水平、消费结构。家庭对消费的影响，主要取决于家庭结构、家庭消费决策、家庭生命周期阶段和家庭经济收入等方面。

1. 家庭结构

家庭结构是家庭成员组成的情况，也叫家庭形态。家庭人员组成一般是指家庭人数、年龄、性别、各成员之间的关系等。

（1）家庭构成。家庭构成主要是指家庭成员的数量、年龄、文化结构等。不同的家庭构成情况与家庭的消费心理和消费行为有密切关系。

1）数量结构。是指一个家庭成员数量的多少。2016年1月1日，我国正式实施全面二胎政策，30多年的独生子女政策所带来的传统三口之家，将逐步被四口之家所取代。

2）年龄结构。是指一个家庭成员在年龄上的分布，也与家庭的数量结构有关。一一般情况下，家庭人口越多，年龄分布越广。

3）文化结构。是指一个家庭成员的受教育水平情况。家庭的文化结构一般不太稳定，一方面是因为有孩子的家庭，孩子的受教育水平在不断变化；另一方面是人们越来越注重工作以后文化水平的提高，致使个人的受教育水平随社会的发展而不断变化。

> **头脑风暴及应用**
> 二胎政策的放开，未来给哪些行业带来了机会？

（2）家庭结构类型。家庭结构类型一般有以下几种：①单身者或个人家庭；②尚无子女的年轻夫妇或与子女分居的老年夫妻家庭；③有子女的单亲家庭或不完全家庭；④有子女的双亲家庭或完全家庭；⑤复代家庭或延续式家庭。

（3）家庭结构对消费结构的影响。由于我国一直实行计划生育政策，使家庭明显趋于小型化。家庭规模的小型化对家庭消费结构带来重大影响。

1）家庭小型化使消费品趋于高档化、多样化，需求量增大，如儿童娱乐用品、服装、营养品等。

2）随着家庭规模趋小，家庭生活用品也趋向小型化，如家庭用炊具、锅碗等。

3）家庭购买耐用消费品的数量、种类会增多，如房屋、汽车、家具等。

4）食物支出结构同时也会变化，如在外吃饭的人数和次数增多，方便食品、罐头食品的消费量会增加。

5）家庭用于医疗、文化娱乐等方面的支出比重增大。

2. 家庭消费决策

（1）家庭消费决策的含义。家庭消费决策是指家庭在发挥其消费职能的范围内，从实际出发，确立所要达到的消费目标，选择正确的途径和方法，使预定的目标能够最大限度的实现。就一个家庭而言，收入总是有一定限度的，所以消费范围及满足消费目标的程度也是有限的。

不同的家庭成员对购买商品具有不同的实际影响力。在一般家庭做出购买决策的过程中，我们通常可以发现家庭成员扮演着五种主要角色。

1）提议者。即促使家庭其他成员对商品发生兴趣的人。

2）影响者。即提供商品信息和购买建议，影响挑选商品或服务的人。

3）决策者。即有权单独或与家庭其他成员一起做出买与不买决定的人。

4）购买者。即实际参与购买商品的人。

5）使用者。即真正使用所购商品或服务的人。

至于家庭中多少人充当这些角色，什么人充当哪些角色，则要根据家庭的不同和他们所买商品的不同而变化。

（2）家庭消费决策类型。从家庭权威的中心点角度来划分，家庭消费决策可分为以下几种。

1）各自做主型。即每个家庭成员都有权相对独立地做出有关自己的决策。

2）丈夫支配型。即家庭购买决策权掌握在丈夫手中。

3）妻子支配型。即家庭购买决策权掌握在妻子手中。

4）调和型。即大部分决策由家庭各成员共同协商做出。

对于不同的商品，家庭成员所发挥的决策作用也不同。例如，家庭食品、日用杂品、儿童用品、装饰用品等，女性影响作用大；五金工具、家用电器、家具用具等，男性影响作用大；价格高、全家受益的耐用消费品，文娱、旅游方面的支出，往往共同协商。家庭中孩子可以在家庭购买特定类型产品的决定上产生某些影响，如对购买食品、玩具、文体用品等商品就有较大影响。在我国当今的城市家庭中，妻子与丈夫有平等的经济收入，她们工作的同时，又承担了更多的家务，家庭经济多为她们控制，家庭的大部分日用品及耐用消费品大多在她们的影响下购买，这在城市家庭中已成为很普遍的现象。

市场营销人员研究家庭消费中每个成员在家庭决策中的不同作用，可以有针对性地进行促销宣传，制定相应的推销策略，减少促销的盲目性。

3. 家庭生命周期

家庭生命周期是指一个家庭从建立、发展到分解整个过程所经历的生活阶段。消费心理学对家庭生命周期的分析，就是根据家庭存在的各个不同阶段，确定每个阶段的家庭生活特征，再按照这些特征来分析消费过程和消费结构的变化。

（1）家庭生命周期的划分。根据家庭主人的婚姻状况、家庭成员的年龄、家庭规模等因素构成的家庭发展阶段来划分，一般可以把家庭生命周期分为六个阶段。

1）单身期。即已长大成人，但尚未结婚者。

2）新婚期。即指筹备新婚用品至结婚，建立起独立的家庭。

3）生育期。即生育第一个孩子至最后一个孩子。

4）满巢期。即子女长大尚未成年时期。

5）离巢期。即孩子成年后相继离开家庭，自主独立消费，直到原来的家庭中只剩父母二人。

6）鳏寡期。即夫妇两人中一方去世后，另一方的丧偶期。

（2）家庭生命周期中的消费变化。随着家庭生命周期的变化，家庭的需求结构、经济能力和消费水平也相应变化。

1）单身期。大部分单身期青年，家庭无经济负担，消费以自我为中心，购买欲望强烈，易冲动，往往将收入大部分用于自己的穿着、娱乐、交往、发展等方面的需要；小部分家庭经济状况不好的单身期青年有储蓄的习惯，消费和储蓄都具有一定的计划性。针对该消费阶段前一部分消费者的消费弹性大、稳定性差以及超前消费等特点，多被商家看好，已成为营销获利锁定的新目标。

2）新婚期。新婚期的家庭，由于处于人生的重要阶段，故消费显示了较强的规模性、集中性、时尚性、享乐性和档次性，具有二人共同决策的特点。消费主要是商品房、汽车、家电、家居、服饰、化妆品等，具有一定的求新和求异性。新婚产品市场也是部分商家发现商机的目标之一。

3）生育期。生育期的家庭，由于孩子的出生，家庭开支增大，购买频率增高，购买心理随孩子的成长而发生变化，以孩子为中心，重视儿童食品、玩具、服装和教育费用开支。这一时期的消费表现出对家庭和社会的责任感。

4）满巢期。满巢期的家庭，夫妇从青年到中年，子女逐渐长大。满巢期前期阶段随着子女的入学教育，家庭消费以子女为中心，在教育方面投资较大；后期随着子女慢慢长大成人，家庭收入达到高峰，家庭支出开始稳定，家庭有了储蓄，医疗支出下降，日用品、穿着、文化娱乐、户外消费支出上升。受年龄、阅历和经验影响，消费特点趋于理智，子女在家庭消费决策中起的作用增强。

5）离巢期。夫妇已到老年，子女相继成家。这一时期的消费特点呈现两种类型：第一，崇尚节俭，重视储蓄，以应付外来疾病等突发事件或用于养老，实际支出比例下降。第二，购买活动开始更多地投向满足自己需要的商品，具备一定的补偿性心理，营养、身体保健、娱乐、旅游、自我修养等享乐型消费支出上升。

6）鳏寡期。此阶段的家庭由于衰老和丧偶，生活自理能力较差，进而转向依靠子女或寻求社会性服务。家庭收入明显减少，消费能力大大下降，以满足日常生活需要和健康保健为主，社会交往和户外消费减少，服务性消费增加，消费决策较为慎重和稳健。

4. 家庭经济收入

消费者任何消费动机的实现，或者生理、心理需要的满足，都要有经济收入作为基础。因此，家庭经济收入制约着家庭与个人的购买能力、购买方式、消费结构和生活习惯等。

从消费结构中生存、享受、发展三种属性进行分类，由于家庭收入高低的不同，家庭可以分为以下几种类型。

（1）生存消费型家庭。这类家庭用于生存资料消费开支占绝大部分。他们所消费的消费品质量不高，以维持正常生活为标准，文化精神方面的消费比重小，家庭消费内容单调。

（2）生活享受型家庭。这类家庭在物质生活方面向高、精方向发展，享受资料的消费在家庭消费资金中占相当大的比重；文化精神消费欲望强烈，家庭消费内容比较丰富。

（3）生活发展型家庭。这类家庭消费内容已达到相当丰富的程度，开始追求高质量、高品位的物质、文化精神方面的消费，发展型消费资料的消费在家庭消费支出中已占非常大的比重。

5.2.2 不同年龄阶段的消费者群体的消费心理

按照年龄指标，消费者可以分为婴幼儿消费者群体（0～3岁）、少年儿童消费者群体（4～18岁）、青年消费者群体（19～35岁）、中年消费者群体（36～55岁）、老年消费者群体（56岁以上）五类。

在上述五类消费者群体中，婴幼儿消费者群体非常特殊，他们是使用者，却不是消费决策者或购买者，决策者和购买者是其父母、亲属等，所以以下仅介绍后四类消费者群体。

1. 少年儿童消费者群体的消费心理特征与营销心理策略

少年儿童消费者群体消费心理主要是指学龄前期到学龄中期的消费者的需求与购买心理。随着二胎政策的推出，我国少年儿童所占的人口将有一定的上升趋势，是一个广阔的市场。

（1）儿童消费心理特征。

1）从纯生理性需要逐渐向带有社会内容的需要发展。所需购买的消费品在花色、样式上逐渐增加个人的意识；在消费过程中逐渐形成对所接触的消费品的评价意识，初步形成为自己选择消费品确立目标，并逐渐具有列举出一定理由的能力。

2）从模仿性消费逐渐向带有个性特点的消费发展。随着年龄的增长，自我意识不断形成，儿童的消费心理逐渐由模仿性消费心理，向按照自己的需求愿望、带有个性特点的消费方面发展，提出自己的购买选择和要求。

3）消费情绪从很不稳定向稍微稳定发展。随着年龄的不断增长，接触社会消费实践，知识、经验等不断增加，其消费心理逐步成熟，调节与控制自己情感的能力也在不断增强。

4）对消费品的购买行为逐渐从依赖型向独立型发展。学龄前儿童的消费开始有着极强的依赖性。当儿童进入学龄期后，便逐渐具备了独立购买的能力，向独立型发展。

5）儿童消费品中娱乐用品的消费比重较大。为了满足儿童玩耍这一生理和心理性的需要，父母们会毫不吝啬地为孩子们购买各种玩具、娱乐性和知识性的少年儿童读物，以及光顾各种少年儿童娱乐场所。

（2）少年消费心理特征。

1）喜欢与成人比拟。少年在主观上渴望同成人一样独立地处理自己的消费，尽量争取自己独立的消费行为以实现自己的消费个性，满足自己的生活习惯、兴趣爱好等需要。

2）购买独立意识逐渐形成。由于社会阅历的增加，少年在消费中有意识的思维和行为增多，能较自觉地进行比较、分析、鉴别等抽象思维活动，对所想购买的商品做出一定的判断，从而对某种商品产生较稳定的认识，并逐步形成自己的购买习惯。

3）消费意识方面的矛盾性增强。在少年期，一方面受家庭的影响，消费活动受到限制；另一方面由于对社会的接触，参加集体活动等逐渐增多，他们的独立性和自主性增加，消费观念和消费决策逐渐转向受集体、群体及同龄人的影响。

4）为满足成长性需要的消费所占比重增加。例如，为更好增强体质购买运动器材；为学习知识购买书籍、用品以及参加各种学习培训班等。

 **实例链接 5-3**

迪士尼公主吸金 80 年

2016 年 6 月 16 日，等待了 15 年、造价 55 亿美元的上海迪士尼乐园盛大开园，首日客流保守估计接近 3 万人次。最受女孩们欢迎的就是盛装打扮的迪士尼公主们，而来自《冰雪奇缘》的艾萨女王和安妮公主更是明星中的明星。更有很多小女孩穿着艾莎代表性的蓝裙子，亲身体验当公主的快乐。

要说世界上最具影响力的女子偶像组合，无论是名气、吸金能力、文化影响，第一绝对是迪士尼旗下的公主们。自 1937 年迪士尼推出全球第一部动画长片，也是迪士尼第一部公主系列电影《白雪公主和七个小矮人》，到 2013 年《冰雪奇缘》问世，迪士尼迄今已经制作了 12 部公主系列动画电影。

在这 80 年间，13 位经过官方"加冕"的公主成了迪士尼动漫王国的重要代言人（见图 5-6），在全球范围网罗了一代又一代怀着"公主梦"的粉丝，更为迪士尼商业帝国带来巨大的收益。

图 5-6 迪士尼动漫王国代言人

2013 年 11 月 27 日首映的动画电影《冰雪奇缘》及其两位主角艾莎和安娜当属其中最成功的例子。该片除拿下金球奖以及奥斯卡最佳动画大奖，还为迪士尼带来了高达 12.7 亿美元的票房收益，成为影史上最卖座的动画电影。艾莎这个名字甚至成为全美最受欢迎的名字之一。

迪士尼借势推出无数《冰雪奇缘》系列衍生品，部分更创造了难以置信的销售奇迹：

瞬间销售几百万张的原声唱片，震动了平静的音乐市场。电影中安娜和艾莎所穿的"公主裙"，2014年一年便在全美卖出300万条。按照每条裙子售价149.95美元计算，光卖裙子，迪士尼就获得了约4亿美元的收入。万圣节期间，敲门索要糖果的小女孩们很多都穿着艾莎公主标志性的冰蓝裙。

《冰雪奇缘》掀起的热潮不仅席卷美国。它的影响力很快渗透到上映过这部电影的每一个国家。如果你有个女儿，或者身边人有女儿的话，就会发现日常生活中多了两个公主和一首不断循环的背景歌曲《Let it Go》。

数年前在上海迪士尼乐园动工建设时，《冰雪奇缘》还没上映。但由于该电影在中国市场太火爆，在建设后期，园方特意增加了冰雪奇缘剧场。根据开园后的游览数据，该剧场的确深受欢迎。而在全球市场上，艾莎和安娜相关衍生品的需求和销售也呈持续增长的趋势。

美国零售业联合会发布了一项调研报告，称《冰雪奇缘》的安娜和艾莎打败了美泰旗下以金发碧眼时尚少女为标志形象的芭比娃娃，成为最受小女孩欢迎的玩具。自该调研开始的11年后，芭比娃娃第一次被拉下冠军的宝座。

（资料来源：ZOL新闻中心，http://news.zol.com.cn/592/5927097.html）

【案例思考与应用】

（搜集资料，目前市场上有哪些迪士尼公主的衍生品？）

（3）少年儿童用品市场的营销心理策略。

1）区别购买与消费对象，采用不同促销方式。在少年儿童用品市场中，许多商品的购买者是其家长，消费者是少年儿童。在不同的年龄段，少年儿童的购买心理对家长的影响是不同的。

① 学龄前的儿童，一般由家长和其他长辈作为其消费品的主要购买者，没有参与购买的可能性。企业在商品的开发、设计、制造过程中，在定价策略的选择中完全应从年轻父母的消费心理出发，考虑儿童的实际需要。

② 3岁以后的少年儿童，有了一定的认识、比较和辨别事物的心理能力，购买活动虽然仍是由家长决定，但在儿童用品、图书等的商品选择上，参与购买、表达喜爱与否的心理直接影响着家长的决策。所以，该类商品的生产和销售要充分考虑少年儿童的特点，在商品陈列、展示和促销活动中，应将吸引少年儿童的注意力、刺激其购买愿望放在突出的位置。

2）改善商品的外观形象，发挥商品的直观形象作用。改善商品的外观形象，主要是为了刺激、引导少年儿童的购买心理，促成购买行为。对生产企业和经销商而言，为了吸引少年儿童注意力，刺激其购买，要从其心理出发，文具、书包的外观形状和色彩设计要丰富多样、生动活泼；但从家长的消费心理考虑，还要注重商品的质量、实用性、价格等因素。

例如，可口可乐公司开发的酷儿果汁饮料在市场上获得巨大成功，主要凭借了其形象外观的成功设计：一个歪着脑袋、叉着腰、有点淘气、有着生命力的可爱小精灵的形象（见图5-7）。其主要在5～12岁的目标消费者群体及其母亲心目中留下了活生生的感知形象。

图5-7 酷儿果汁饮料广告

3）建立商品品牌形象，提高品牌忠诚度。建立商品品牌形象，是为了使少年儿童加深对商品的印象，使其成为忠诚的顾客。在市场营销中，企业要面向少年儿童，特别是商标图案、品名、色彩、广告宣传要针对少年儿童的心理偏好进行设计，好懂易记，使少年儿童热爱喜欢，使其能够产生对品牌的深刻印象。

4）注重满足消费者的多元化消费。随着生活水平的提高和社会竞争的加剧，消费不断趋向多元化。商家应不断丰富商品的功能，挖掘市场潜力，满足不同少年儿童的多样化需求。

2. 青年消费者群体的消费心理特征与营销心理策略

青年是人生中从少年向中年过渡的阶段。这个阶段的青年或者继续在校深造，或者就业。青年向中年的过渡期一般是35岁左右的年龄阶段。

（1）青年消费者群体的消费心理特征。

1）追求时尚，强调实用。青年消费者中消费层次不同，其中有生活尚未独立的大学生，有收入各异、不同职业的青年。他们对新产品的追求具有三个特点：一是能反映时代潮流与风格；二是符合科学技术的要求；三是合理适用，货真价实。

2）意愿强烈，需求多样。青年正处于人生的成熟期，青年后期经济独立，能按照自己的意愿支配收入，会买自己喜欢的商品。同时，他们对许多商品形成自己的购买模式和品牌依赖。

3）消费能力相对最强。青年处在消费高峰时期，同中老年比，他们的收入水平并不高，但经济收入中直接用于自身消费的比重最大，消费能力相对最强。例如，有些青年收入高，从名牌服饰到高级赛车，从高级组合音响到出国旅游，几乎都成了他们追逐的消费目标。

4）消费倾向标新立异。青年在消费中求新、求名、求美、求洋的心理动机强烈，喜欢标新立异，要求商品有特色，能表现个性。例如，他们常常是书籍、音响、照相机、化妆品、时装的最大购买者。

5）冲动购买，计划筹款。青年人在购买过程中思想酝酿时间比较短，具有果断、迅速和反应灵敏的特点，但消费仍具有一定的计划性。例如，有些青年人为了满足个人欲望，购买专业照相机、高级手表等高档消费品，他们可以省吃俭用来筹款，以便实现自己的计划目标。

6）注重情感，直觉选购。与中老年消费者相比，青年人在购物中，情感和直觉起着重要作用。他们特别看重商品的外形、款式、色彩、品牌，凡能满足他们的个人需要，就产生积极的情感，从而偏爱、购买。

（2）青年用品市场的营销心理策略。

1）满足多层次的心理需要，刺激产生购买动机。企业开发的各类商品，既要具备实用价值，更要满足青年人社会交往、自尊、成就感等多层次的心理需要。例如，个性化的产品会使青年感到自己与众不同，受人关注；名牌皮包、时装会表现拥有者的成就感和社会地位感，受到青年人的青睐。此类产品的开发会使企业赢得更大的市场。

2）开发时尚商品，引导消费潮流。青年人学习和接受新事物快，富于想象力和好奇心，因此在消费上追求时尚、新颖。企业在产品的开发、设计过程中，要针对青年人的心理特点，注重开发时尚产品，使青年人能迅速接受新产品，以推动消费潮流。

3）注重个性化产品的生产、营销。个性化的产品、与众不同的商品被青年人称为"酷"而大受欢迎，企业在产品设计、生产中，要改变传统思维方式，要面向青年人开发个性产品。尤其是在服装、装饰品、手机等商品的设计生产和营销过程中，要注重个性化的设计，寻求特性，以树立消费者的个性形象。

4）推出同类不同档次商品，满足不同收入水平青年需要。青年人由于职业、收入水平不同，分属不同的消费阶层，他们在商品的购买上表现出一定的差别。企业在开拓青年人市场时，要考虑到这些不同的特点，生产不同档次、不同价格水平、面向不同收入水平的同类产品，以满足不同收入水平青年人的需要。

5）做好售后工作，推动市场开拓。青年人往往是新产品的率先采用者，在购买后，就会即时把他的购买预期与产品性能进行比较。企业在售出商品后，要收集相应信息，了解顾客反映，以及时改进产品；同时，要及时处理好顾客投诉，以积极的态度解决产品中存在的问题，使青年消费者感到满意，进而赞同产品和企业的服务。

实例链接 5-4

爱奇艺 & 小茗同学《我去上学啦》

2015年是统一新品冷泡茶小茗同学的面市首年，小茗同学急需打响知名度，抢占"95后"校园市场。通过对"95后"学生族群的深刻洞察，统一坚定贯彻了要与"95后"玩到一起的营销策略。然而在哪里才能精准接触到"95后"目标群体，以何种方式能够与他们迅速打成一片？

爱奇艺为小茗同学创造了一个可以和目标群体玩到一起的内容场景——《我去上学啦》节目，如图5-8所示。在明星真人秀风靡的当下，爱奇艺推出的《我去上学啦》定位于青春与校园，借助综艺娱乐这一载体引发人们对校园主题的关注，在捧腹大笑中带给观众更多思考："90后"对个性彰显的共鸣，"80后"对青春时光的怀念，"70后"对教育体制的探讨。

图5-8 小茗同学《我去上学啦》广告

通过与节目深度植入的创新形式，小茗同学的品牌力和销售力都得到大幅提升。播出前后品牌的认知度和回想度飙升364.3%，品牌喜好度和购买倾向指数均超预估值一半以上，带动小茗同学销售破8亿元。

另外，《我去上学啦》也在情感上拉近了品牌与目标消费者的距离。节目里明星与学生们的互动带领大家认识了不一样的小茗同学，也让小茗同学与大家共同见证了"95后"不一样的"青春"。而在这个过程中，小茗同学逐渐成为"95后"自我想法的搭载物，品牌形象成功进占年轻群体的内心。

（资料来源：今日头条，http://toutiao.com/i6251668706041004546/）

【案例思考与应用】

查阅资料，小茗同学的产品销售状况如何？其主要抓住了"95后"的哪些消费心理？

头脑风暴及应用

你和你周围的同学日常消费最多的是哪些产品？在消费过程中消费心理有哪些特点？

3. 中年消费者群体的消费心理特征与营销心理策略

中年期是由青年向老年过渡的时期。中年消费者群体在家庭中是购买商品的决策者，社会上的骨干力量。

（1）中年消费者群体的消费心理特征。

1）购买的理智性胜于冲动性。中年人的这一心理特征表现在购买决策心理和行动中，使得他们在选购商品时，很少受商品的外观因素影响，而比较注重商品的内在质量和性能，他们往往经过分析、比较以后才做出购买决定，尽量使自己的购买行为合理、正确、可行，很少有冲动、随意购买的行为。

2）购买的计划性多于盲目性。中年人虽然掌握着家庭中大部分收入和积蓄，但他们既要赡养父母，又要养育子女。多数人懂得量入为出的计划性消费原则，开支很少像青年人那样随便和盲目。因此，中年人在购买商品前常常对商品的品牌、价位、性能要求乃至购买的时间、地点都妥善安排，做到心中有数，很少有计划外开支和即兴购买。

3）购买求实用，节俭心理较强。中年人不再像青年人那样追求时尚，更多的是关注商品的结构是否合理，使用是否方便，是否经济耐用、省时省力，能够切实减轻家务负担。商品的实际效用、合适的价格与较好的外观的统一，是引起中年消费者购买的动因。

4）购买有主见，不受外界影响。由于中年人经验丰富，对商品的鉴别能力很强，大多愿意挑选自己所喜欢的商品，对于营销人员的推荐与介绍有一定的判断和分析能力，对于广告一类的宣传也有很强的评判能力，受广告这类宣传手段的影响较小。

5）购买随俗求稳，注重商品的便利。中年人不像青年人那样个性化消费，他们更关注别的顾客对该商品的看法，宁可放弃个人爱好而表现得从众，喜欢买一款大众化的、易于被接受的商品。同时，由于中年人的工作、生活负担较重，故而十分欢迎具有便利性的商品。

（2）中年用品市场的营销心理策略。中年消费者购买力强，购买活动多，购买商品多样。争取这部分消费者，对于企业巩固市场、扩大销售具有重要意义。

1）注重培育中年消费者成为忠诚顾客。中年消费者在购买家庭日常生活用品时，往往是习惯性购买。经营者要满足这种心理需要，使其消费习惯形成并保持下来；不要轻易改变本企业长期形成的历史悠久的商品品牌包装，以免失去消费者。商品的质量标准和性能价格比，也不要轻易变动。

2）在商品的设计上要突出实用性、便利性，提供良好的现场服务。中年消费者消费追求商品的实用性、便利性。市场营销人员应根据中年消费者的消费习惯，提供各种富有人情味的服务。例如,提供饮水、休息、物品保管、代为照看小孩等。

3)重视售后服务。中年消费者购物后发现问题,多数会直接找经营者解决,而且态度坚定,理由充分。经营者应切实帮他们解决问题,冷静面对,切忌推诿、扯皮、不负责任,因而失去忠诚顾客。

4)促销广告活动要理性化。面向中年消费者开展商品广告宣传、现场促销活动,要理性化,靠商品的功能、效用打动消费者,靠实在的使用效果、使用者的现身说法来证明。

2014—2015 中国精众营销发展报告

精众,是对高品质消费人群的简称,他们是经过精选、追求精致生活、对一切保持敏感、精明的社会精英群体。2015年5月15日,国家广告研究院发布了《2014—2015中国精众营销发展报告》(以下简称《报告》),《报告》显示,截止到2014年年底,中国城市精众人群已达9 290万人,占到中国城市人口的12.4%。

精众人群继续引领大众消费趋势

《报告》显示,2014年,中国精众人群的个人平均月收入为17 831.1元,约为城市普通大众平均月收入的5倍;家庭平均月收入为30 293.3元,约为城市普通大众家庭平均月收入的4倍。同时,《报告》还测算了精众人群在不同品类上的消费力。数据显示,占据大众12.4%的精众人群,在汽车消费市场贡献了60.9%的市场规模,在手机消费市场贡献了29.5%的市场规模,在高端食品消费市场贡献了36.8%的市场规模。

《报告》指出,精众人群不仅是很多品类的主力和先锋人群,同时也是新产品、新服务的率先体验者。在汽车领域,23.6%的精众人群打算在6个月内购买汽车,25.5%的精众人群打算在未来6个月到一年内购买汽车,购买汽车的平均价位在27万元左右,在打算购车的人群中,60.7%的精众人群打算购买SUV,比2013年度高出20.5%;接近40%的精众会在半年内更换手机;精众拥有奢侈品的比例在80%以上;在家电领域,36.2%的精众打算购买互联网电视,相比2013年度增长了10.4%,在预购人群中,52.7%的精众打算购买4K电视;在金融领域,精众人群敢于尝试更前卫、更潮流的互联网金融产品,支付宝开通的余额宝和微信开通的理财通是精众人群必不可少的互联网理财工具,此外,精众人群还尝鲜使用京东小金库、活期宝、百度百发、陆金所、人人贷、宜信等普通大众较少涉及的理财工具。

精众人群的六大素描

精众人群既包含成长于集体主义意识形态的"60后"和"70后",也包含改革开放之后出生的以自我为轴心、成长于消费主义和互联网时代的"80后"和"90后"。《报告》揭示了中国精众人群有6个重要的肖像特征:优悦生活、高感高知、社交控/意见帝、尽享自我、锐意恒进和热心公益。

精众人群以"优悦生活"的理念安排自己的生活，以"高感高知"的敏锐面对层出不穷的产品和品牌世界，以"社交控、意见帝"的身份去表达和影响身边的人，以"尽享自我"的心态演绎丰富多元的兴趣爱好，以"锐意恒进"的精神坚持自己的信仰，着眼于未来，并积极进取；以"热心公益"的形象实践对社会的点滴责任。

（1）优悦生活。精众人群用"重品质，优生活"的生活观念来指导消费，并用"优悦"的眼光去发现身边的美好，创造美好，拥有美好，并不断追求和完善。例如，喝水关注水源地，喝牛奶关注保健功能，一日三餐注重有机和天然……随着健康意识的增强以及消费多元化需求的推动，吃得更好，更天然和原生态，更有品位，成为精众注重生活细节的典型表现。

（2）高感高知。精众人群对各种市场趋势及新产品信息有着极强的感知力，喜欢尝试新的品牌；追求流行、时髦与新奇的东西；遇到新鲜和不同的事物时，都会感到兴奋。此外，精众人群还非常注重基于高感性而引发的高体验，智能手环、新款手机、虚拟现实设备、空气净化器、智能手表、4K电视等都在他们的消费体验范围内。

（3）社交控、意见帝。精众人群都是社交控，生活中有各种各样的圈子，是各个圈子中的活跃分子，不但参加圈子活动的频次高，而且往往是活动的重要参与者甚至组织者。调研数据显示，平均每个精众人群的社交圈为12.8个，对于精众来说，亲人圈、同学圈、同事圈、工作圈是标配，运动健身圈是他们联系相对紧密的圈子。部分精众人群为了提高自己的生活品位，还加入了红酒会、电影鉴赏、艺术品鉴赏等特殊圈子。

（4）尽享自我。精众人群具有较好的经济基础，他们有能力在自己的兴趣爱好领域投入更多的时间和金钱。能够在自己的爱好中成为"专家"，并能影响和维护相同兴趣爱好的人。对于精众人群来说，足球、美妆、自拍、骑行、钓鱼、茶道等爱好都是对人生的丰富和支持。

（5）锐意恒进。精众人群有韧性、恒心和毅力，碰到困难的时候他们不逃避，他们往往是在困难中能坚持到最后的那个人。精众人群的坚持不只是在事业上，在生活上他们认为信仰很重要，做任何事都会有原则，并坚守自己的底线，着眼于未来，积极进取，乐观向上。

（6）热心公益。精众人群喜奉献，爱社会，他们有着深刻的社会责任，很多精众都积极参与多种公益活动回报社会，引领社会正能量。

（资料来源：国家广告研究院《2014—2015中国精众营销发展报告》）

4. 老年消费者群体的消费心理特征与营销心理策略

中国已经逐渐进入老龄化社会，截止到2014年年底，60岁以上老年人口达到2.1亿人，占总人口的比例为15.5%，2.1亿人里有将近4 000万人是失能、半失能的老人。

据有关部门预测，到 2035 年老年人口将达到 4 亿人，失能、半失能的老人数量会进一步增多。因此，开展对老年消费者群体消费心理特征与行为特点的研究是非常重要的。

（1）老年消费者群体的消费心理特征。

1）消费习惯稳定，消费行为理智。老年消费者积累了多年的消费经验，形成了怀旧心理强烈、品牌忠诚度高的消费习惯。同时，老年人的消费观念较为成熟，消费行为理智，冲动性消费和目的不明的消费相对较少。

2）商品追求实用性。老年人有着丰富的生活经验和选购商品的经验，挑选商品时注重商品的质量，强调质量可靠、方便实用、经济合理和舒适安全，至于商品的品牌、款式、颜色和包装是其次需要考虑的。

3）消费追求便利，要求得到良好的服务。老年人购买商品时，追求方便的心理较强，希望购买场所交通方便，商品标价说明清楚，陈列位置和高度适当，便于挑选，购买手续简便，服务热情、耐心、周到；同时要求商品能易学易用、方便操作，减少体力和脑力的负担。

4）消费需求结构发生变化。随着生理机能的衰退，老年消费者的需求结构发生变化，保健食品和医疗保健用品的支出增加。在穿着类和其他奢侈品方面的支出大大减少。满足个人的嗜好和兴趣的商品支出有所增加。

5）较强的补偿性消费心理。在子女成家立业，没有了过多的经济负担后，部分老年消费者产生了较强的补偿性消费心理，在营养保健食品、健身娱乐和旅游观光等商品的消费方面，有着与青年人相似的强烈消费兴趣，以补偿那些过去未能实现的消费愿望。

（2）老年用品市场的营销心理策略。老年用品的消费对象是老人，但购买者既可能是老人自己，也可能是晚辈子女、孙子女等，因此，研究老年用品市场，要注意采用以下心理策略。

1）开发适合老年人需求的各类商品。老年消费市场广阔，消费潜力大，目前市场上真正适合老年人的商品品种仍显单调，大有潜力可挖。例如，可专为老年人生产各种食品、保健品，并直接面向老年人销售；挖掘传统产品并赋予时代特色，更能适合老年人消费心理。

2）重视全方位的良好服务。在销售老年人用品时，应提供良好的专门服务场所，以满足老年人心理上所要求的方便、舒适的购物环境，并提供亲切、体贴的服务。营销人员要满足老年人自尊的心理要求，耐心、热情地服务。

3）开展对老年人及其子女的双重促销。促销活动不但要针对老年人，还可以针对老年人的子女开展。有些商品，如老年人健身用品、营养品等，不但可以面向老年人设计广告，还可以面向青年人，提倡尊老敬老的社会风尚，激发青年人孝敬老人的心理，从而产生购买行为。因此，老年用品的广告面向青年人，也常能取得较好的销售效果，如图 5-9 所示。

图 5-9 老年产品广告

 **实例链接 5-5**

我国将成全球老龄产业市场潜力最大国家

首部老龄产业发展蓝皮书的发布,释放出我国老龄产业日趋重要的清晰信号。到 2050 年,逾百万亿元的消费潜力,近 36.8 亿人次的老年人口就诊人次,7 900 万左右老年人口的养老需求……巨大的市场前景将会吸引巨量的资本进入。

2014 年 11 月,中国老龄科学研究中心发布我国首部老龄产业发展蓝皮书《中国老龄产业发展报告(2014)》。报告显示,我国已经处于老龄社会初期,人口老龄化进程加快释放了老龄产业发展空间,未来中国将成长为全球老龄产业市场潜力最大的国家。

老龄消费潜力将超百万亿

根据预测,2050 年全世界老年人口将达到 20.2 亿人,其中,中国老年人口将达到 4.8 亿人,几乎占全球老年人口的 1/4,是世界上老年人口最多的国家。2014—2050 年,中国老年人口的消费潜力将从 4 万亿元左右增长到 106 万亿元左右,占 GDP 的比例将从 8% 左右增长到 33% 左右。我国将成为全球老龄产业市场潜力最大的国家。

当前,中国老龄产业发展政策环境良好,市场需求逐渐释放,市场供给不断扩大,社会力量参与老龄产业的热情日益高涨,迎来了前所未有的发展机遇。老龄用品业市场日渐升温,老龄用品、辅具和保健品等需求旺盛;老龄服务业发展持续加速,以养老服务、健康服务为主的老龄服务业成为市场投资热点;老龄房地产业市场供给走旺,以房地产开发企业、保险公司等为代表的各路资本竞相投入。

报告同时指出,在看到大好形势的同时,也要看到中国老龄产业发展还存在有效需求不足、产业结构不合理、产业组织发育迟缓、产业政策不明晰等问题。在经济结构调整、政府职能转变和政府加大对老龄产业扶持的新形势下,老龄产业作为老龄社会条件下的基础性产业、支柱性产业和战略型产业,既是未来中国宏观经济的重要组成部分,也是发展老龄经济和应对人口老龄化严峻挑战的战略选择。

"要抓住老龄产业发展的机遇期，最大限度地创造老龄产业发展的有效刚性市场需求，加快出台完善重点领域的老龄产业政策，加速培育老龄产业组织，打造老龄服务网络，建立国家老龄产业核心技术研发基地等，促进老龄产业健康快速发展。"全国老龄办副主任吴玉韶说。

医卫消费需求强劲

老龄金融业、老龄用品业、老龄服务业和老龄房地产业，将是老龄产业的4个板块。

报告指出，从2013年到2050年，中国老年人口内部将发生重要变化，这些变化都是未来开发老龄产业的重要依据。

首先，老年人口高龄化日趋严峻，80岁及以上高龄老年人口将逐步增多，2020年达到2 900万人，2054年达到峰值1.18亿人。为此，未来开发老龄产业的整体战略布局重点应逐步转向中高龄老年人口。"失能老年人口也将大幅增长，2020年将达到4 700万人，到人口老龄化的高峰年2053年，将超过1亿人。对于老龄用品业、老龄服务业和老龄房地产业来说，这将是一个巨大的市场。"中国老龄科学研究中心副主任党俊武说。

其次，空巢老人和无子女老人将越来越多。到2050年，临终无子女老年人将增加到7 900万人。"他们的老龄服务需求将变得异常强劲，并带动老龄用品业和老龄房地产业的发展。针对他们提供适销对路的产品和服务，将是一个较大的有待开发的市场。"党俊武说。

报告指出，老年人口的医疗卫生消费需求巨大。根据预测，中国老年人的慢性病患者将从目前的1.1亿例增长到2050年的3亿例，就诊人次将由当前的13.5亿人次增长到2050年的36.8亿人次，老年人口的医疗卫生消费占GDP的比重将在2050年达到5%以上。这些数字的背后，是巨大的医疗卫生消费市场。同时，老年病医院及康复护理机构建设将成为医疗卫生事业新的增长点。目前，我国老年病医院及康复护理机构建设刚刚起步，到人口老龄化高峰期，无论是基础设施建设还是器械配备、人员培训，都将产生一个巨大的产业。

报告指出，未来老年人口受教育程度将越来越高，老龄用品的设计、老龄服务的提供以及老龄房地产的供给必须充分考虑到老年人的文化品位。"这也是老龄产业向更高层次迈进的强劲推手，其间蕴含的商机无法估量。"党俊武说。

抓准战略着眼点

报告指出，从未来老龄产业的发展走向看，国家开发老龄产业的战略着眼点主要表现在8个方面。

（1）最大限度地创造老龄产业发展的有效刚性市场需求。具体措施包括：改革完善养老、医疗保障制度，建立长期照护保障制度，为全体居民应对老年期可能的收入、疾病和失能风险创建制度性的费用来源；加大政府投入，为老年人特别是中低收入老年人提供救助。

（2）加快出台完善重点领域的老龄产业政策。实施积极的财政政策，引导更多社会力量投入老龄产业，并将其纳入城镇化发展战略和规划。加快制定出台《国家老龄用品分类目录》和《国家老龄服务分类目录》，构建国家老龄产业标准体系和统计指标体系。

（3）加速培育老龄产业组织，鼓励扶持现有金融机构业务向老龄金融领域延伸，鼓励兴办一批新的老龄金融专业机构，引入部分外资金融机构开展老龄金融服务；鼓励传统相近制造业转型，扶持新建一批具有竞争力的老龄用品生产销售商；培育养医护相结合的老龄服务组织，逐步推进公办养老院改革，由政府直接提供服务向政府购买服务转变，重点扶持一批居家服务机构和住养型服务机构。

（4）构建老龄产业融资平台，建立国家老龄产业发展基金，各地建立相应的老龄产业融资平台；鼓励扶持转型的金融机构和老龄金融专业公司开展老龄用品和老龄服务投融资业务；鼓励公益基金向老龄产业拓展。

（5）加快老龄金融创新，向40～59岁的准老年人群开发储蓄、证券、保险、基金、信托、房地产等新产品，重点开发综合性的、新型混业经营的老龄金融产品。

（6）着力开发老龄用品市场，规范发展老年保健品和老年医药用品，重点开发生产康复、护理、老年日用品、助行、老年电子、老年文化产品，建设老龄用品物流配送网络平台。

（7）打造两个老龄服务网络——住养型老龄服务机构网络和依托社区的居家养老服务网络。

（8）建立国家老龄产业核心技术研发基地。借鉴发展高新技术的经验，把发展老龄产业核心技术纳入科技创新战略，选择3～5个地方建立老龄产业核心技术创新基地或老龄科技创新示范园，为老龄产业持续发展提供强大的技术支持。

（资料来源：凤凰网，http://finance.ifeng.com/a/20141008/13166835_0.shtml）

【案例思考与应用】

结合以上案例资料，分析针对老年人的消费心理，营销企业存在哪些商业机会？

5.2.3 不同性别的消费者群体的消费心理

1. 女性消费者群体的消费心理特征与营销心理策略

据国家统计局发布数据显示，2015年中国大陆总人口137 462万人，女性人口67 048万人，总人口性别比为105.02（以女性为100），出生人口性别比为113.51。女性消费者在购买中起着特殊的作用，是家庭日常消费的主要购买者。

（1）女性消费者群体的消费心理特征。

1）注重商品的外观形象与情感特征。女性购买决策容易受商品外观的诱惑，动人的广告画面、美观的商品包装等直观因素都能激起女性消费者的内在情感，产生购买欲望。

2）注重商品的实用性与实际利益。女性在购买商品时，购买动机相对更为强烈，注重商品的经济实用性，同时注重实际利益这种心理意识在女性购物时表现也较突出。

3）注重商品的便利性与生活的创造性。在我国，女性就业率高，在家忙家务，在外忙工作，因而对日用消费品和主副食品的方便性要求日益强烈。同时，女性又喜欢通过自己创造性的劳动使生活更丰富、家庭更美满，一些半成品就满足了这种需求。

4）有较强的自我意识与自尊心。女性消费者常常以购买什么、喜欢什么、使用什么这些标准来分析别人、评价别人、分析自己、评价自己。还喜欢以个人的好恶标准作为对商品的评价标准，希望自己周围的小群体也同意这一标准。

5）挑选商品通常是"完美主义者"。女性消费者总希望商品能百分之百地符合自己的心愿。所以，她们在购买商品时，选择时间长，观察仔细，而且经常能发现一些料想不到的细小毛病，表现出"吹毛求疵"的特点。

中国家庭育儿方式研究报告

新妈妈认知洞察、消费方式、媒体行为等都是影响母婴领域经济发展的焦点话题。领先的营销数据技术公司 AdMaster（精硕科技）联合中国最大的母婴服务平台宝宝树联合发布第五届《中国家庭育儿方式研究报告》。报告用消费者洞察和行为数据清晰呈现出母婴领域的经济发展趋势。

当前中国"85后"新妈妈最多，"90后"即将成新妈妈主体

研究显示，当前中国"85后"的新妈妈最多，低线区域中"90后"年轻父母占比更高。"90后"人群即将成为新妈妈主体。2015年，"90后"孕妈妈比例大幅度提升，孕妈妈年龄组成中，38%为"90后"。在家庭经济方面，总体而言，57%的年轻父母能实现家庭经济独立、收支平衡，23%在经济独立之余还有一定富余。从年龄阶段来看，"80后"年轻父母能实现小家庭经济独立，"90后"小家庭有30%在经济上需要父母的支持。宝宝的出生，也将加速其他产业经济的发展。例如，41%的年轻父母有换房和购房的打算；51%的年轻父母有购车换车的需求。

53%母婴人群平均每天上网时间3小时以上，移动设备为母婴人群最常用上网设备

在母婴人群媒体行为研究方面，移动设备是母婴人群最常用的上网设备，93%的年轻妈妈最经常使用手机或平板电脑上网，"85后"与"90后"妈妈对移动设备依赖更强。进入孕期后，多数孕妈妈会减少计算机使用，移动互联网的重要性进一步凸显。在孕期，

> 46%的孕妈妈使用智能手机和怀孕前一样，30%甚至比怀孕前使用得更多，而计算机的使用则会大幅减少。对于孕妈妈来说，移动互联网的重要性远超过传统互联网。互联网时代的孕妈妈，过半人群每天上网的时间都超过3小时，平均每天上网时长达到2.89小时。母婴类网站及App是当前中国新妈妈获取育儿知识的最重要渠道。新妈妈们使用母婴类网站及App平均每天达到1.25小时，近一半新妈妈每天使用这类媒体0.5～2小时。
>
> **母婴人群是网购最活跃的人群之一，孩子处于0～1岁的新妈妈网购频率最高**
>
> 2/3的年轻妈妈每个月至少网购1次母婴用品，27%的新妈每周都网购婴儿用品。在孩子出生后，妈妈们的网购频率比孕期出现大幅度提高，孩子处于0～1岁的新妈妈网购母婴用品频率最高，在孩子1岁以后网购频率有所回落。通过网购购买过童装、玩具和纸尿裤的妈妈比例超过了7成。有不少妈妈表示，母婴用品基本全都通过网购搞定。
>
> 天猫、京东、亚马逊等综合类电商网站是新妈妈们网购母婴用品最经常去的平台；同时，也有68%的新妈妈会通过专业的母婴类电商网站购买相关产品。会参加网友组织的团购/代购和微信朋友圈、微店的比例分别为14%和13%，母婴垂直领域内的社会化电商也呈现出较大的发展潜力。
>
> （资料来源：AdMaster联合宝宝树发布第五届《中国家庭育儿方式研究报告》）

（2）女性用品市场的营销心理策略。现代女性消费者具有普遍的时尚心理和强烈的自我表现意识，在消费行为中注重表现自身的时代感，崇尚流行与时髦，通常会表现出较强的从众性或创新性。针对女性消费心理与行为特征，相应的营销策略主要有以下几点。

1）销售环境布置要典雅温馨、热烈明快，具有个性特色。

2）商品外观与包装设计、广告要注重细节、色彩、款式、形状，要体现流行、时尚，并且使用方便，以最大限度地吸引女性消费者的注意。

3）注意开展多种形式的促销活动，巧妙利用口头传播渠道，注意传递商品的实用性、具体利益等信息，传递有关商品的质量、档次、时尚的信息，传递商品的品牌、性能、价格等方面的信息，激发女性消费者的购买欲望。

4）强化销售服务，提高服务水平，讲究语言、服务艺术，以满意的服务促进销售。

2. 男性消费者群体的消费心理与营销心理策略

2015年国家统计局人口统计数字，我国男性人口70 414万人，如此巨大数量的消费对象，使男性用品市场相当广阔。但与女性相比，男性用品市场较为简单。

（1）男性消费者群体的消费心理特征。

1）购买行为的目的性与理智性。与女性相比，男性很少"逛"商店，他们常常在需要时才产生购买动机，所以他们购买目的性很强。另外，男性比女性更善于控制自己的情绪,在购买活动中心境变化比女性小,因而更具有理智性。特别是购买高档商品时,他们更注重商品的性能、质量、品牌及维修性等。

2)购买动机形成的迅速性及被动性。男性的购买动机一旦形成,购买行为就比较果断迅速。他们一般不愿在柜台前长时间挑选,能够果断地做出购买决策。男性购买动机的被动性主要体现在购买动机的形成往往是由于缺乏购物经验而受到外界因素的作用,如家人、朋友的嘱托等。

3)购买过程的独立性与缺乏耐性。对熟悉的商品或已决定要购买的商品,男性消费者在购买时表现出更多的自信,不易受外界的影响。与此同时,他们在购买过程中缺乏耐性,表现为对商品挑选不仔细,不愿意讨价还价,不愿意在商店或柜台之间进行比较和衡量。

4)购买商品的性别特征明显。男性消费者购买的商品具备明显的性别特征。例如,对与烟、酒、体育赛事、娱乐产品、科技含量较高的商品等有关的商品特别关注。同时男性往往对能显示其权利和地位的商品情有独钟。

(2)男性产品市场的营销心理策略。

男性消费者在购买商品前一般注意对有关资料进行收集,经过自我分析和判断后才会做出购买决策,不轻信口头信息传播,有主见,有魄力,一旦做出购买决定会毫不迟疑地实施。

针对男性消费群体的特点,企业应采取的营销策略是:

1)注意商品内在价值与外在价值的统一,以完善的商品吸引这类消费者。

2)注意品牌形象的塑造,争创名牌,巩固名牌地位。

3)注意商品信息传播的科学性与完整性,尊重消费者的自我判断。

头脑风暴及应用

有人曾说女性购物是"采集者",男性购物是"狩猎者",你如何理解?

5.2.4 网络消费者群体的消费心理

目前,已经进入了网络消费时代,网络消费者的消费心理与以往相比呈现出新的特点和发展趋势,主要表现为以下几个特征。

1. 热衷于上网消费

如今上网查询商品信息、通过上网购物已不再是单纯赶时髦,而成了网络消费群体日常生活消费方式的一部分。商家通过搭建网络销售平台,为消费者提供了更加便利的网上购物渠道,从而激发了网络消费者对电子化方式购物的参与热情,确立了网络时代的消费者行为方式。

2. 冲动式购买大量增加

在社会分工日益细化和专业化的趋势下，即使在许多日常生活用品的购买中，大多数消费者也缺乏足够的专业知识，对产品进行鉴别和评估。网络中的某些商品信息，常会导致某些网络消费者在短期内进行冲动式购买，导致许多具有极强的冲动性商品的购买行为。

3. 对便利的要求更高

随着人们生活节奏的加快，人们对于日常生活用品的购买，不仅要求质量好、价格合理，而且要求方便、快捷，以节省时间。现代物流技术的采用，加快了商品的物流速度，使消费者可以通过网络更加广泛地了解市场商品性能及价格信息，确立消费目标，并选择其自身最为便利的消费方式。

4. 消费主动性增强

在许多日常生活用品的购买中，尤其是一些大件耐用消费品的购买，消费者会主动通过网络上各种可能的途径获取与商品有关的信息并进行分析比较，这些分析也许不够充分和准确，个体消费者却可从中获取心理上的平衡，以减少购买后的后悔感，增加对于产品的信任和争取心理上的满足感。

5. 追求名牌产品消费

品牌效应早已深入人心，购买名牌产品已成为人们消费的一种时尚。许多产品都积极地通过网络打造自己的品牌。消费者可以通过网络更加广泛地了解名牌产品的各方面信息，或对诸多名牌产品的性能价格进行比较，以确定他们的消费决策。

6. 消费的个性化日益突出

如今消费者的消费已不再是盲目的跟随潮流，而是向着个性化方向发展。消费者可以通过网络更快、更全面地了解某一商品的市场价格、性能、售后服务等方面的信息，对一些最新出现的个性化商品，可以通过网络的便利条件，确定消费行为，为自身的个性化消费找到决策的依据。

 ## 知识与技能训练

1. 填空题

（1）消费者群体一般有以下分类：（　　　）群体和（　　　）群体；所属群体和参照群体；（　　　）群体和（　　　）群体。

（2）消费者群体对消费心理的影响主要体现在（　　）、（　　）、（　　）和（　　）。

（3）家庭消费决策类型有（　　）、（　　）、（　　）和（　　）。

（4）在一般家庭购买决策过程中，家庭成员扮演着（　　）、（　　）、（　　）、（　　）和（　　）五种不同角色。

（5）按照家庭收入高低的不同，家庭可以分为（　　）、（　　）和（　　）三种类型。

2．判断题

（1）少年期具有半儿童、半成人的消费特点。（　　）

（2）追求时尚、强调实用是中年消费者群体的显著心理特征。（　　）

（3）研究老年人的消费心理，开拓老年商品市场是解决好社会问题的重要方面。（　　）

（4）女性用品的市场覆盖率高于男性用品，但并不意味着男性用品的利润就低于女性用品的利润。（　　）

（5）女性在购买商品时，具有较强的注重商品外观形象，追求情感满足的心理。（　　）

3．复习思考题

（1）消费者群体的常见类别有哪些？

（2）家庭生命周期分为几个阶段，各阶段的消费特点是什么？

（3）儿童、少年消费品市场的消费心理特征是什么？企业的营销策略有哪些？

（4）青年消费品市场的消费心理特征是什么？企业的营销策略有哪些？

（5）中年、老年消费品市场的消费心理特征是什么？企业的营销策略有哪些？

（6）男性、女性消费品市场的消费心理特征是什么？企业的营销策略有哪些？

4．技能训练

青年产品市场中，体育、文艺明星广告代言是较为普遍的现象，请调查你周围的3位同学，哪些明星对他们和你自己的日常消费的哪些产品产生了一定的消费影响。

A 同学：

_____

B 同学：

_____

C 同学：

_____

自己：

_____

经典案例分析

一组墙体广告竟引发了手机刷屏

2015年中秋,爱玛把流行在手机屏上的网络语刷到墙体广告(见图5-10)上,然后通过巧妙的企划嫁接,于是墙体上的广告语又反过来刷了朋友圈的手机屏。

众所周知,在墙体上刷网络语并非爱玛的首创,爱玛的创新是把网络语与企业品牌宣传有机地结合起来。在全面覆盖豫、皖、苏、冀、鲁等电动车消费人口大省的爱玛墙体广告企划攻略中,爱玛目标非常明确地锁定自己的主流用户人群——30±5岁的"80后"。

图5-10 爱玛电动车墙体广告

25～35岁的城乡男女青年,正是在电动车市场从增量向存量转型中,更换购买新车的主流人群,他们大都是中国风流行音乐当红十余年的周杰伦的歌迷。巧妙嫁接伴随其度过青春岁月、耳熟能详的周杰伦的歌名、歌词,不仅最大化地借助了周杰伦代言爱玛品牌的独特优势,更有效地实现了与目标受众的情感互动。

这种带有周杰伦元素互动性的广告语,控制在1/5的刷制占比数量,用以点缀吸引关注,引发传播话题。而另外1/5则用以沿承品牌提示性记忆,如其家喻户晓的"爱就马上行动"、"买好车选爱玛"。余者全部针对爱玛产品的性能特征和当季促销信息进行发布:爱玛加速快,请系安全带;爱玛刹车灵,到家一步停;爱玛跑得远,就是能挣钱;爱玛车耐久,基本不用修……

与以往单纯强调墙体广告尽可能延长发布期限的传统做法不同,爱玛的墙体广告只需保证半年即可,绝大部分会在半年内重新刷制和发布新的产品信息和促销主题。于是,矗立在江淮、华北平原上的50万条墙体广告,定期循环发布更新内容,成为爱玛深入渗透到所谓五线、六线城镇乡村市场的信息发布字幕屏，同时，通过发布内容的创新、创意，连贯打通目标用户的智能手机屏。这才是爱玛区别于其他竞品所独创的全新媒体网络传播覆盖形式。

从传统得掉渣的墙体广告，到新媒体追捧上天的移动互联网手机屏，你是否可以得到一些饶有意趣的启发？

（资料来源：销售与市场，2015年12月，评论版，作者华强）

问题讨论：

（1）针对以上案例进行分析，城乡男女青年有哪些特殊的消费需求特征？

（2）查阅资料，爱玛电动车在城市消费者中有哪些目标客户群体？其对电动车存在哪些需求？

第6章

商品名称、品牌、包装、开发与消费心理

 学习目标

知识目标

◆ 掌握商品名称的心理要求及相应的心理策略；
◆ 掌握商品品牌、包装设计的心理要求及相应的心理策略；
◆ 掌握新产品开发的心理要求及相应的心理策略。

能力目标

◆ 能够根据消费者心理的要求正确开展商品名称、品牌和包装的营销策略；
◆ 能够根据消费者心理的要求正确开展新产品的设计策略。

知识结构

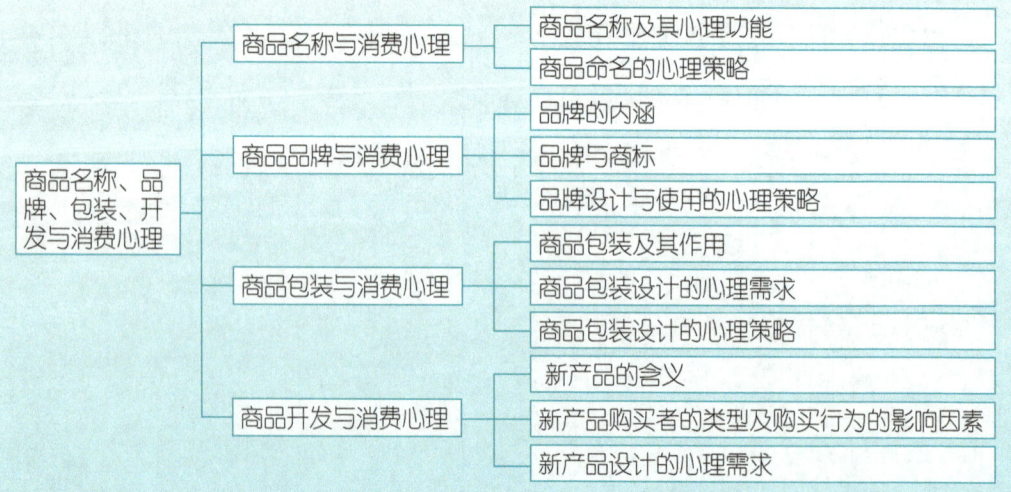

关键词

商品名称 品牌 商标 包装 新产品

建议学时

◆ 7学时，包含技能训练学时3学时

 导入案例

我不在办公室，就在星巴克，我不在星巴克，就在去星巴克的路上

在小资当中流行着这样一句很经典的话："我不在办公室，就在星巴克，我不在星巴克，就在去星巴克的路上。"泡星巴克，是小资们生活中不可或缺的节目。毫无疑问，这杯名叫星巴克的咖啡，是小资的标志之一。

星巴克创办于1971年，从西雅图的一间咖啡零售店，发展成为今天全球最大的咖啡连锁店品牌，创造了一个企业扩张的奇迹。截止到2015年年底，星巴克在全球68个国家拥有超过2.3万家门店，在中国内地拥有1 700家门店。

星巴克给品牌市场营销的传统理念带来的冲击，同星巴克的高速扩张一样引人注目。在各种产品与服务风起云涌的时代，星巴克公司把一种世界上最古老的商品发展成为与众不同的、持久的、高附加值的品牌。然而，星巴克并没有使用其他品牌市场战略中的传统手段，如铺天盖地的广告宣传和巨额的促销预算。

"我们的店就是最好的广告"。星巴克除了利用一些策略联盟帮助宣传新品外，几乎从来不做广告。因为根据在美国和中国台湾的经验，大众媒体泛滥后，其广告也逐渐失去公信力，为了避免资源的浪费，星巴克故意不打广告。

星巴克认为，在服务业，最重要的宣传途径是分店本身，而不是广告。如果店里的产品与服务不够好，做再多的广告吸引客人来，也只是让他们看到负面的形象。星巴克不愿花费庞大的资金做广告与促销，但坚持每一位员工都拥有最专业的知识与服务热忱。"我们的员工犹如咖啡迷一般，可以对顾客详细解说每一种咖啡产品的特性。只有透过一对一的方式，赢得信任与口碑。这是既经济又实惠的做法，也是星巴克的独到之处！"

另外，星巴克的创始人霍华·舒尔茨意识到员工在品牌传播中的重要性，他另辟蹊径开创了自己的品牌管理方法，将本来用于广告的支出用于员工的福利和培训，使员工的流动性很小。这对星巴克"口口相传"的品牌经营起到了重要作用。

问题思考：

星巴克品牌宣传的主要方式有哪些？

企业的商品能否被消费者接受，商品的名称、品牌、包装以及新产品开发等因素都将产生重要的影响。商品能否对消费者产生足够的吸引力，关键在于企业能否深入了解消费者的心理特征，使消费者从心理上接受、认可企业的商品。

6.1 商品名称与消费心理

商品名称是商品的有机组成部分。因此，商品命名也是消费心理学研究的一个重要课题。一个优秀的商品名称可以迅速吸引消费者的注意力，缩短新产品推广的时间，促进产品的销售。

6.1.1 商品名称及其心理功能

1. 商品名称的含义

商品名称就是企业为产品取的名字，是运用语言文字对商品的主要特性概括反映的称号。企业在生产产品的同时，必须考虑到借助语言文字给不同品质的产品起一个能吸引消费者的名称。商品取名是市场策略的一部分，一个合适的名称会在长期的竞争中，确立一个牢固的位置，给企业带来长期的利益。

2. 商品名称的心理功能

商品的命名方法虽多种多样，但基本的心理功能主要有以下四个方面。

（1）认知商品。通过高度概括，用简洁凝练的文字，告之消费者商品的称谓、用途和特点。消费者即使没有看到商品实体，也能顾名思义，初步感知商品，如"肠润茶"、"八宝粥"、"黑芝麻糊"等。

（2）便于记忆。通过音、形、意的有机结合，创造言简意赅、易读易懂的商品名称，消费者听过、看过，会在头脑中留下较深刻的印象，如"旅游鞋"、"刮胡刀"、"加湿器"等。

（3）诱发情感。商品名称如能具有某种情绪色彩和特殊意义，符合消费者某方面的心理需要，就会得到消费者的信任和偏爱，如"活力运动鞋"、"情侣衫"等。另外，由于消费者的文化背景多种多样，商品命名若有不慎，将引起消极情感或不被消费者理解。例如，"918鱼饵"，其中的"918"使用是否合适，存在不同的理解。

（4）启发联想。商品名称新鲜脱俗、寓意深远、风趣幽默、内容丰富、情调动人，能够启发消费者对美好事物的回忆和想象，加深对商品性能的理解。例如，福州的传统名菜"佛跳墙"，名字生动、传神。

6.1.2 商品命名的心理策略

商品命名牵涉美学、语言学、心理学、民俗学、宗教等诸多因素。商品命名要给消费者心理活动以某种刺激，促使其对商品产生积极的情感。

1. 商品命名的原则

在为商品命名时，要注意以下基本原则：① 商品名称要简单、易记，易激发消费者兴趣；② 商品名称要与商品本身的特性或基本效用相符合；③ 商品名称要有较强的传播力；④ 商品名称要有较浓的亲和力，激发消费者的联想；⑤ 避免禁忌。

2. 商品命名的主要方法

（1）商品效用命名法。这种方法能直接反映商品的主要性能，帮助消费者迅速了解商品的功效，如"防晒霜"、"护手霜"、"衣领净"、"感冒清"、"健胃消食片"等。

（2）商品成分命名法。这种方法的主要特点是突出了商品的主要成分及材料，可以有效地吸引消费者由名知实，便于消费者根据自己的情况，选择自己实际所需要的商品，如"酸菜牛肉面"、"冰糖雪梨"（见图 6-1）、"八宝粥"、"菊花茶"等。

图 6-1 冰糖雪梨产品广告

（3）商品产地命名法。这种方法常用在颇具名气或颇具特色的地方名优产品的命名上，以突出该商品的地方风情、特点而使其独具魅力，符合消费者求名、求特、求新的心理，可以增加商品的名贵感和知名度，如"北京烤鸭"、"西湖龙井"、"阳澄湖大闸蟹"等。

 知识窗

地理标志产品

地理标志产品，是指产自特定地域，所具有的质量、声誉或其他特性本质上取决于该产地的自然因素和人文因素，经审核批准以地理名称进行命名的产品，如阳澄湖大闸蟹，其标志如图 6-2 所示。

一、基本概念

地理标志产品包括：① 来自该地区的种植、养殖产品；② 原材料全部来自该地区或部分来自其他地区，并在该地区按照特定工艺生产和加工的产品。

图 6-2 阳澄湖大闸蟹国家地理标志保护产品标志

二、审批程序

2005年7月起实施的《地理标志产品保护规定》对地理标志产品保护的申请与审批程序作了详细具体的规定。

（一）申请与受理

地理标志产品保护申请，由当地县级以上人民政府指定的地理标志产品保护申请机构或人民政府认定的协会和企业（以下简称申请人）提出，并征求相关部门意见。申请保护的产品在县域范围内的，由县级人民政府提出产地范围的建议；跨县域范围的，由地市级人民政府提出产地范围的建议；跨地市范围的，由省级人民政府提出产地范围的建议。

出口企业的地理标志产品的保护申请向该辖区内出入境检验检疫部门提出；按地域提出的地理标志产品的保护申请和其他地理标志产品的保护申请向当地（县级或县级以上）质量技术监督部门提出。

省级质量技术监督局和直属出入境检验检疫局，按照分工，分别负责对拟申报的地理标志产品的保护申请提出初审意见，并将相关文件、资料上报国家质检总局。

（二）审核与批准

国家质检总局对收到的申请进行形式审查。审查合格的，由国家质检总局在国家质检总局公报、政府网站等媒体上向社会发布受理公告；审查不合格的，应书面告知申请人。有关单位和个人对申请有异议的，可在公告后的2个月内向国家质检总局提出。国家质检总局按照地理标志产品的特点设立相应的专家审查委员会，负责地理标志产品保护申请的技术审查工作。国家质检总局组织专家审查委员会对没有异议或者有异议但被驳回的申请进行技术审查，审查合格的，由国家质检总局发布批准该产品获得地理标志产品保护的公告。

《地理标志产品保护规定》指出，地理标志产品产地范围内的生产者使用地理标志产品专用标志，应向当地质量技术监督局或出入境检验检疫局提出申请。经省级质量技术监督局或直属出入境检验检疫局审核，并经国家质检总局审查合格注册登记后，发布公告，生产者即可在其产品上使用地理标志产品专用标志，获得地理标志产品保护。

目前，各省市获得地理标志的产品众多。例如，北京的平谷大桃、昌平苹果、房山磨盘柿、大兴西瓜、燕山板栗，天津的独流老醋、七里海河蟹、茶淀玫瑰香葡萄、盘山磨盘柿、天津板栗等。

（4）人名命名法。这种方法是利用历史人物、创造者的名字给商品命名的方法。这种命名方法可以给人以商品历史悠久、工艺优良、正宗独特、质量上乘等印象，诱发消费者购买商品的积极态度，如"中山装"、"东坡肉"、"麻婆豆腐"等。

（5）商品制作方法命名法。这种方法可以使消费者从商品的名称中了解其研制方法和某些特殊的制造过程，提高商品在人们心目中的信任感，满足消费者求知的需求，如"古法小榨花生油"的命名方法（见图6-3）。

图 6-3 古法小榨花生油广告

（6）商品外形命名法。这种方法具有形象化的特点，突出商品的优美造型和色彩，引起消费者的注意和兴趣，迎合消费者爱美的心理要求，如"宝塔糖"、"碧螺春"、"珠茶"、"花脸雪糕"等。

（7）外文译音命名法。这种方法常被用在进口商品的命名上，既可以克服某些外来语翻译上的困难，又能适应消费者求新、求奇、求异等心理要求，如"咖啡"、"可乐"、"嘉年华"等。

（8）形象命名法。这种方法可以暗示商品的性能、质量及美好的祝愿，给消费者留下了美好的印象，拉近消费者与商品的距离，如"百岁酒"、"长寿面"、"元宵"等。

> **实例链接 6-1**
>
> ### 青岛一怪:啤酒装进塑料袋
>
> 20世纪80年代,青岛的年轻人开始坐着马扎在马路边用大海碗、罐头瓶子喝啤酒。后来,青岛人又发明了用塑料袋打啤酒,成了青岛一道独特的风景。其实,"啤"字,也是青岛人造出来的。
>
> 德国人占据青岛之前,国人还从未喝过名为"BIER"(德文)的酒,对于胃口习惯了"白"、"黄"、"红"三色酒的国人,对这种"舶来品"相当抵触。这可愁坏了酒厂老板。
>
> 话说酒厂老板深知入乡随俗的道理,灵机一动,将"BIER"翻译为"皮酒",老百姓听着浑身发毛,依然无人问津。后来改为"麦酒",因为是用麦芽糖发酵,虽然听着容易接受,但是销路依然不明显。
>
> 再后来,有聪明人起个名字叫"脾酒",名曰养"脾"健"胃"。果不其然,老百姓兴趣大增,销量也就突飞猛进,酒价也越来越低。夏天,倘若能痛快喝上几大碗,清凉解渴,奇爽无比。既然入乡随俗,"舶来品"遇到中华餐饮文化,这与嘴沾边的东西,都是"口"字旁,所以"脾"就写成"啤"。
>
> 在青岛,啤酒文化为这座城市定下了基调,每年夏秋之交的"青岛国际啤酒节"更是将啤酒的地位推向了顶峰。夏日的夜晚,人们三五成群坐在路边,吃着烤肉,喝着扎啤,品头论足,好不热闹。
>
> **【案例思考与应用】**
>
> 青岛啤酒的命名使用了哪种方法?联系实际想一想,除了以上方法外,还有没有其他的命名方法。

6.2 商品品牌与消费心理

无论是什么品牌,营销策略的制定都与消费者有着千丝万缕的联系。消费者的消费心理对于品牌营销起着至关重要的作用,品牌营销离不开消费心理。

6.2.1 品牌的内涵

1. 品牌的含义

品牌,即产品的牌子,是用以识别某个或某群销售者的产品或服务,并使之同竞争对手的产品或服务相区别的名称、术语、标记、符号或设计及其组合(Logo)。

在品牌的构成要素中,通常把可读的称谓部分(包括单词、字母和数字)叫品牌名称;把不可读的非称谓部分叫品牌标识。其中,品牌名称是语言符号,是品牌在人们之间进行传播的基础,所以它是品牌的核心要素。

例如,三只松鼠的品牌构成由品牌名称和品牌标识构成,如图6-4所示。

图6-4 三只松鼠品牌的构成要素

(1)Logo以三只松鼠扁平化萌版设定为主体,突出企业动漫化。

(2)Logo整体呈现三角趋势,图形下边缘有圆润的弧度,象征稳固而和谐地发展。

(3)小美张开双手,寓意拥抱和爱戴每一位主人;小酷紧握拳头,象征拥有强大的团队和力量;小贱手势向上,象征着青春活力,以及永不止步、勇往直前的态度。

2. 品牌的本质

从本质上来说,品牌是商品生产者、经营者向购买者长期提供的一组特定的属性、利益和价值。一个好的品牌能传达企业良好的信誉和承诺,一个好的品牌能传递商品特有的文化和情感。总体来说,品牌的本质包括以下六个方面。

(1)属性。品牌应该能够向消费者提示自身所属的产品类别。例如,"奔驰"代表高档、制作精良、耐用和声誉。

(2)利益。品牌应该能够向消费者暗示其具有的功能性利益和情感型利益。例如,作为海尔品牌一部分的"真诚到永远",代表了海尔品牌真诚服务。

(3)价值。品牌能够向消费者显示其自身价值的高低。例如,《福布斯》2016年发布的2016年度全球最具价值品牌排行榜,苹果以1 541亿美元的品牌价值居于品牌榜之首。

(4)文化。品牌能够向消费者展示不同企业创造的企业文化理念。例如,酒鬼酒有一首诗:"酒鬼背酒鬼,千斤不嫌赘;酒鬼喝酒鬼,千杯不会醉;酒鬼出湘西,涓涓传万里。"饮者的肆意洒脱、物我两忘的痴醉,完美地诠释了酒鬼酒的此中真意。酒鬼酒品牌形象如图6-5所示。

图 6-5 酒鬼酒品牌形象

（5）个性。品牌能够向消费者显示其在产品制造方面的独特专业性。例如，罗永浩设立的"锤子科技（北京）有限公司"推出的"锤子手机"和"坚果"手机，被定义为"富有新意、细节精致的个性手机"。

（6）使用者。品牌能暗示其产品专属的消费者群体。例如，"海澜之家——男人的衣柜"，其目标客户群是年轻时尚男士群体，其广告如图 6-6 所示。

图 6-6 海澜之家广告

一个好的品牌对企业的长远经营起到不可估量的作用：① 帮助企业将自身及其产品与竞争企业及其产品区别开来；② 在产品销售过程中促进产品的销售；③ 品牌提升产品的价值，凝聚了企业的无形资产；④ 便于企业树立良好的形象，扩大产品的宣传。

实例链接 6-2

《福布斯》发布 2016 年"世界最具价值品牌排行榜"

2016 年 5 月,《福布斯》公布了 2016 年度全球最具价值品牌排行榜(见表 6-1),其中苹果、谷歌和微软分别以 1 541 亿美元、825 亿美元和 752 亿美元的品牌价值位居品牌榜前三甲。福布斯自 2010 年举办"最具价值品牌"以来,苹果连续 6 年蝉联冠军宝座。

表 6-1 2016 年度全球最具价值品牌排行榜

排 名	品牌名称	品牌 Logo	价 值	行 业	国 家
1	苹果(Apple)		1 541 亿美元	科技	美国
2	谷歌(Google)		825 亿美元	科技	美国
3	微软(Microsoft)		752 亿美元	科技	美国
4	可口可乐(Coca-Cola)		585 亿美元	饮料	美国
5	Facebook		526 亿美元	科技	美国
6	丰田(Toyota)		421 亿美元	汽车	日本
7	国际商用机器(IBM)		414 亿美元	科技	美国
8	迪士尼(Disney)		395 亿美元	休闲	美国
9	麦当劳(McDonald's)		391 亿美元	餐饮	美国
10	通用电气(GE)		367 亿美元	多元化	美国

在这份全球最具价值品牌排行榜中(共 100 个品牌),科技行业占据了 17 席,排名前十的科技公司有五家,除了前三名的苹果、谷歌、微软以外,Facebook 排名第五,品牌价值为 526 亿美元;IBM 排名第七,品牌价值为 81.7 亿美元。

据悉《福布斯》所评出的全球最具价值的 100 大品牌来自 16 个国家及 19 大行业。来自美国的公司占据榜单的半壁江山,达到了 52 家,其次是德国(11 家)、日本(8 家)及法国(6 家)。

【案例思考与应用】

查阅资料,近几年中国品牌排名情况如何?其品牌价值如何?

6.2.2 品牌与商标

1. 品牌与商标的关系

品牌和商标是两个不同的概念。品牌是产品的牌子，商标是商品的标志。二者既有联系又有区别。其联系表现为：①它们都是无形资产；②都具有一定专有性；③目的都是区别于竞争者，有助于消费者识别。

因此，商标与品牌经常被混淆使用。但两者有本质区别，主要表现在：①商标是一个品牌或品牌的一部分，它的内涵要小于品牌的内涵；②商标一般都要注册（我国也有未注册商标），它是受法律保护的一个品牌或品牌的一部分，其产权可以转让和买卖，而品牌无须注册，一经注册，品牌就成为商标；③品牌主要表明产品的生产和销售单位，而商标则是区别不同产品的标记；④一个企业品牌和商标可以相同，也可以不相同；⑤品牌比商标有更广的内涵，品牌代表一定文化，有一定个性，而商标则是一个标记。

综上所述，品牌不同于商标，品牌是个市场概念，商标是个法律概念。在市场经济中，能称得上品牌的实际上也就是在某个行业中具有一定美誉度和知名度的商标，实际上，这种商标也被称为名牌。

2. 商标的心理功能

一种产品能畅销，很大程度上是凭借其商标在消费者心中所建立的品牌形象。因此，商标往往被视为产品的第二生命。可见，正确地认识商标及其作用，合理地选择商标，是企业产品竞争的要求。

（1）识别商品。商标是商品或服务的标志，能使消费者易于从众多的同类产品中识别出某一具体商标所代表的商品或服务的形象，尽快完成购买活动的认识过程，便于消费者寻找到所需购买的目标商品。因此企业必须精心设计自己商品的标志，注意文字精炼、形象生动、构思新颖、画面美观、寓意良好、个性鲜明、富有情趣、适应习俗，使消费者易识、易记，如红牛饮料的商标（见图6-7）。

（2）形成印象。一个设计出色的商标，可以通过广告等各种宣传媒介，给消费者以深刻的感受和难忘的印象。有些消费者坚持数年甚至终生使用某一商标的商品，动摇这种习惯或改变对商品的印象非常不易，这即是常见的"品牌忠实性"消费者。反之，若在消费者记忆中留下恶劣印象，也是很难转变的。因此，企业必须注意商标与商品的名实相符，如牙博士商标（见图6-8）。

图6-7 红牛饮料商标

图6-8 牙博士商标

（3）传播促销。商标作为企业形象和商品形象在消费者之间交流传播，深入人心，就会引起品牌偏好，从而产生相信品牌、追求名牌、忠实老牌等不同类型"认牌购货"的消费行为。出色的商标设计加上高质量的商品，能够迅速地将商品的形象和声誉广泛传播，使得更多的消费者加深对商品和服务的了解。

（4）专权保护。商标一经注册，便受法律保护，注册商标具有排他性和享用专权，他人不得仿造、假冒，对仿冒已注册商标者，要追究刑事责任。这样，企业创造出的名牌产品，就可以独享其惠，其他厂家无法均占。保护功能表现在维护生产、经营者的信誉和保护消费者的利益上。

（5）监督质量。商标同产品一起代表着企业的形象和声誉。企业欲维护其商标的影响，必须尽力维护其产品的质量。为了维护其商标的信誉，企业往往不敢随意地以次充好、降低质量。所以，商标能起到帮助消费者监督产品质量、保护消费者利益的作用。

 实例链接 6-3

费列罗巧克力的品牌故事

1946年，"二战"刚刚结束，可可供应短缺，费列罗的创始人彼得罗·费列罗用当地盛产的榛果代替可可，发明出一种新的甜品"Pasta Gianduja"。正是这个发明为我们带来了今天的费列罗。

"Pasta Gianduja"是Nutella的前身。Pasta的意思是"面团"，Gianduja是当地家喻户晓的狂欢节人物。其实这种甜点就是一种固体的榛子棒，锡纸包装，食用时用刀切成片。

这款产品之后被改进为"榛子酱"，命名为"Supercrema Gianduja"，中文意思为"可涂抹的Gianduja"。顾名思义，榛子酱的质地更柔软，因此更容易涂抹开，就像花生酱一样。

这种榛果酱的价格很便宜，当时，一千克巧克力的价格是一千克榛果酱的六倍，因此大部分人都能够享受到它的美味。榛果酱很快成为热销产品，不久，当地的商店推出了一项新的服务：你可以带一片面包到商店，商店会给你涂上榛果酱。这项服务受到了孩子们的热烈欢迎。

1964年，费列罗公司为了进军更广大的欧洲市场，于是采用不同的欧洲语言创造出一个词"Nutella",中文译为"能多益"。其中 Nut 代表榛子(英语中榛子为"hazelnut",可省略为"nut";德语为"nuss");"ella"取自意大利语的后缀,意思是"甜的"。这个新名词能够让人们知道原料的名字以及产品的味道,同时还暗示了原产自意大利。

费列罗为了保证产品的秘方,米歇尔制定了非常严格的规定——费列罗公司从不举办新闻发布会,也不允许记者到工厂里采访。

1984年,意大利费列罗巧克力,面对巧克力市场国际著名品牌吉百利、好时等的市场割据和日趋萎缩的巧克力市场,以中国香港和中国台湾市场为切入口,与屈臣氏集团合作,一举成为世界巧克力糖果行业中的一支主流力量。

意大利家族企业费列罗为将"Nutella 巧克力"引入中国,通过与一家独立的分销商结成合作伙伴,并抓住中国人喜欢赠送昂贵进口礼品的特点,榛子巧克力成功地被卖给了中国消费者。费列罗巧克力广告如图 6-9 所示。

图 6-9 费列罗巧克力广告

【案例思考与应用】

查阅资料,国内还有哪些巧克力产品?其商标如何命名?

3. 商标设计的心理策略

实践中,商标的设计具有很大的灵活性,可以采用文字、符号、图形及其组合等多种表现形式和手法。然而,精良的商标设计不可随心所欲,而必须考虑到商品的特色和消费者的心理,力求将丰富的信息浓缩于方寸之间,最大限度地发挥出商标应有的感召力,为此,可以采取以下策略。

(1)个性鲜明,富于特色。商标的设计要与众不同,切忌落入俗套,应以精巧的构思来突出个性,以显著性和奇特性昭示消费者。人们通常对特别的东西记忆深刻,为了使消费者从纷繁复杂的同类商品中迅速找到自己偏爱的商品,商标的设计应力求有别于其他同类商品。例如,"雕爷牛腩"在商标设计上充分突出了个性和独特性,将牛字直接化身为牛头,吸引了大众的目光(见图 6-10)。

图 6-10 雕爷牛腩商标

（2）造型优美，文字简洁。在设计商标时，应力求生动优美、线条明快流畅、色彩搭配和谐、富于感染力，以满足消费者的求美心理，使之对商标及商品产生好感。此外，人们对简单而符合审美情趣的图形文字往往记忆深刻，所以商标语言应做到简洁鲜明、易记上口，商标图案也要简单明了，使人过目不忘。例如，德国的著名品牌"彪马"的商标图案（见图 6-11）标志为美洲狮，代表着一种积极向上的精神，象征着力量、实力和霸气，是品质男人所具有的魅力。

（3）具有时代气息，反映社会的潮流趋向。商标名称如果能结合特定的历史时期，反映时代的气息甚至赋予一定的社会政治意义，则更能激起消费者的购买热情，顺应民心民意，从而赢得消费者的青睐。例如，"大自然地板"真实地反映了现代家庭对于居住环境环保、绿色、无污染的时代需求（见图 6-12）。

图 6-11 彪马商标　　　　图 6-12 大自然地板商标

（4）与商品本身的性质和特点相协调。商标既是对商品所要传达信息的提炼和精确表达，也是商品的代名词，又起到提示和强化的作用。这要求商标要准确地体现所代表商品的性质，突出商品的特色。例如，可口可乐的英文商标是由"coca"和"cola"组成，其成分分别是古柯（coca）的叶子和可拉（kola）的果实。翻译成中文"可口可乐"，则直接反映了其满足消费者物质需求和精神需求的性能特点。

（5）遵从法律规定，顺应不同国家、民族、宗教、地域消费者的心理习惯。商标的设计要独特，不能照搬别人的创意，同时各个国家的商标法都有明文规定不允许注册为商标的事物，如国徽、国旗和国际组织的徽章、旗帜、缩写等。例如，紫荆花曾被用作商品的标志,但现在已经被禁止了,因为紫荆花现在是我国香港特别行政区的区徽图案。另外,由于不同的国家、民族、宗教、地域的消费者有着不同的心理习性,从而产生了很多不同的偏好和禁忌,在设计商标时也应予以充分考虑。例如,加拿大人忌讳百合花,喜爱枫叶图案。澳大利亚人忌讳兔子,喜爱袋鼠图案。

4. 商标使用的心理策略

巧妙使用商标与商标设计一样是商标发挥其心理效应不可缺少的重要环节。因此,在使用商标时,应针对消费者的心理特点采取不同的心理策略。

(1)是否使用商标。优秀的商标不仅仅起着区别不同厂家或商家的商品的作用,而且起着诱导消费心理、促进销售的作用。但是,并非所有的商品都需要商标,下列情况可以不使用商标:① 无差别商品;② 差别小的商品;③ 临时性或一次性生产的商品。但随着人们生活水平的提高,消费者对一些商品也开始认商标购买。

(2)使用制造者商标还是销售者商标。一般情况下,商标是商品制造者的标记,产品的质量特性是由制造者确定的,我国驰名商标中大都为制造者商标,如"李宁"、"海尔"、"娃哈哈"等。而一些大型的零售商和批发商也都拥有自己的商标品牌,如世界著名的零售商沃尔玛、家乐福等。在制造者具有良好的市场声誉且拥有较大市场份额的条件下,应多使用制造者商标。相反,当销售者商标在某一市场领域中拥有良好的信誉及庞大、完善的销售体系时,利用销售者商标也是有利的。

(3)使用统一商标还是独立商标。统一商标是指企业生产的若干类产品都使用同一种商标。独立商标是企业对不同产品采用不同的商标。对于那些享有良好声誉的著名企业,全部产品采用统一商标可以充分利用其名牌效应,使企业产品畅销,减少企业宣传介绍新产品的费用开支。例如,美国通用电气公司的所有产品都用 GE 这一商标,在全世界获得广泛的认知度。但是,使用统一商标时,低档劣质产品会给高档高质量产品带来不良的影响,尤其是当该企业的各种产品质量有明显差别时,这种策略会影响企业整体的声誉,此时应考虑使用独立商标。

达利集团多品牌战略的力量

为了满足日趋多样化、差异化的消费需求,达利食品集团从 2002 年起就开始实施多品牌战略,为每一个独立品类量身打造各具特色的子品牌。达利园、可比克、好吃点、和其正、乐虎、优先乳、蓝蒂堡……随着集团大规模品牌攻势的铺开,这些风格各异的"名字"已深植消费者心中,真正成为消费者"喜爱和信赖的大品牌"。

达利园:作为达利集团多品牌战略的开山之作,达利园品牌旨在将原汁原味欧式风格的休闲食品奉献给中国消费者,让更多消费者足不出户便能享受到来自欧洲的纯粹美味。2002年，达利园品牌一经推出，即以亲切温馨的调性，成为人们心目中的美味家园。

可比克：可比克薯片是达利集团休闲膨化食品的主品牌。品牌以"友情、欢乐、时尚、个性"为理念，将欢快的气息融入产品。2003年可比克品牌的推出，改写了薯片类市场只有进口产品的市场格局，并迅速发展成为最受中国消费者喜爱的休闲膨化食品品牌。

好吃点：为打破国际品牌在休闲食品高端市场的垄断，2004年，达利集团推出高端饼干品牌——"好吃点"。"好吃你就多吃点"这一句耳熟能详的广告语，传达出"相互分享、美味传递"的概念和品牌内涵，把营养健康、精致美好的健康生活理念传递给更多的消费者。其广告如图6-13所示。

图6-13 好吃点饼干广告

好吃点香脆系列，在饼干上洒满坚果薄片，一经推出就风靡全国，创下三个月占领全国市场的佳绩；好吃点高纤系列饼干，更是被中国营养学习会授予"营养健康标示"产品，号称"中国饼干类烘焙食品领先品牌"。

和其正：2007年，和其正品牌的推出，旨在将中国凉茶这一蕴含中华药食同源文化智慧的传统饮料发扬光大。中国凉茶和其正，源自传统配方，精选植物原料，传承萃取工艺，率先推出PET瓶装、大罐装等不同规格，受到消费者的喜爱，在短短几年内一跃成为中国凉茶的领军品牌，开创凉茶大时代！

优先乳："优先乳"代表优先的品质、优先的口感；在产品中特别加入膳食纤维，实现优先的营养吸收方式，形成独具特色的产品。"我是女生我优先"的时尚宣言，令优先乳的名字迅速响遍大江南北，青春活力的产品调性显露无遗，"营养吸收双优先"品牌主张和产品优势，更凸显现代人怡悦、健康、方便的消费时尚！

乐虎：随着工作、生活节奏的加快，人们尤其是年轻白领人群，越来越需要"提神醒脑、补充体力"的能量饮料。针对这一市场需求，达利集团蓄势而发，于2013年推出真正的保健功能饮料——乐虎。"喝乐虎，提神抗疲劳，激发正能量！"乐虎"品牌名称简单易记、响亮有力，无时无刻不在传递着一种正能量。乐虎上市后迅速发展成为功能饮料市场的新兴力量！

达利集团从1989年9月创办了第一家生产厂，便开始了励志和自强不息的创业历程，把企业逐步做大。1998年跨出省界,在成都开办第一家分公司,自此,达利集团从历史文化名城泉州出发,踏实而又坚定地向全国迈进,陆续在全国各地投资建厂,进入了发展的快车道。

如今二十几年过去了,达利食品集团已经发展成为一家拥有19家子公司共34个食品、饮料生产基地,拥有各类先进生产设备和生产线的大型全国性企业。而其旗下的众多品牌,如达利园、可比克、好吃点、和其正、乐虎、优先乳等,已是家喻户晓。达利食品集团所倡导的多品牌战略已经取得了莫大的成功。随着中国经济的持续稳定发展,我们有理由相信,这个年产值超过200亿元、位列中国民营企业500强的综合性现代化食品企业将打造出更多知名的产品和品牌,变得更大更强。

> 【案例思考与应用】
>
> 查阅资料,还有哪些企业采取了多品牌策略?其各自品牌经营状况如何?

6.2.3 品牌设计与使用的心理策略

消费者对品牌的熟悉程度影响他们的购物行为,他们一般首先关注熟悉的品牌,然后考虑是否购买。因此商品的品牌是影响消费者做出购物决定的重要因素之一。

1. 品牌认知

品牌认知是指在消费者记忆中建立品牌名称与相应产品双向联系的心理活动。这种心理表现为消费者对某种品牌名称及其产品类别对应的再认或回忆。例如,提到"海尔",消费者会想到冰箱、洗衣机等家电产品;提到牛奶,消费者会想到"蒙牛"、"伊利"等品牌。

对大多数消费者而言,品牌认知就是选择品牌产品进行消费的基础,提高品牌认知度,就会使消费者在购物时优先选择自己熟悉的品牌产品。提高品牌的认知度可以采取以下策略:① 品牌命名要有鲜明的个性;② 品牌的表现形式要简单;③ 品牌传播要广泛持久;④ 产品陈列要显著醒目;⑤ 增加消费者试用产品的机会。

2. 品牌联想

品牌联想是指消费者在品牌认知的基础上,通过对与品牌相关内容的联想,在头脑中形成品牌综合印象的心理活动。例如,由"海尔"这个品牌名称,消费者会想到家用电器产品,想到良好的售后服务,还会想到举起铁锤砸冰箱的张瑞敏,想到高举"中国制造"大旗的企业文化,进而形成海尔是中国最好的家电企业的印象。

通过反复联想,消费者会不断加深其对品牌内涵的理解,逐步在头脑中树立对品牌的良好印象,这是企业赢得消费者信赖的前提。企业要加强品牌联想可以采取以下策略:① 品牌命名要有相关暗示性;② 品牌命名要有美好的寓意;③ 品牌的广告语要有启发性；④聘请名人做品牌的形象代言人。

3. 品牌忠诚

品牌忠诚是指消费者对品牌产生信任、偏爱以及重复性消费意向的心理活动。品牌忠诚是消费者对品牌的感情度量，能反映消费者从一个品牌转向另一个品牌的可能程度。

培养消费者的品牌忠诚，可以巩固品牌的市场地位，可以凝聚和提升品牌的价值。但是，消费者在某一时期忠诚于一个品牌，并不意味着其会永远对这个品牌忠诚，而不转向其他品牌。因此，企业必须采取措施培养、维持和加强消费者对品牌的忠诚。企业培养消费者的品牌忠诚可以采取以下策略：① 明确品牌的市场定位；② 强化广告的情感诉求；③ 提供额外的赠品或服务；④ 妥善解决品牌危机。

6.3 商品包装与消费心理

商品包装是商品的基本构成，是消费者接触商品最直接的体验。商品包装设计在吸引消费者注意，提升商品竞争力，建立品牌形象方面起着重要作用。因此商品包装要与商品本身的用途和特性相适应，通过视觉刺激引发联想，从而影响人们的购买行为。

6.3.1 商品包装及其作用

1. 商品包装的含义

商品包装是指商品流通过程中为保护商品、方便储运、促进销售，按一定技术方法而采用的容器、材料及辅助物等的总体名称；也指为达到上述目的而采用的容器、材料和辅助过程中施加一定技术方法等的操作活动。

2. 商品包装的作用

在市场经营活动中，商品包装被冠以"无声推销员"的美称。我国自古就有"买椟还珠"的故事，"以木兰之柜，熏以桂椒，缀以珠玉，饰以玫瑰，辑以羽翠"。包装对企业销售和消费者行为发挥着越来越大的影响作用。

（1）保护商品。商品从企业到消费者手中这一过程，要经过多次搬运、装卸和储存，如果没有良好的包装，商品必然要受到不同程度的损伤，从而丧失商品的使用价值和附加价值。

（2）吸引注意。在超级市场琳琅满目的商品中，那些具有色彩鲜明、构图精美、造型奇异、文字醒目等特征的包装，往往会吸引消费者的注意力，使消费者爱不释手，促成购买。

（3）传递信息。包装上有关商品功能作用、使用方法、注意事项的表述，能使消费者增长知识，加深对商品的认识；有关商品重量、效能参数、优点特色等说明介绍，便于消费者在商品中进行比较；有关原料成分、加工方法、出厂日期、检验标记等内容，可以解除消费者的疑虑。

（4）提供便利。在销售过程中，根据商品的性质、形状和用途等设计包装的结构、形状、材料、规格以及开启方式，可以方便消费者选择、携带、运输、保管与使用。瓷器产品的包装（见图6-14）富有艺术性，吸引了消费者的注意力，同时也便于消费者所携带。

图6-14 瓷器产品包装

（5）提升商品价值。包装使用不同的原料质感、不同的颜色图文，使商品所包含的象征意义、审美价值等心理功能得以更好地显现。包装的安全便利、复合用途、突出商品，都能从不同角度迎合消费者多方面的心理需要，增加商品的魅力，提升了商品的价值。

（6）促进销售。随着自动售货方式的扩大和消费者生活习惯的变化，包装已从最初的防损、防污的功能逐步扩大到促销活动等具有附加意义的功能。在现代经营中，包装对于促进销售的作用绝不可低估。因此，如何设计适应先进的销售方式和消费者乐于接受的商品包装，已经日益为商品生产者和经营者所重视。

6.3.2 商品包装设计的心理需求

商品包装对消费者心理的影响还依赖于消费者内在的需要特征，一个适宜的包装设计应当满足如下需求。

1. 方便性

消费者要求商品携带、开启、使用和保存都非常方便。为满足这些要求，设计时让包装带上提手，罐头带上简易的开启装置，易碎的玻璃用盒装等都可以为消费者提供方便，更大限度地满足消费者需求。

2. 适应性

包装必须有一个理想的形状，大小适宜，恰当地配合商品的用途。例如，儿童食品分量不宜过大、工具类商品包装不宜过重等。

3. 安全性

消费者对商品尤其是对需要多次分量消费和自行配制使用的商品，希望其包装牢固、耐用、安全。对产品所含的成分进行详细标识，让消费者食用或服用时放心。例如，对食品成分或药物疗效的介绍，或标明食用油未使用转基因原材料（见图 6-15），或标明药品有无副作用等。

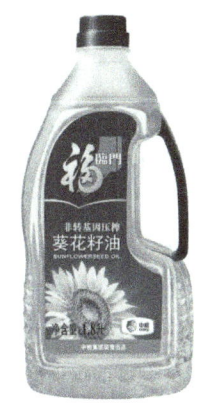

图 6-15 非转基因食用油

绿色环保包装开始盛行，包装行业转型升级

随着环保概念在各行各业的不断流行，绿色化发展成为各企业发展的目标，包装企业也不例外。早在 2008 年国家发布了限塑令，但实际收效不大，如今，随着理念的改变和绿色环保意识的强化，食品包装袋向绿色无污染发展。

国家将绿色环保和循环经济提升至战略层面，并出台了针对性支持和鼓励的政策措施。国家发改委针对塑料回收再生借助互联网+，推动回收新模式。财政部印发《资源综合利用产品和劳务增值税优惠目录》，中央将生态文明建设写入了"十二五"规划。这些都表明国家正在努力支持和引导包括塑料包装袋在内的塑料行业向绿色、环保、集约的方向发展。

自"包装新规"出台后，包装行业经历了持续深度调整。数据显示，约 55% 的包装制品企业意识到积极的环保形象非常重要；70% 的企业认为消费者的需求、价值和再生纸板的可回收标志对他们的产品营销非常重要。

随着低碳环保理念成为社会的主旋律，很多领域都在践行低碳环保，包装材料领域也是如此。很多对环境有污染的包装材料正在淡出我们的生活，绿色包装材料成了包装行业的发展趋势和未来。现在的绿色包装材料有很多种，大体上可以分为重复再用和再生的包装材料、可食性包装材料、可降解材料和纸材料四种。

据前瞻产业研究院《包装行业市场分析报告》数据显示，2015 年，全国快递业务量 206 亿件，同比增长 48%，初步估算消耗了编织袋 29.6 亿条、塑料袋 82.6 亿个、包装箱 99 亿个、胶带 169.5 亿米、缓冲物 29.7 亿个。光是这些快递胶带接起来就可绕地球赤道 400 多圈，而这些塑料袋、编织袋、胶带绝大多数都无法降解。绿色塑料袋厂家在生产过程中采用了新技术，添加了降解母料的成分，俗称可降解塑料包装袋，该种环保塑料袋在符合一定条件的情况下可自行分解。

实施绿色印刷也是落实中央可持续发展理念的需要，是贯彻以人为本宗旨的需要。随着绿色环保理念的一步步深入，绿色包装材料正广泛地应用到包装领域中，成为包装行业崭新的未来，在包装领域必扮演着不可或缺的角色，市场前景非常广阔。

4. 直观性

包装的直观性是针对商品而言的，即对于那些构造独特、选择性强的商品，消费者要求其包装能直接地反映商品的特性，消费者可以在不开启包装的情况下能够清晰地观察到商品的外观形象，从而诱发消费者的积极情感和购买动机。

5. 诱发联想

合适的包装能引发消费者良好的想象，给消费者以心理暗示，引发消费者的购买需求。同时，包装还有利于显示商品的社会象征作用，消费者经常要通过商品的包装来显示自己的社会地位、身份、威望和经济实力。

6. 艺术性

商品的包装设计是美的体现，具有艺术魅力的包装可以带给消费者美的享受，同时提升商品的收藏价值，有效地激发消费者的购买欲望。例如，稻香村针对小学生推出的一款"放学啦"蛋糕食品（见图6-16），包装设计富有艺术性，深受小学生的喜欢。

图6-16 稻香村"放学啦"食品包装

 实例链接 6-5

时间橙汁，看得见的新鲜

8:36、9:32、10:15，这不就是一串简单的时间数字吗？而法国连锁超市Intermarché，则因为这些包装上的时间数字大大提高了自己鲜橙汁的购买量，3小时赢得5 000万次曝光量，同时增加了25%的顾客流量。如此具有魔性的包装设计（见图6-17）

是怎样吸引人们的目光的呢?

图 6-17　Intermarché 超市鲜橙汁广告

欧洲人对于鲜橙汁尤为喜爱,消费量几乎占到全球 1/2,而对于橙汁的新鲜程度更是看重和敏感。在这个背景之下,法国连锁超市 Intermarché 用一个最简单的创意——以榨汁时间作为每瓶鲜橙汁的名字。这个做法抓住了用户对于"新鲜"的需求,将橙汁榨取的时间标注在包装上,很好地将用户对于新鲜的抽象需求,用时间数字具体地表达出来。创意简单而直接,引导用户通过榨取时间来感知果汁的新鲜品质。包装上不可重复的时间标志,也给了用户每瓶橙汁都是独一无二的新奇感。满足新奇感之下,随手拍照、上传社交媒体,自然是可以预见的结果,由此产生的二次传播又进一步为超市的鲜橙汁增加了不少曝光度。

【案例思考与应用】

法国连锁超市 Intermarché 如何利用包装策略开展橙汁产品推广?

6.3.3　商品包装设计的心理策略

企业应如何通过包装来吸引消费者的注意,诱发他们的情感和购买欲望,是企业必须予以足够重视的问题。商品包装设计的心理策略主要有以下几种类型。

1. 按照消费习惯和实用需求心理设计包装

(1) 惯用包装。惯用包装是沿用长期以来所形成的并为消费者非常熟悉的商品包装形式。适应消费者的消费习惯和传统观念,便于识别和记忆商品,如香烟采用 20 支纸盒包装。

(2) 分量包装。分量包装是根据消费者的购买和使用习惯及特点,将商品按一定的数量或重量进行大小不同的包装形式,为消费者购买提供了充分的选择余地。同时,小包装设计也是企业新产品推广的一种方式,如洗衣粉、洗发露的大、中、小号不同的包装等。

(3)配套包装。配套包装是针对消费者的使用习惯,把多种有关联的产品配套包装在一起成套供应,便于消费者购买、使用和携带,同时还可扩大产品的销售,如咖啡、酒、化妆品、文具、服饰等产品的配套包装等。

(4)系列包装。系列包装是企业将其生产功能相似、品质相近的商品,设计图案、形状、色彩相同或相近的包装。该设计可以节约设计、促销宣传费用,如椰岛饮料产品系列包装(见图6-18)。

图6-18 椰岛饮料产品系列包装

2. 按照消费者消费水平设计包装

(1)等级包装。等级包装是对不同档次或不同质量等级的商品分别使用不同的包装,并在包装材质、装潢风格上力求与商品档次相适宜。高档包装采用高档材料、豪华包装以迎合消费者显示地位、身份的心理需要;而低档商品包装设计可以突出经济实惠、物美价廉的特点,尽量降低包装的成本,以满足低收入消费者的需求。例如,烟、酒等产品的精装与简装。

(2)特殊包装。特殊包装是一种专门为那种市场稀缺、用途特殊、价格昂贵的商品设计的具有较高欣赏价值和专门用途的包装形式。包装设计构思奇妙独特、用料考究名贵、制作工艺精湛,既能显示内装商品的贵重特点,又能激发消费者的珍爱情感,如名贵药材、文物古董、珠宝首饰、艺术珍品等的包装。

(3)礼品包装。礼品包装是一种专为用于赠送他人的礼品而制作的装饰华丽、富有情调和美好寓意的特殊包装形式,不仅可以增强喜庆气氛,而且还能增加礼品的价值。

(4)简便包装。简便包装是一种成本低廉、构造简单的包装形式,其目的是降低销售价格,以迎合普通大众的消费心理。例如,利用塑料袋、纸袋包装,一般用于日用品和低值消费品。

(5)复用包装。复用包装是指原包装的商品用完之后,空的包装容器可作其他用途。这种策略可大大节省资源,还可以在包装物上印上企业的标记,增强消费者对该商品的印象,刺激消费者重复购买。

3. 按照消费者性别、年龄设计包装

（1）女性化包装。对于女性用品采用女性化包装，重点体现女性温柔、雅洁的形象特征，突出艺术性和流行性，可采用细腻平和的造型、优美的线条、艳丽的色彩、高雅的形象，以增强商品的女性魅力，如桃花姬阿胶糕的产品包装（见图6-19）。

图6-19 桃花姬阿胶糕的产品包装

（2）男性化包装。对于男性用品采用男性化包装，重点表现男性粗犷、豪放、刚劲、稳重的形象特征，棱角分明、富有质感，突出实用性和科学性，可采用黑色、深蓝色等为主的色调进行包装的设计。

（3）少儿用品包装。针对少儿活泼好动、求知欲强的心理特点，利用生动的形象，鲜艳的色彩，趣味性、知识性的画面设计包装，可以引起少年儿童的兴趣，激发购买欲望。

（4）青年用品包装。针对青年人精力充沛、喜欢追求时髦、标新立异的特点，设计新颖、美观和具有流行性的包装，能引起他们的好感，从而促进销售。

（5）老年用品包装。根据老年人求朴实、庄重、便于携带的心理要求，设计具有实用性和传统性的商品包装，可以满足他们的需要，引起购买和重复购买。

6.4 商品开发与消费心理

市场竞争的最有效手段是创造新的产品，提高产品的功能与质量，满足人们不断增长的需要。而新产品的成功开发必须建立在深入研究消费者心理的基础之上。

6.4.1 新产品的含义

所谓新产品，是指生产、制造企业开发研制的具有新功能、新特点的产品。新产品的开发反映了时代的经济水平，反映了时代的科学技术状况以及精神和文化追求。

新产品从不同角度或按照不同的标准有多种分类方法。按新产品的改进程度，通常有以下分类。

1. 全新新产品

全新新产品是采用新原理、新材料及新技术制造出来的前所未有的产品。它的出现，从研制到大批量生产，往往需要耗费大量的人力、物力和财力，这不是一般企业所能做到的。因此它是企业在竞争中取胜的有力武器，如加湿器、微波炉的第一次出现。

2. 换代新产品

换代新产品是在原有产品的基础上采用新材料、新工艺制造出的适应新用途、满足新需求的产品。它的开发难度较全新新产品小，是企业进行新产品开发的重要形式。例如，不同时期出现的直板手机、翻盖手机、智能手机的换代产品。

3. 改进新产品

改进新产品是在材料、构造、性能和包装等某一个方面或几个方面，对市场上现有产品进行改进，以提高质量或实现多样化，满足不同消费者需求的产品。改进新产品是企业产品开发经常采用的形式，如改进微波炉，增加烧烤等功能。

4. 仿制新产品

仿制新产品是对市场上已有的新产品在局部进行改进和创新，但保持基本原理和结构不变而仿制出来的产品。发展中国家对发达国家已经投入市场的产品的仿制，有利于填补国家生产空白，提高企业的技术水平。在生产仿制新产品时，一定要注意知识产权的保护问题。

5. 新牌子产品

新牌子产品是在对产品实体微调的基础上改换产品的品牌和包装，带给消费者新的消费利益，使消费者得到新的满足的产品。

 知识窗

盘点 2015 年最热门十大消费类科技趋势

2015 年，拉斯维加斯的国际消费类电子产品展览会，为人们提供了一个机会来展望人们未来将会使用什么样的科技产品。但是，在开发未来科技产品之前，需要搞明白消费者究竟想要什么。

迈克尔·比约恩在爱立信公司（Ericsson）研究消费类科技趋势。他研究消费者行为以弄明白人们在未来几年想要以及期待什么，提出了 2015 年最热门的十大消费类科技趋势。

1. 流媒体未来

网上流媒体电视这一趋势最终超过了广播电视，成了向人们提供电视服务的主要方

式。在未来几年，这一趋势只会有增无减。

2. 智能住宅

消费者希望他们的住宅能够和他们交流。如果一个排水管堵塞了，住宅就会通知房主。住宅里面的传感器可以告诉你谁在家，谁不在家，并且给你发一个短消息。想象一下，如果一个牙刷在监测你的刷牙方式之后可以就如何更好地刷牙给出你建议。

3. 心灵交流

消费者对非语言交流很感兴趣，希望具有这样的能力。想象有这样一个头戴式设备，可以在无须你告诉的情况下，让他人知道你此时此刻的感觉和情绪。如果有一个设备可以让你以意念来开电视或者开灯，是不是很神奇？这些种类的产品接连不断地涌入消费市场，而且消费者对此很感兴趣，愿意使用它们。

4. "智能市民"

消费者想要知道其邻居的燃气账单以及能源使用情况，以便与自己的做比较，从而更加容易地确定据以做出改变的方式。一个"智能市民"能够从多种渠道获得信息，以便知道如何与其邻居融洽相处，如何适应周围的环境。

5. 分享型社区

消费者越来越希望能够分享房间，分享汽车，分享自行车，甚至分享才能。已经有了像 AirBNB 一样的应用软件帮助消费者短暂性地出租其卧室。但是，在未来几乎所有事物都能够被分享。

6. 电子钱包

现金和信用卡将不再主宰人们的支付方式。消费者更乐意利用智能手机来支付，以及希望能够把所有的积分卡（Loyalty Card）和回馈卡（Reward Card）全都放在一处。

7. 别动我的信息

消费者越来越希望能够匿名支付，不被记录。当我们用现金支付时，我们不会留下记录。但是当我们用信用卡支付时，却会留下记录。消费者希望在支付的时候不被识别出来。

8. 更长寿命

消费者希望活得更长久，而为了能够保持健康和安全，其中一种方式就是穿戴可穿戴智能设备。一个可以就箭在弦上的交通事故向你发出警告的自行车头盔，或者一个能够告诉你如何睡得更好的枕头，所有这些技术都将帮助消费者更好地保持健康和安全。

9. 家用机器人

消费者希望家里面有机器人来帮忙。他们特别希望有机器人来烫洗衣服，做清洁，甚至和机器人做朋友。

10. 儿童融入互联网

在娱乐、上学以及生活方面，儿童将越来越彻底地与互联网融合在一起。

（资料来源：网易科技，http://tech.163.com/15/0110/21/AFKL8B62000915BF.html）

6.4.2 新产品购买者的类型及购买行为的影响因素

1. 新产品购买者的类型

由于心理需求、个性特点及所处环境等的差异,不同消费者对新产品接受的快慢程度会有所不同。美国学者罗杰斯根据这一差异,把新产品购买者划分为以下五种类型。

(1)革新者。任何新产品都是由少数革新者率先使用的,约占全部购买者的2.5%。他们极富创新和冒险精神,收入水平、社会地位和受教育程度较高,多为年轻人,交际广泛且信息灵通。他们人数虽少,但有示范、表率作用,因而是新产品推广的首要对象。

(2)早期购买者。早期购买者是继革新者购买之后,马上购买的消费者,约占全部购买者的13.5%。他们追求时髦、渴望变化,有一定的创新和冒险精神。他们一般社会交际广泛,活动能力强,在乎被人尊重,喜欢传播消息,常常是某个圈子的公众意见领袖。他们虽人数较少但有一定的权威性,对带动其他消费者购买有重要作用。

(3)早期大众。早期大众一般约占全部购买者的34%。他们有较强的从众、仿效心理,乐于接受新事物,但一般比较谨慎。由于这类消费者数量较多,而且一般在产品成长期时购买,因而是促成新产品在市场上趋向成熟的主要力量。

(4)晚期大众。晚期大众约占全部购买者的34%。这部分消费者态度谨慎,对新事物反应迟钝,从不主动接受新产品,直到多数人采用新产品且反应良好时,他们才会购买。

(5)守旧者。守旧者约占全部购买者的16%,是采用新产品的落伍者。这部分消费者思想保守,拘泥于传统的消费行为模式,其社会地位和收入水平一般较低,当新产品过时后他们才会购买,或者最终拒绝购买。

2. 影响新产品购买行为的心理因素

影响消费者购买新产品的因素多种多样,既有新产品本身的因素,又有消费者自身的收入水平、职业特点、性别、年龄等社会和心理因素。

(1)消费者对新产品的需要。新产品能否满足消费者的需要,是其购买与否的决定性因素。由于不同消费者有不同的需要内容和程度,因而对新产品的购买行为也各不相同。企业应当善于发现消费者的潜在需要,从而有效地引导和创造消费。

(2)消费者对新产品的感知程度。消费者感知能力的强弱直接影响其接受新产品信息的准确度和敏锐度,从而带来其购买行为的时间差异。当消费者确信新产品能够为之带来新的利益时,其购买欲望就会受到激发,进而采取购买行为。

(3)消费者的个性特征。消费者的兴趣、爱好、气质、性格、价值观等个性心理特征差别很大,这直接影响了消费者对新产品的接受程度和速度。例如,性格外向和富于冒险精神的消费者,往往比性格保守、墨守成规的消费者更易于接受新产品,而且接受的速度更快。

（4）消费者对新产品的态度。消费者在感知新产品的基础上，通过对新、旧产品的比较、分析，形成对新产品的不同态度。如果消费者最终确信新产品具有某些特点，能为其带来新的利益及心理上的满足，他就会对新产品持肯定态度，进而产生购买行为。

6.4.3 新产品设计的心理需求

为使新产品迅速地打开市场，企业要研究了解消费者对新产品的需求变化，而且在新产品设计中要注意把握基本的心理策略。

1. 产品设计要适应消费需求的变化

产品设计过程不仅要考虑技术先进、经济合理的问题，更要考虑需求问题。随着我国经济发展、消费水平的提高和产业结构的调整，消费需求的变化趋势要求产品功能多样化、自动化；外观微型、艺术化，材质绿色化、安全化；要有更高的文化内涵、感情情趣的社会象征功能和审美功能。只有从消费需求变化出发，多方面满足消费需求，企业才能占领市场，不断发展。

2. 产品结构设计要符合人体工程要求

产品只有符合人体结构的要求，与人体结构相适应，在消费过程中给人以安全、方便、舒适感，才能减轻人体疲劳，加速人体机能的恢复。商品设计要根据人体各部位的结构特征，各部位的量度、力度、长度等基本限度和使用环境，综合各种静态、动态的科学数据进行设计，以便能更好地满足消费者需求。

3. 新产品功能设计要满足消费者的生理需求

产品功能体现产品基本效用，必须能满足消费者的某种需求，否则消费者不会购买。各种需求中，生理需求是人类第一需求，它是消费者购买商品最基本的出发点。例如，消费者购买洗衣粉，首先要求去污力强，不伤害皮肤，然后才追求品牌。因此，新产品功能设计如果忽视最基本的核心效用，在市场上就难以成功。

4. 新产品造型要满足消费者的审美观

商品造型美观独特就会吸引更多的消费者购买，特别是随着人们生活水平、教育水平的提高，消费者文化艺术修养、审美观念也逐步增强，购买产品更注重造型艺术美、色彩美，审美观已成为影响消费者购买商品的重要因素。

5. 新产品设计要符合消费者个性特征

在当今个性化消费时代，企业设计产品在考虑产品功能、结构等共性要求的同时，还应考虑产品的独特个性，使自己的产品与竞争者的产品有明显差别，满足多种多样的个性需求。

知识与技能训练

1．填空题

（1）商品名称的重要心理功能是（　　）、（　　）、（　　）、（　　）。

（2）商标的功能有（　　）、（　　）、（　　）、（　　）、（　　）。

（3）"西湖龙井茶"、"北京烤鸭"、"漳州水仙"等商品是以（　　）命名的。

（4）商品外观包装设计的心理要求主要表现在（　　）、（　　）、（　　）、（　　）、诱发联想和艺术性等方面。

（5）消费者的品牌心理表现为品牌（　　）、品牌（　　）和品牌（　　）三个阶段。

2．判断题

（1）商品品牌和商标是完全相同的。（　　）

（2）新产品就是在市场上待出售的产品。（　　）

（3）商品外观设计好坏对消费者心理没有什么影响。（　　）

（4）商品包装可以提升商品的价值，促进商品销售。（　　）

（5）商品包装设计应满足消费者求便、求实、求新、求信、求美、求趣和求异的心理。（　　）

3．复习思考题

（1）常见的商品命名方法有哪些？

（2）什么是品牌和商标？品牌具有哪些基本功能？常见的品牌心理策略有哪些？

（3）商品包装设计的心理策略有哪些？

（4）新产品购买者有哪些类型？

（5）消费者对新产品设计有哪些基本心理需求？

4．技能训练

利用节假日到食品超市进行市场调查，观察消费者选购饮料的情况。最终对消费者购买最多的三种饮料进行比较，分析其在品牌名称、商标设计、包装（包括瓶罐形状、包装材料、容器大小、封口方式）等方面吸引消费者购买的主要因素有哪些？

A．饮料名称：_____

因素分析：_____

_____

B．饮料名称：_____

因素分析：_____

_____

C. 饮料名称：_____

因素分析：_____

 **经典案例分析**

褚橙，从"励志牌"到"年轻牌"

昔日烟草大王褚时健事业跌入谷底，年逾八旬种橙子东山再起，再没有比这更传奇的故事，能够为跌宕起伏的人生做注脚了。伴随着这一传奇故事的广泛流传，2012年，褚时健种植的橙子，与本来生活网合作，第一次进京便火遍京城。本来只是一个普通的橙子，因为被冠以褚橙的名字，意外地被贴上"励志橙"的标签，迅速引爆流行。

褚时健个人的经历对于改革开放的第一代企业家而言，有着很大意义。王石、冯仑、潘石屹、任志强等一批企业家，对于他的经历，惺惺相惜。2012年，褚橙的流行很大程度上依赖于这些企业家们在微博等社交媒体平台的主动传播，"励志橙"的名字也正是由于这一批企业家的推广叫起来的。

2013年，本来生活网调整了全新的目标——从北京到全国性市场。基于此，主抓的有以下两点。

第一，让更多年轻人参与进来。调查发现：2012年褚橙事件，参与进来的更多是一些企业家。而很多"80后"对褚时健的经历并不了解，了解的也认为与他们关系不大。

第二，落脚到生活方式的传播。年轻人对食物本质或者生活方式的诉求还有发掘的空间。

2012年，韩寒的"一个"App上线时，在北京开发布会，当时褚橙是发布会现场的一个礼品。2013年，褚橙的推广再次开始时，本来生活网在一个App上投放了广告，并通过个性化的包装设计，跟韩寒在微博上进行了互动。11月16日，韩寒发了一条微博："我觉得，送礼的时候不需要那么精准的……"附图是一个大纸箱，上面仅摆着一个橙子，箱子上印着一句话："在复杂的世界里，一个就够了"（韩寒创办的"一个"App的口号）。微博一发出，便引来众多粉丝围观，引来300多万人次阅读，4 000多个转发评论。有精明一点的围观群众看到箱子右上角的"本来生活"标志，马上开始意识到，这是本来生活在卖褚橙的广告吧。

除了韩寒这样在年轻人中有着很大影响力的意见领袖的助推外，还有一个不可忽略的因素，那就是褚橙的个性化包装。"把包装变成一种营销工具"成为褚橙2013年的一个核心的营销手段。

营销团队受了可口可乐卖萌瓶，以及台北故宫博物院推出的"朕知道了"纸胶带创意的启发，认为现在的年轻人喜欢个性化的表达方式，通过一些幽默的、符合网络语境的东西，可以让年轻人觉得更容易亲近。

营销团队对所谓"个性化包装"进行了进一步的创新升级。一方面通过自身团队的创新发散，另一方面通过官方微博等渠道与网友互动征集，进而推出了一系列印有个性化标语的包装。"虽然你很努力，但你的成功主要靠天赋"，"即便你很有钱，我还是觉得你很帅"，"2014，再不努力就胖了"（见图6-20），"微橙给小主请安"……这些个性化包装一经推出，便受到了网友们的热烈追捧。

图6-20 褚橙的个性化包装

为了让更多网友了解褚橙的个性化包装，本来生活网还借助了一些意见领袖的推力，精选出韩寒、蒋方舟这样在年轻人中具有特定影响力的名人，还有阿芙精油和雕爷牛腩的创始人雕爷、《后宫甄嬛传》的作者流潋紫等在不同领域有着较高影响力的人，并将定制化包装的褚橙寄送给这些人。比如，送给雕爷的包装就是"即便你很有钱，我还是觉得你很帅"，送给流潋紫的则是"微橙给小主请安"。这些调皮有趣的定制化包装，也让这些收到礼物的意见领袖们纷纷主动在网络晒单。

他们还跟蒋方舟的新书《我承认我不曾经历沧桑》进行合作推广。蒋方舟把书和褚橙送给朋友后，这些在文艺圈中有影响力的人在微博等渠道晒单，传播效应又进行了二次放大。

此外，本来生活还精选了一批在年轻人中有影响力的"青年领袖"，推出了名为"褚时健与中国青年励志榜样"的视频系列。青年作家蒋方舟、前中国著名女排运动员赵蕊蕊、2008年在北京奥运会开幕式不慎失足摔成高位截瘫的舞蹈家刘岩等"80"后名人相继讲述自己的励志故事致敬褚时健。视频上线三天内，优酷总播放量突破100万次。

（资料来源：http://www.3w2n.com/chuangyejinxingzhong/11581.html）

问题讨论：

（1）褚橙成功的主要原因是什么？

（2）你认为褚橙从励志牌到年轻牌的转变有何利弊？

第7章 商品价格与消费心理

学习目标

知识目标

◆ 理解消费者的价格心理特点；
◆ 了解价格变动对消费者的心理影响；
◆ 掌握商品定价的心理方法和影响心理因素；
◆ 掌握商品调价的心理策略。

能力目标

◆ 能够根据消费者的消费心理要求进行正确的商品定价；
◆ 能够根据市场的变化和消费心理的影响对商品价格进行正确的调整。

知识结构

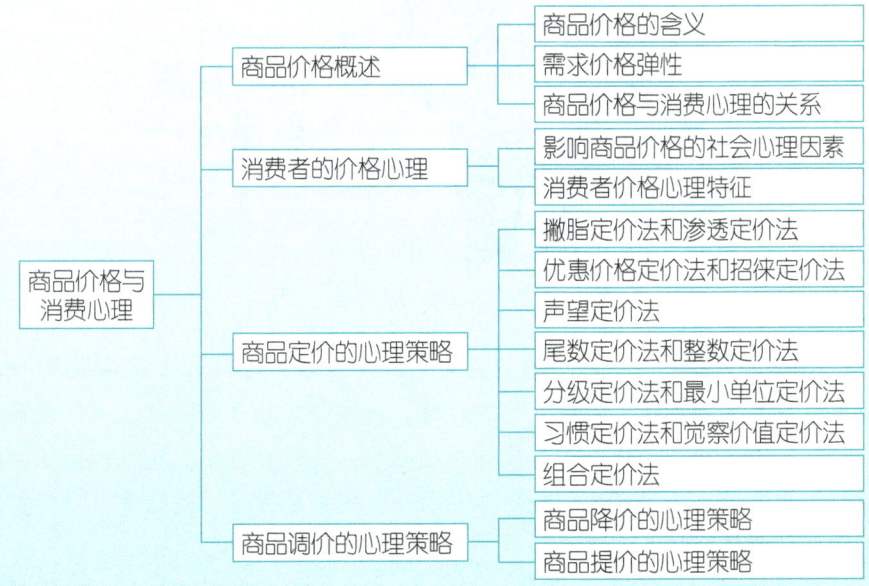

关键词

商品价格　需求价格弹性　撇脂定价法　渗透定价法　声望定价法　招徕定价法
尾数定价法　整数定价法　降价　提价

建议学时

◆ 4学时，包含技能训练学时1学时

导入案例

Roseonly 把鲜花当作钻石卖：月销售额过千万元

如何把 3 朵玫瑰卖出 520 元？给它一个故事，让买花人做主角。

这是高端花店 Roseonly 给出的答案。上线 10 个月，月销售额过千万元，则是市场给出的回应。用尽浑身解数将"卖商品"转化为"卖感情"，从而赋予平台内商品独特价值观，是 Roseonly 留给业界的主要印象。

"唯一爱你"的爱情概念

Roseonly 主营玫瑰，以"一生只送一个人"为经营理念，售价往往是情人间用以表达甜言蜜语的数字组合，如 3 朵售价 520 元，意为"我爱你"，18 朵售价 1 314 元，意为"一生一世"。

Roseonly 将"买卖商品"变为"守护爱情"，以爱情的概念将自己打造成鲜花行业的电商品牌。Roseonly 广告如图 7-1 所示。

图 7-1　Roseonly 广告

目前，Roseonly 大多通过网络渠道销售商品，当消费者前往官网购买 Roseonly 商品填写资料时，会接到提醒：Roseonly 的玫瑰，一辈子只能送给一位佳人。商品借此想传递一个信号：Roseonly 见证，你是他此生的唯一。一位女性研究学家曾对此分析，男生要想俘获女生芳心，除了表达"我爱你"以外，更重要的是"我只爱你"的宣言。

皇家玫瑰的供应商

创始人蒲易曾向媒体介绍，店内的玫瑰大多来自亚马孙流域、坐落在安第斯山海拔 3 000 多米的高处的厄瓜多尔地区。因为这里是赤道地区，海拔又高，加之阳光充足，火山土壤肥沃，是玫瑰最美好的生长环境，在这里，它可以全年绽放。

选择要采摘的玫瑰时，只有花朵足够大、花茎长度超过 1.5 米的玫瑰才会被选中。提供玫瑰的供应商，是一家经营了几代人的家族，拥有年产值 5 000 万美元的玫瑰园，通过供给欧洲皇室发家，因此把商品叫作皇家玫瑰。为此，Roseonly 不得不为此付出最高的采购价格。

采摘环节完成后，玫瑰将在 48 小时内通过空运进口，再通过联邦快递、顺丰快递在 24 小时内送达全国 300 个城市。这种线上预售加第三方配送使得 Roseonly 基本实现零库存。

同时，Roseonly 也将纸材、花盒作为商品设计重要的一部分。比如为 Roseonly 花、花盒、外观等设计申请了专利。

名人效应的社交经济

Roseonly 官方微博粉丝数目前已达 48 万人，通过微博进入其官网的流量比例高达 50% 以上。

2013 年 2 月 14 日，Roseonly 正式开始出售玫瑰，创始人在春节前开始疯狂"扫荡"微信朋友圈和微博。搜狗的王小川、新希望的刘畅、世纪佳缘的龚海燕，以及部分明星都转发了它的微博。之后，Roseonly 又将林志颖、朗朗等明星手捧 Roseonly 鲜花的照片在社交圈进行大规模传播，同时还配以事件性营销，如贾乃亮手捧 Roseonly 向李小璐示爱等，频频出现在各种赚人眼球的娱乐性新闻中，提升品牌知名度。

2013 年 9 月，Roseonly 专爱花店开办首家线下实体店，立刻给品牌加入公益元素，同李亚鹏合作，推出大爱之花"嫣之花"，将固定销售利润都将捐赠给嫣然天使基金。

"高富帅"的快递员

为打造品牌形象，工作人员的仪表也有要求。除了专业的递送服务外，Roseonly 还希望递送人员的形象同品牌相匹配。在北京 CBD，它们甚至雇用了一位高大帅气、金发碧眼的外国小伙送货。高规格的包装盒，加帅气"老外"，赚得足够的眼球。

（资料来源：http://fj.qq.com/a/20131230/006786.htm）

问题思考：

Roseonly 鲜花的成功推出，主要针对哪些消费群体？体现了消费者的何种价格消费心理？

在企业营销过程中，价格一直是一个非常敏感的问题，是消费者极为关心的问题，价格的升高或降低会直接引起消费者需求和购买行为的变化，并导致企业销售量的增加与减少。深入研究价格对消费者的心理影响，把握消费者的价格心理特征，研究消费者价格心理与购买行为的关系，可以帮助营销企业依据消费者的心理进行正确定价，从而顺利实现企业的经营与发展目标。

7.1 商品价格概述

在市场经济条件下,价格是商品交换的产物,是价值的货币表现。价格是人们选择商品的一个重要因素,商品价格对于消费者行为具有极为重要的影响。

7.1.1 商品价格的含义

价格是商品的交换价值在流通过程中所取得的转化形式。

商品的价格虽然是价值的表现形式,但是,仍然存在着商品价格和商品价值不一致的情况。在简单商品经济条件下,商品价格随市场供求关系的变动,直接围绕它的价值上下波动;在资本主义商品经济条件下,由于部门之间的竞争和利润的平均化,商品价值转化为生产价格,商品价格随市场供求关系的变动,围绕生产价格上下波动。

7.1.2 需求价格弹性

价格对需求具有一定的调节功能,同一种商品,假如不存在影响需求的其他因素,则价格与需求量成反比。即价格越高,需求量越低;价格越低,需求量越高。但价格对不同商品需求的影响程度不同。

1. 需求价格弹性的含义

需求价格弹性是指因价格变动而引起商品需求量的相应变动率,它反映了需求变动对价格变动的敏感程度。需求价格弹性用购买量变化的百分率与价格变化的百分率之比来衡量,用弹性系数(E_P)表示。

$$E_P = \frac{\Delta Q / Q}{\Delta P / P}$$

式中,E_P 表示需求弹性系数;ΔQ 表示需求变动量;Q 表示原需求量;ΔP 表示价格变动量;P 表示原价格。

2. 需求价格弹性的类型

需求价格弹性的大小会因为商品种类的不同和消费需求程度的不同而有所差别。

(1)当 $E_P>1$ 时。同一种商品需求量变化的幅度大于价格变化的幅度,即商品价格稍有变动,其需求量就发生大幅度变化,需求对价格变动的反应高度灵敏。这种商品需求被称为富有弹性的需求。一般的奢侈品、高档消费品(如金银首饰)及家庭耐用消费品等,就属于需求弹性较大的商品。企业对这类商品应采取降价的方法来扩大销售。

(2)当 $E_P>1$ 时。同一种商品需求量变化的幅度小于价格变化的幅度,即商品价格变动很大,而需求量的变动很小,需求对价格变动的反应迟钝。这种需求被称为缺乏弹性的需求。生活日用品就属于此类需求，企业可采用适当提价的方式以扩大销售总额。

（3）其他情况。① $E_P=1$，此时需求量变化的幅度等于价格变化的幅度。即二者变化的表现为同步；② $E_P=0$，即需求量的变动不随价格的变动而变动，需求对价格的变化无反应；③ $E_P=\infty$，即需求量的变动幅度远远大于价格的变动幅度，很小的价格变动，就会带来无穷大的需求变动。

以上三种情况都较为少见，企业可根据实际情况而定。

3. 需求价格弹性的影响因素

需求价格弹性的强弱主要受两个方面的因素影响，即商品的需求强度和商品的替代性。

（1）商品的需求强度与该商品的需求弹性相关。一般情况下，人们对生活必需品的需要程度高于生活享受用品。生活必需品的价格变化对其需求量的影响作用较小，即生活必需品的需求弹性小。反之，生活享受用品因其需要程度低而表现为富有弹性，即生活享受用品的需求弹性大。

（2）商品的替代性与该商品的需求弹性正相关。商品的替代性是指不同商品使用效果类似、使用价值可以互相替代的性质。例如，羊毛衫与保暖衣之间存在着不同程度的替代关系。替代性强的商品，其价格的提高会引起消费需求向其他可替代商品转移，这种需求转移强化了价格变动对该种商品需求量的影响，从而表现出较大的需求弹性。反之，某种商品难以替代，消费者别无选择，只能提高对价格变动的承受能力。这种需求对价格反应的低敏感程度，使得该商品表现为较小的需求弹性。

7.1.3 商品价格与消费心理的关系

商品价格作为一个客观因素，影响消费者的购买心理，并在一定程度上影响消费者的购买行为，这种影响作用即价格的心理功能。消费者对商品价格的心理反应，是影响消费者购买行为的重要因素。

1. 价格是消费者衡量商品价值和品质的直接标准

在对商品品质、性能知之甚少的情况下，价格是消费者判断商品品质的主要方式。许多人认为价格高表示商品品质好，价格低表明商品品质差，这种心理认识与价格构成理论相一致。所以，便宜的价格不一定能促进消费者购买，相反可能会使消费者产生对商品品质、性能的怀疑。适中的价格可以使消费者对商品品质、性能有"放心感"。例如，同样的两件衬衣，一件包装精美，标价280元，一件包装简单，标价120元，在不告知消费者衬衣为同品质的情况下，大部分消费者都认为包装精美的衬衣品质好，价值高。

2. 价格是消费者社会地位和经济收入的象征

一些消费者往往把某些高档商品同一定的社会地位、经济收入、文化修养、生活情趣、生活观念等联系在一起。他们认为购买高价格的商品，可以显示自己优越的社会地位、丰厚的经济收入和高雅的文化修养，博得别人的尊敬，并以此为满足；相反，使用价格便宜的商品，则感到与自己的身份地位不符。例如，有些消费者热衷于追求时尚、高档、名牌的商品，对折价处理品不屑一顾；有的还认为到地摊小店购买商品有损身份。这就是把商品价格和个人的社会地位联系在了一起。

 知识窗

炫耀性消费

美国制度学派经济学家凡勃伦（1857—1929），最早注意到了这一现象，故将此命名为"凡勃伦效应"。由于消费者可能是想要通过使用价格高昂、优质的商品来引人注目，具有一定的炫耀性，所以这种现象又被称为"炫耀性消费"。它是指存在于消费者身上的一种商品价格越高反而越愿意购买的消费倾向。

这种消费的目的并不仅仅是获得直接的物质满足与享受，而在更大程度上是为了获得一种社会心理上的满足。由于某些商品对别人具有炫耀性的效果，如购买高级轿车显示地位的高贵，收集名画显示雅致的爱好等，这类商品的价格定得越高，需求者反而越愿意购买，因为只有商品的高价，才能显示出购买者的富有和地位。这种消费随着社会发展有增长的趋势。

凡勃伦效应：商品价格定得越高越能畅销。它是指消费者对一种商品需求的程度因其标价较高不是降低而是增加。它反映了人们进行挥霍性消费的心理愿望。

3. 价格直接影响消费者的需求

一般情况下，价格上升会引起消费者需求下降，抑制消费；而价格的下降则会增加需求，刺激消费。但也有时情况相反，各种商品价格普遍上升时，会使消费者产生紧张心理，预期未来价格将继续上升，从而增加即期需求，最终刺激了购买行为；反之，则预期未来价格将继续下降，减少即期需求，产生"买涨不买落"的心理现象，最终抑制了购买行为。当然这种调节功能，还取决于商品的种类和消费者对此商品的需求程度。例如，目前国内房地产市场，经常会出现房价上涨时，排队买房，而一旦出现下降的预期，就会持币观望。

实例链接 7-1

农夫山泉有点"贵"

寒冬二月,农夫山泉让整个水行业沸腾了。2015年2月1日,农夫山泉在长白山下举行新品发布会,高调宣布进入高端水市场。并一口气推出3款瓶装水商品:玻璃瓶装高端矿泉水、婴幼儿饮用水和学生矿泉水。三款商品无论从概念还是包装设计上,都让人眼前一亮。卖了20多年平价水的农夫山泉,这次对平庸"say no"。

新鲜概念+高端设计

众所周知,瓶装水的属性与饮料不同,饮料能通过口味差异化确定清晰明确的市场定位,但瓶装水则在内容上并无太大差异。此次新品发布,农夫山泉将触角伸向了高端水、婴儿饮用水和学生矿泉水三个细分消费领域。新鲜概念+高端设计,个性彰显,可谓在瓶装水市场差异化路线上的一次大胆尝试。

农夫山泉此次推出的婴儿饮用水这一概念是在国内水企中首次提及。在一片婴幼儿食品安全问题的前提下,婴儿饮用水的推出旨在抓住"妈妈"们的痛点,因此这款商品也最被业内所看好。而在设计上,农夫山泉也玩了一次"互联网思维",强调了用户体验,瓶身的设计人性化地适用于爸爸和妈妈的不同手型,矮胖的瓶身也在众多长形瓶装水中独树一帜。此次农夫山泉率先拿下婴儿水这一品类,拓展细分市场,或许可以在竞争激烈的水市场中,抢占先机、确立领导地位。

农夫山泉学生天然矿泉水,也针对学生群体做了一些特别的设计,首先升级了农夫山泉独有的"运动盖"设计,单手就能开关。瓶盖内设专利阀门,只有在受压情况下才会开启。开盖状态下,普通的侧翻、倒置都不会使水流出,非常适合孩子使用。此外,针对学生的性格特点,农夫山泉也在瓶身包装上大做文章。采用了色彩鲜艳的"插画风"设计,以长白山春、夏、秋、冬四季为主题。对于强调"彰显个性"的年轻人来说极具吸引力。

高端水市场,是近年来瓶装饮用水生产企业加大投资的重点领域。目前,在中国高端水市场上,以依云为代表的外资品牌处于垄断地位。而此次农夫山泉推出的高端玻璃瓶矿泉水不但在包装设计上剑指依云,定价上也显得极为大胆——35~40元,与国际一线水品牌价格无异。在水的包装上,农夫山泉也彰显了高个性定位,由英国一个名为"Horse设计室"的设计公司设计,细长的玻璃瓶身,线条极为流畅,而瓶身包装是8种长白山生态文化,彰显了浓郁的自然人文气质(见图7-2)。

特别值得一提的是,为了能让包装与珍稀水源相匹

图7-2 农夫山泉高端水包装

配，更富有美感和文化附加值，农夫山泉花了三年时间邀请了 5 家国际顶尖设计公司进行设计，历经 58 稿后才最终选定玻璃瓶高端矿泉水的包装设计。

前路如何？众说纷纭

农夫山泉此番大动作可谓引起了水市场的震动。但是前景如何，业内人士仍是反响不一。

比起高端饮用水，市场貌似更看好农夫山泉婴幼儿饮用水和学生天然矿泉水的发展前景。当下市场已经完全细化，高端水方面，一直有国外品牌占据垄断位置。相反在婴儿水和学生水领域，这块市场还存在空当。同时这两款水的定价也相对亲民，农夫山泉婴儿水 1L 装售价是 9 元，学生天然矿泉水售价 4 元。普通消费者完全能接受，这个价位不但渠道利润空间大，而且市场接受度也高，将是非常有潜力的两款细分商品。

不过，也有人认为，婴儿饮用水目前虽然有空白市场，但属于窄众市场，需要有在婴儿市场的影响力以及强大的营销力，农夫山泉首次进入婴儿商品行业比较冒险，同时也考验着农夫山泉营销能力能否适应一个全新的领域。

消费者最终能不能接受这几款商品，还要回归到营销，农夫山泉如何占领消费者心智，整体上提升这三款商品的品牌形象，是今后最大的考验。

（资料来源：中华广告网，http://www.a.com.cn/info/gc/2015/0204/280702.html）

【案例思考与应用】

到你学校周围的超市进行现场调查，还有哪些企业推出高端水商品？销量如何？

7.2 消费者的价格心理

消费者的价格心理是消费者在购买过程中对商品价格的心理反应及表现。分析消费者价格心理现象，既有利于企业准确把握消费者的价格心理，制定与之相适应的营销策略，也有利于消费者在面对千变万化的市场价格时，保持良好的心态，正确指导自己的消费行为。

7.2.1 影响商品价格的社会心理因素

消费者的社会心理因素对市场价格的调整、涨跌起着明显的影响和牵制作用，对企业价格策略的制定和调整产生抑制或推动作用。影响定价的社会心理因素主要有以下几种。

1. 价格预期心理

价格预期心理是指在经济运行过程中，消费者群体或消费者个人对未来一定时期内价格水平变动趋势和变动幅度的一种心理主观估测。它是以现有社会经济状况和价格水平为前提的推断和臆想。消费者群体的价格预期心理趋势，会较大地影响市场某类商品现期价格和预期价格的变动水平。

2. 价格攀比心理

价格攀比心理是指不同消费者之间的攀比和生产经营者之间的攀比。消费者之间的攀比心理会导致抢购、超前消费乃至诱发和加重消费膨胀态势，成为推动价格上涨的重要因素。生产经营者之间的价格攀比会直接导致价格的盲目涨跌，进而冲击消费者在正常时期的消费判断能力，使市场出现较突然的盲目波动。

3. 价格观望心理

价格观望心理是指消费者对价格水平变动趋势和变动量的观察等待，当其达到自己期望的水平时，才采取购买行动，从而取得较为理想的现价与期望价格之间的差额。价格观望心理是价格预期心理的一种后期表现形式，以主观臆断为基础的心理活动。消费者观望心理会对企业乃至社会造成很大的压力，表现出社会性的购买高潮和社会性的拒绝购买两种极端行为。价格观望心理在耐用消费品及不动产的消费方面表现较为突出。

4. 倾斜心理与补偿心理

倾斜心理在心理学中反映了某种心理状态的不平衡。补偿心理则反映掩盖某种不足的一种心理防御机制。在日常生活中，许多人都可以被认为既是营销人员又是消费者。对营销人员而言，这种心理状态可导致价格决策中的心理矛盾和选择错误。他们总希望自己商品的价格越高越好，而他人商品的价格则越低越好；购入价格越低越好，而销售价格则越高越好。而作为消费者，总希望自己的收入越多越好，商品价格越低越好。这种心理态势如果在社会群体中不断强化，就会产生一种社会的冲动，在法制不健全的情况下，这种冲动将演变为市场上的假冒伪劣、低质高价、以次充好、短斤缺两等不正当行为，扰乱多年来消费者心目中形成的价格心理标准，使消费者失去对价格质量的信任感。

头脑风暴及应用

请问，近来你家中是否有大的购买计划，购买计划未付诸实施的原因是什么？

7.2.2 消费者价格心理特征

消费者价格心理也就是消费者对商品价格水平的心理感知，是影响消费者购买行为的重要因素。消费者价格心理特征主要有以下几个方面。

1. 消费者对价格的感受性

价格感受性是指消费者对商品价格高低的感知程度。消费者商品价格的高与低、昂贵与便宜的认识是通过三种途径获得的：①根据与市场同类商品的价格进行比较；②通过与购货现场的不同种类商品的价格相比较；③通过商品本身的外观、质感、重量、大小、包装、使用特点、环境气氛等进行判断。

消费者在依据上述途径对商品价格高低所做出的判断中，由于受消费者对商品要求的紧迫程度的主观因素的影响，以及商品出售过程中的环境气氛、销售方式及商品本身等客观因素的影响，往往会出现感受错误，产生错觉。这种感受错觉会直接影响消费者的价格判断。例如，一包普通的饼干，在商场超市中售价几十元，而江中猴姑饼干（见图7-3）则卖到了110元左右，这是因为其稀有的猴头菇原材料和养胃的保健功能，影响了消费者对价格的感受性。

图7-3 猴姑饼干广告

消费者对价格的感受性心理是商品销售过程中的普遍现象，营销人员应重视这种心理现象，在组织商品销售过程中，加强对销售环境、销售气氛、商品陈列、商品装潢的研究，以获得较好的销售效果。

2. 消费者对价格的敏感性

消费者对价格的敏感性是指消费者对商品价格变动在心理上的反映程度和速度。

价格弹性是衡量消费者价格敏感性的一个常用指标。消费者对商品价格的心理反应程度的强弱与该商品价格变动幅度的大小通常按同方向变化。但违反这种心理变化的情况也经常发生。有些商品即使价格调整幅度很大，消费者也不会产生强烈的心理反应。造成这种差异的原因是消费者对各种商品价格变动的敏感性不同。一般来说，消费者对需要经常购买的日用品价格变动很敏感，对购买次数少的高档消费品价格变动则比较迟钝。例如，有些消费者购买一种蔬菜，每斤贵了几角钱，往往感到不好接受；而当他购买一套高档家具时，付出的价钱比一般的家具多几百元，甚至上千元，又往往心安理得。这种现象就是人们价格心理中敏感性不同的反应。

因此，企业在给那些价格敏感性高的商品提价时，除了做好必要的宣传工作以外，应该采取渐进式、缓慢的提价方式。例如，可以通过提高商品质量、改进商品性能、改进商品包装等形式提高商品的价格，以使消费者逐渐形成对价格的习惯心理。

实例链接 7-2

网约车遭遇新规：滴滴打车涨价已成必然

2016年10月8日，北京、上海、深圳等地公布了网约车经营服务管理办法征求意见稿，即网约车新规（其漫画见图7-4）。该新规对网约车提高了门槛，例如，网约车司机必须是本地户籍，以及车辆的排量、年限等。而滴滴平台上有大量司机用户不满足这些条件，当然只能退出滴滴平台了。滴滴、神州专车等打车软件之所以能够大行其道，根本原因是打车软件的出现降低了市民的出行成本，并且比以往的打车模式更便捷。

图 7-4 网络约车政策出台漫画

新规提高网约车的交易成本

如今网约车的门槛越来越高，意味着从事网约车的司机越来越少。相应的网约车的价格也会提高，这是市场供需决定的。以后网约车可能就不再是平民打车的首选了，价格比传统打车模式更贵。现在滴滴平台的补贴力度已大不如从前，不少用户抱怨滴滴打车变贵了。其实不是变贵，只是逐渐取消了补贴政策。如果新规对网约车门槛提高，那么对滴滴等打车软件的影响会很大，必定会导致不少用户流失，放弃使用滴滴打车软件。

网约车或与传统出租车共存

即便网约车的价格提升了，滴滴、神州专车等打车软件也不会消失，只是打车软件不再是主流的打车方式。对传统出租车行业是利好的消息，打车软件曾遭到传统出租车行业的联合抵制。归根结底是滴滴触动了出租车行业的核心利益，而且打车软件迅速蔓延，不断蚕食传统出租车行业、抢占市场份额。网约车的数量与门槛有直接关系，门槛低让很多私家车也可以进入这个行列。一方面可以满足大众的出行需求，另一方面也能够给不少年轻人提供创业机会。

应该如何制定网约车的门槛

提高网约车的门槛也有显而易见的好处，可以过滤掉许多不符合标准的车辆，进而提高网约车的整体服务品质。但网约车的出现确实缓解了城市里打车难的问题，如果网约车的数量急剧减少，那么势必会导致网约车服务价格上涨。滴滴等打车软件的价格由市场供需决定，而门槛由相关部门制定，门槛太高不利于网约车向前发展，门槛太低又会让网约车服务品质下降，还会产生各种安全隐患。总而言之，网约车的门槛必须控制得恰到好处。

目前滴滴几乎垄断了国内的打车软件市场，所以可以肯定的是，滴滴打车必定会涨价。补贴政策只是运营前期的营销手段，一旦站稳市场，滴滴将会全面进入盈利时代。只要价格与传统出租车相差不大，网约车仍有市场空间。

（资料来源：霍常亮，http://www.huochangliang.com/ 微信 1307750885 原创）

【案例思考与应用】
目前，市场上还有哪些网约车？其价位如何？

3. 消费者对价格的习惯性

消费者对商品价格的习惯性是指消费者根据自己以往的购买经验，对某些商品价格反复感知，从而决定是否购买的习惯性反应。消费者对商品价格的习惯性往往支配着消费者的购买行为，成为消费者衡量商品价格是否合理的一个尺度。

当商品价格变动时，往往会迫使消费者的价格习惯经历一个困难的，由不习惯、不适应到习惯和比较适应的过程。一般来讲，习惯性心理价格的商品大都是日常生活用品。许多日用品在消费者心目中已形成一种价格倾向，一般不要轻易变动，不然价高了会引起"涨价"的社会反响，价低了会引起货真价实与否的怀疑。所以，企业要了解价格的习惯性心理对消费者购买行为的影响，在制定和调整商品价格时，对那些消费者价格习惯性较强的商品予以重视，要给予消费者价格制定和调整的充分理由，并使其接受。

4. 消费者对价格的倾向性

消费者对商品价格选择的倾向性心理是指消费者在购买商品过程中对商品价格的高低进行比较后而选择商品的倾向，是消费者对同类商品价格水平不同档次的偏好性。商品价格有高、中、低档之分，它们分别标志着商品不同的品质和质量保障。消费者价格倾向性心理的形成，主要取决于消费者所处的地位、经济收入水平、消费水平及文化素养等方面因素的影响。

5. 消费者对价格的逆反性

消费者对价格的逆反性是指消费者在某些特定情况下对商品价格的反向表现。正常情况下，消费者总是希望买到物美价廉的商品，对于同等质量的商品总是希望其价格更低。但是"薄利多销"有时并非市场运动的普遍规律。有时消费者往往会产生逆反心理，认为好货不便宜，便宜没好货，因而会从"薄利"引出与"多销"相反的结果。市场常有这种情况，某种商品打出超低价格，反而无人问津。一些高档消费品在降价之前，往往要大造声势、大力宣传，告诉消费者这是企业的一种促销策略，否则不仅不会产生新市场，反而影响商品的声望。

头脑风暴及应用
请问你周围的同学和朋友在消费过程中存在以上哪些价格心理特征？

7.3 商品定价的心理策略

企业在定价时可以利用消费者的心理因素，有意识地将商品价格定得高一些或低一些，以满足消费者生理的和心理的、物质的和精神的多方面需求，通过消费者对企业商品的偏爱或忠诚，扩大市场销售，获得最大效益。

7.3.1 撇脂定价法和渗透定价法

1. 撇脂定价法

撇脂定价法是在新商品投放期，利用消费者的"求新"、"猎奇"的心理，将商品高价投入市场，以期迅速获得利润，收回成本，减少经营风险，以后再根据市场销售情况逐渐适当降价的策略。这种定价方法的原意是在鲜牛奶中撇取奶油，先取其精华，后取其一般。先制定高价，利用消费者求新、求美、好奇的心理，从市场上"撇取油脂"赚取利润；当竞争者纷纷出现时，奶油已被撇走，再逐步降价。

（1）采取撇制定价法应具备的前提条件。

1）新商品有明显的、突出的优点，支持商品的高价，能够使消费者产生是高档商品的印象。

2）市场有足够的购买者，他们的需求缺乏弹性，即使价格高，市场需求也不会大量减少。

3）高价使需求减少一些，产量也减少一些，单位成本增加一些，但这不会抵消高价所带来的利润。

4）在高价情况下，仍能独家经营，别无竞争者，有专利保护的商品即是如此。

（2）采取撇脂定价法的优点。

1）高价能够获得高利润，迅速收回成本，减少经营风险。

2）高价可以提高新商品身价，塑造其优质商品的形象，提高新商品知名度。

3）扩大了价格调整的回旋余地，提高了价格的适应能力，增强了企业的盈利能力。

（3）采取撇脂定价策略的缺点。

1）可能由于价格过高，在一定程度上有损消费者的利益。

2）在新商品被消费者认识之前，可能导致商品无人问津，不利于开拓市场。

3）因利润过高迅速吸引竞争者加入，加剧竞争而被迫降价。

4）长期高价占领市场或扩大市场较困难，除非商品有绝对的优势，且竞争者很难加入。

2．渗透定价法

渗透定价法与撇脂定价法相反，即在新商品投入期，迎合消费者求实、求廉的心理，低价投放新商品，给消费者以物美价廉、经济实惠的感觉，从而刺激消费者的购买欲望，提高企业的市场份额，待商品打开销路、占领市场后，企业再逐步提价。渗透定价法的目的在于提高商品市场占有率和销售量，快速有效地占领市场空间，销售利润反而退为次要目标。

（1）采取渗透定价法应具备的前提条件。

1）商品的需求价格弹性较大，低价会刺激市场需求迅速增长，销量的增加会提高利润总额。

2）企业有成本优势，将低价作为竞争策略，目标是夺取市场占有率。

3）行业市场较为成熟，低价可以与竞争者保持均势。

4）市场领导者率先降低价格，或提供了本企业无法提供的附加价值。

5）企业的生产成本和经营费用会随着生产经验的增加和销售量的增加而下降。

6）低价不会引起实际和潜在的竞争。

（2）采用渗透定价策略的优点。

1）能迅速将新商品打入市场，提高市场占有率。

2）物美价廉的商品有利于企业树立良好形象。

3）低价薄利不易诱发竞争，便于企业长期占领市场。

（3）采取渗透定价策略的缺点。

1）本利回收期较长，且价格变动余地小，难以应付在短期内骤然出现的竞争或需求的较大变化，增大了企业经营风险。

2）后期提高商品价格会导致一部分消费者产生抵触心理，转移购买目标。

3）要求新商品必须具备较高的品质，能够一投入市场就迅速建立起良好的声誉，为后期提价打下基础。

4）低价有时会给消费者一种档次较低的感觉，阻止了一部分高档消费者的购买需求。

7.3.2 优惠价格定价法和招徕定价法

1. 优惠价格定价法

优惠价格定价法是一种以减价、折扣等方式，为维持和扩大市场占有率而采取的一种减价求销的价格策略。这种定价法主要利用了消费者的求实惠、抓机会的心理，采取低于原有价格的优惠价格来吸引消费者，使消费者感到有"利"可图，以激发购买欲望，促使消费者大量购买、重复购买，甚至超储蓄购买。某空调品牌的五月优惠价格促销广告如图 7-5 所示。

图 7-5 某空调品牌的五月优惠价格促销广告

优惠价格定价法有以下常见的方式。

（1）根据购买的金额或数量给予一定幅度的折扣优惠，又可分为累计数量折扣和非累积数量折扣。

（2）根据消费者不同付款日期而给予的不同的付款折扣优惠。

（3）根据季节性商品在非季节销售所给予的季节折扣优惠。

（4）根据新商品在销售的不同阶段给予消费者的新商品推广折扣优惠、店庆及节假日回馈老客户的返利折扣等。

优惠价格定价法在一定程度上满足了消费者的心理需求，激发了购买欲望，增强了商品在市场上的竞争力，保证了企业的经济效益。

2. 招徕定价法

招徕定价法是指企业为了招徕更多的消费者，有意将某些日用消费品的价格定得很低，甚至远远低于成本，以吸引消费者由此及彼地购买其他商品，从而增加总盈利的一种定价方法。其巧妙利用了消费者从众、求廉、投机的心理需求。

对于习惯性消费的日用品，消费者普遍存在求廉心理，一旦某种商品价格低于市价，消费者将蜂拥而来，这种冲动性从众心理使很多消费者根本不考虑该商品对自己是否有用或用途多大而盲目购买。而在购买过程中，随着消费者在销售现场滞留时间的延长，其在购买了特价商品以外，则不知不觉地购买了大量的其他商品。而这恰恰是企业使用招徕定价的最主要的目的，而并非在于推销滞销商品。需要注意的是，采用招徕定价法时，选择用来招徕消费者的特价商品应该是消费者熟悉的、质量得到公认的或容易鉴别的日常用品或生活必需品；降价幅度要大，接近成本或低于成本；降价商品的数量要适当；降价商品应与因破损而削价的商品明显区别开来。

招徕定价法适合综合性商场、超级市场、专卖店、网络商城采用。图7-6是网络商城招徕定价法的一个示例。

图7-6 网络商城招徕定价法示例

7.3.3 声望定价法

声望定价法是企业利用长期市场经营实践在消费者心目中树立起的声望，通过制订较高的价格，来满足消费者的求名、炫耀心理的一种定价技巧。在消费过程中主要表现为对名牌商品、名牌商店、购物环境以及某种特定服务的追求。多数消费者购买名牌商品不仅仅看重其一流的质量，更看重品牌所蕴含的身份、地位、名望等社会象征意义。

该方法只适用于高档名牌商品、奢侈品及确有特色的服务、商店或特定的地点等。

 **实例链接 7-3**

波司登：游戏也可砍价

天猫、京东、亚马逊等B2C网购平台都是"一口价"，不给消费者讨价还价的余地，但波司登的一次活动却刻意鼓励消费者砍价，颇有新意。

2013年12月16日至2014年1月3日，进入波司登双节盛惠"温暖大Fun送"活动页面，就能进行砍价游戏。选择"武启炫"、"佟瑜蓉"、"高品志"三个店小二中的一个，根据清晰的指引，可对明星款羽绒服进行在线砍价（见图7-7）。三轮过后，如果砍价成功，就能直接跳转到天猫平台购买。同时，用户还能参与砸蛋抽奖活动，赢取精美礼品。

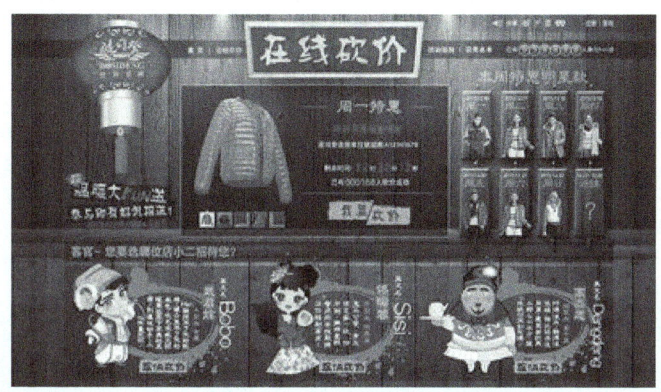

图7-7 波司登砍价游戏截图

波司登此次互动活动，本质上就是价格促销，但关键是给促销换上了新衣，可谓别出心裁。首先，以游戏的形式进行促销，博得了消费者的眼球。游戏中三个Q版店小二配上古色古香的古装剧造型，是视觉冲击，店小二妙语连珠、麻辣犀利的点评配上真人版搞笑配音，又是听觉冲击，整个游戏给消费者带来全面、直观、趣味的互动体验。其次，主题选择贴近消费者，砍价是线下常见状态，将线下深植于消费者心中的东西转移到线上，消费者乐于参与。最后，回归促销本质，此次活动与波司登天猫旗舰店打通渠道，消费者在砍价成功之后跳转到天猫旗舰店进行一站式购物，以游戏引流量，增加商城入口。

促销不仅可以以价格为手段，促销的方式与具体细节也是吸精的重要亮点，其他品牌也应该多一些这样的思考。

（资料来源：连锁加盟创业网，http://www.1u88.cn/gongsiyunying/11949.html）

【案例思考与应用】

收集资料，你认为波司登的游戏砍价的活动对商品的促销是否会产生一定的影响？

头脑风暴及应用

购物时，你是否参加过"满200赠100"的优惠促销活动？请回忆购物过程的前后，你的消费心理有何不同？

知识窗

《禁止价格欺诈行为的规定》中 13 种价格欺诈行为界定

1. 标价签、价目表等所标示商品的品名、产地、价格等或者服务的项目、收费标准等有关内容与实际不符,并以此为手段诱骗消费者或者其他经营者购买的。
2. 对同一商品或者服务,在同一交易场所同时使用两种标价签或者价目表的。
3. 使用欺骗性或者误导性的语言、文字、图片、计量单位等标价,诱导他人与其交易的。
4. 标示的市场最低价、出厂价、批发价、特价、极品价等价格表示无依据或者无从比较的。
5. 降价销售所标示的折扣商品或者服务,其折扣幅度与实际不符的。
6. 销售处理商品时,不标示处理品和处理品价格的。
7. 采取价外馈赠方式销售商品和提供服务时,不如实标示馈赠物品的品名、数量或者馈赠物品为假冒伪劣商品的。
8. 收购、销售商品和提供服务带有价格附加条件时,不标示或者含糊标示附加条件的。
9. 虚构原价,虚构降价原因,虚假优惠折价,谎称降价或者将要提价,诱骗他人购买的。
10. 收购、销售商品和提供服务前有价格承诺,不履行或者不完全履行的。
11. 谎称收购、销售价格高于或者低于其他经营者的收购、销售价格,诱骗消费者或经营者与其进行交易的。
12. 采取掺杂、掺假,以假充真等手段,使数量或者质量与价格不符的。
13. 对实行市场调节价的商品和服务价格,谎称为政府定价或者政府指导价的。

7.3.4 尾数定价法和整数定价法

1. 尾数定价法

尾数定价法,又称零头定价,是指保留价格尾数,采用零头标价,如 9.98 元,而非 10 元。实践证明,在一定程度上,消费者更乐于接受尾数价格。他们认为整数是一个概略价格,不十分准确,而尾数价格会给人以精确感和信任感。此外,尾数可使消费者感到价格保留在较低一级的档次,从而减轻心理抗拒感。某购物广场蔬菜定价采用尾数定价法,其广告宣传页如图 7-8 所示。

图 7-8 某购物广场蔬菜定价示例

尾数定价法对消费者产生的心理效果如下。

（1）尾数定价法可以使消费者产生便宜的心理错觉。如 200 元一双的鞋与 198 元一双的鞋相比，虽然只高出 2 元钱，但对价格敏感的消费者来说，感觉则是两个不同价格级别的商品，从而冲破他们的价格心理防线。

（2）可使消费者相信企业制定的价格是科学、合理、有根据的。

（3）可以给消费者一种数字寓意吉祥的感觉，使消费者在心理上得到一定的满足。例如，"8"在粤语中念"发"，含发财致富之寓意，以"8"结尾，容易使人产生美好的联想。

当然，尾数定价法并非在任何情况下都适用。例如，在超级市场，消费者并不喜欢标价 0.98 元、1.98 元的商品，宁愿取 1 元、2 元的价格。而对高档商品，消费者更乐意接受整数价格。

2. 整数定价法

整数定价法与尾数定价法相反，它采用合零凑整的方法，制定整数价格。整数价格又称方便价格，适用于某些价格特别高或特别低的商品。

整数定价法的心理效果：首先，可以提高商品形象。例如，对于某些款式新颖、风格独特、价格较高的新商品，可以以整数定价法定价，赋予商品以高贵的形象，使消费者对此类商品形成高价印象，以吸引高收入阶层的购买者。其次、便于购销双方的交易与结算。

7.3.5 分级定价法和最小单位定价法

1. 分级定价法

分级定价法是指企业根据市场细分理论，对不同档次的商品采取差别定价的方法。

即企业在出售商品时，将生产的商品按照品牌、规格、花色、型号和质量等标准划分为若干个档次，对每个档次的商品制订一个价格，以适应不同消费者的不同心理需要，如茶叶、人参、瓷器、丝绸等商品的定价。这种方法简化了购买过程，便于消费者挑选。不足之处在于等级间的价格差不好把握，如果差价过小，消费者会怀疑分级的可信度；如果差价过大，一部分期望中间价格的消费者会感到不满意。

2．最小单位定价法

最小单位定价法是指企业把同种商品按不同的数量包装，以最小包装单位量制定基数价格，销售时，参考最小包装单位的基数价格与所购数量收取款项。一般情况下，包装越小，实际的单位数量商品的价格越高；包装越大，实际的单位数量商品的价格越低。例如，对于质量较高的茶叶，就可以采用这种定价方法。如果某种茶叶定价为每500克150元，消费者就会觉得价格太高而放弃购买。如果缩小定价单位，采用每50克为15元的定价方法，消费者就会觉得可以买来试一试。如果再将这种茶叶以125克来进行包装与定价，则消费者就会嫌麻烦而不愿意去换算出每500克应该是多少钱，从而也就无从比较这种茶叶的定价究竟是偏高还是偏低。

这种定价方法的优点是能满足消费者在不同场合下的不同需要，如便于携带的小包装食品、小包装饮料等；利用了消费者的心理错觉，因为小包装的价格容易使消费者误以为价廉，而实际生活中消费者很难也不愿意换算出实际重量单位或数量单位商品的价格。

这种定价方法的缺点是最小单位定价方法并不是每个国家都奏效的。例如，在美国，法律规定商品包装上必须标明每一最小单位的价格，因此消费者很容易比较出商品价格的高低，这种定价法也就无法起作用。

7.3.6 习惯定价法和觉察价值定价法

1．习惯定价法

习惯定价法是按照消费者的习惯心理制定商品价格。消费者在长期的购买实践中，对某些经常购买的商品，在心目中已经形成习惯性的价格标准，不符合其标准的价格则易引起消费者的疑虑，从而影响购买。例如，消费者已经习惯于袋装牛奶的价格为1.8元左右，如果价格发生变动，消费者会做出敏感的反应。

企业对这类商品定价时，要充分考虑消费者的这种习惯性倾向，不可随意变动价格。否则，一旦破坏消费者长期形成的消费习惯，就会使其产生不满情绪，导致购买的转移。若确实需要调价格，则需做好宣传工作。让消费者充分了解调价原因，做好心理准备，择机进行调价。

2. 觉察价值定价法

觉察价值定价法以消费者对商品价值的感受及理解程度作为定价依据。消费者在购买商品时，总会在同类商品之间进行比较，选购那些既能满足消费需要又符合其支付标准的商品。企业应该突出商品的差异性特征，综合运用市场营销组合中的非价格因素来影响消费者，使他们在头脑中形成一种觉察价值观念，然后据此来定价。例如，普通商店出售可口可乐，每罐3.5元，在五星级饭店，它的价格会成倍地上涨，但消费者能够接受，这是因为消费者受周围环境的影响而产生了对商品价值判断的错觉。

这种定价方法的关键在于正确判断消费者的觉察价值，如果商品价格大大高于其觉察价值，消费者会感到难以接受；相反，如果商品价格远远低于觉察价值，也会影响商品的形象。

7.3.7 组合定价法

组合定价法是指企业在生产经营两种或两种以上的相互关联、互相补充的商品时，根据消费者的心理而采取的相互补充的定价技巧。一个企业一般要经营多种商品，而这些商品之间往往具有替代或互补关系。为此，企业在定价时，应着眼于长远利益，对于有补充关系的商品应区别对待。对于那些价值大、购买次数少、消费者对价格变动较为敏感的商品定价低些，以吸引消费者；而对于那些补充使用的、价值小、购买次数多和消费者对价格变动迟钝的商品，价格可适当定得高些。

对于配套商品，既可以实行成套购买优惠价也可以实行赠送配套商品的定价技巧，以促进消费者成套购买，节约营销成本，扩大销售量，加速资金周转，增加盈利。例如，春节购买零食，对于单独购买一件的消费者，可按原价出售；若成套购买，则给予一定的价格优惠，这样将刺激消费者的购买欲望，如春节大礼包商品（见图7-9）。

图7-9 组合包装产品定价示例

7.4 商品调价的心理策略

在市场经济条件下，随着市场营销环境的变化，企业商品制定出价格以后，价格的调整与变动是经常发生的。在调整价格时，应认真研究价格调整对消费者心理的影响，使消费者能够在心理上承受价格的调整。企业商品价格调整，既可能是由于企业内部利用自身的商品或成本优势而进行的主动调价，也可能是来自外部的压力而进行的被动调价。无论是主动调整，还是被动调整，不外乎是降价和提价两种形式。

7.4.1 商品降价的心理策略

这是经营者面临的最严峻且具有持续威胁力量的问题。企业经营者需要认真分析降价的原因，以及由此消费者所产生的心理反应，最终谨慎地做出降价决策。

1. 商品降价的原因

商品降价的原因很多，有企业外部需求及竞争等因素的变化，也有企业战略、成本等内部因素的变化，还有国家政策、法令的制约和干预等。

（1）商品的需求价格弹性大，企业通过降价可以增加消费需求，开拓新的市场，扩大市场占有率。在降价不会对消费者产生消极影响的前提下，企业可以通过降价方式来扩大市场份额。

（2）企业以及整个行业生产能力过剩，商品供过于求，但是企业又无法通过商品改进和加强促销等工作来扩大销售。在这种情况下，企业必须考虑降价。

（3）在强大的竞争压力下，企业市场份额下降，企业决策者决定排斥现有市场上的竞争者，从而采取的降价竞销。

（4）竞争对手采取降价措施，企业也相应地进行价格调整，以保持较高的竞争能力。

（5）由于新技术的应用带来的成本降低，费用减少，使企业的生产成本低于竞争对手，有了较大的降价空间，有利于提高市场份额。

（6）企业急需回笼大量现金。对现金产生迫切需求的原因既可能是其他商品销售不畅，也可能是为了筹集资金进行某些新活动，而资金借贷来源中断。

（7）政治法律环境及经济形势的变化，迫使企业降价。此外，消费者运动的兴起也往往迫使商品价格下调。

（8）其他生产经营的原因造成的降价。包括某些商品升级换代造成了淘汰商品、残次品；商品保管不善造成的品质降低；市场行情不明造成的盲目进货等。由这些原因造成的降价一般是临时的、短期的。

2. 消费者对商品降价的心理反应

消费者对企业降价做出的反应是多种多样的，有利的反应是认为企业生产成本降低了，或企业让利于消费者，从而起到激发消费者购买欲望，促使其大量购买的作用。

但在现实生活中，消费者却会做出与其相反的各种心理和行为反应，最终会"持币待购"或"越降越不买"。主要原因有以下几个。

（1）消费者会产生"便宜没好货"的心理联想。

（2）消费者自认为不同于一般低收入阶层，不可以购买低档货，认为便宜货有失身份，有损自尊心和满足感。

（3）消费者会认为企业由于新商品问世而进行老商品的降价处理，老商品马上会被淘汰，后期维修会得不到保障。

（4）认为降价商品可能是过期商品、残次品、库存品或低档品，功能少，质量不好，实用价值降低。

（5）认为该商品出现了供过于求，已经开始降价，可能还会继续降。

实例链接 7-4

苹果定价策略揭秘：永不打折

苹果的成功不仅取决于商品所具有的独到的与人性共鸣的商品设计，也在于其合理的商品价格以及商品布局，可以直接打动消费者打开他们的钱包，最为重要的是，在苹果的价格策略中，永不打折。

为了保持各零售商之间的价格不变，苹果公司采用了一种叫作"价格维护"的策略。绝大多数商品都是由分销商到达零售商的，拥有一个"生产商建议零售价"，但各零售商有权设定其自己的出售价格。拥有较大的价格变化的空间。而苹果商品的"建议零售价"则和拿货价格相差很小，具体的数字受到保密协议的保护而无从考究，但它们之间大概只有几个百分点的差距。零售商很难在提供折扣的同时获得可观利润。

"价格维护"策略有着两方面的影响：一方面，因为利润很薄，零售商将很少有动力把珍贵的广告空间留给苹果的商品。另一方面，大型的连锁店有时会故意降低薄利润的畅销商品，牺牲一些成本来吸引客流，从而提升利润率更高商品（如配件和线材）的销售。

苹果零售策略的第二步就在这个时候发挥作用了：苹果会在薄利润的基础上向零售商提供更多的资金奖赏，但前提是零售商为苹果商品做了广告，并且售价在苹果的"最低广告价格"之上。这种策略让苹果零售商们获得更多的利润，并且防止了苹果商品拥有各异的价格。

这一政策让苹果收到了许多好处。首先，公司在直接销售商品中获得了更多利润，因为它们无须和自己零售商的折扣价比拼。因为苹果自己的零售系统是全世界最赚钱的零售系统之一，削价来争取更广泛的分销网络会对盈利带来负面作用。

最重要的是，减价空间小让零售商无法建立起足以和苹果抗衡的市场地位。像沃尔玛之类的大型零售商最擅长的就是利用它们的市场地位从生产商处获得更低的进价，其程度之大几乎影响到了后者的生存。

苹果 iPhone 手机的销售有所不同。在美国和加拿大，客户除了可以用零售价购入手机之外，绝大多数客户在购买时捆绑了两到三年的手机通信服务，每月支付 70 美元或以上。在这类交易中，电信运营商自己补贴零售商，这笔补贴对于零售商来说是更重要的利润来源。这就是为什么许多 iPhone 零售店的折扣价只有在客户实施"店内运营商激活"之后才可以享受。这也解释了为什么有时候有些零售商可以打折销售苹果的手机。沃尔玛就曾以 127 美元的价格销售原价为 199 美元的 iPhone，在市场上引起了轩然大波。

苹果所采取的定价技巧是合法的，而且其中绝大多数在行业中被普遍采用。苹果只是凭借消费者对苹果商品源源不断的渴望将这些技巧发挥到了极致。苹果定价策略对于消费者的影响很难估量。首先，消费者失去了在自由市场里起到正面作用的价格竞争机制，你或许可以买到一台很划算的笔记本电脑，但想买到一台低过市价的苹果笔记本则难得多。但换句话说，消费者买到质量稍差的苹果笔记本的概率也大大降低了。丰厚的利润率以及对于其分销渠道的严密控制让苹果仅用略高于对手的售价就制造出质量方面优势巨大的商品。所以顾客所花费的每一分钱在长期都物有所值。

（资料来源：搜狐，IT http://it.sohu.com/20130118/n363934626.shtml）

【案例思考与应用】

苹果商品不打折的主要原因是什么？有何好处？

3. 商品降价的心理策略与技巧

（1）商品降价的条件。

1）消费者注重商品的实际性能与质量，而较少将所购商品与自身的社会形象相联系。

2）消费者对商品的质量和性能非常熟悉，如某些日用品和食品，降价后仍对商品保持足够的信任度。

3）消费者需要企业向其充分说明降价的理由，并使其感到能够接受。

4）即使企业和商品品牌信誉度高，消费者也只有在以较低的价格买到"好东西"时才会满意。

（2）商品降价的原则。

1）控制好成本。市场营销的目的是要把商品推销出去，最大限度地占有市场，增加商品的销售量和市场占有率，同时赚取尽可能多的利润。在降价营销时，不能过于盲目，应考虑商品成本，在此基础上进行一定程度的降价促销。市场的营销人员还应该在采购、促销方面降低费用，从而达到降低成本的目的。

2)控制好品种。在降价时,必须做到胸中有数,有的放矢。应该把自己所营销的品种进行分类,确定哪些可以降价,哪些不适合降价。弄清楚应该降价多少才能吸引客户,使企业获得最大利益。

3)做好服务。企业一定要把价格促销与良好的服务结合起来,通过价格来吸引消费者,通过服务让消费者满意,做到相互促进、相互支持。如果没有良好的服务,只是纯粹的降价促销,作用是有限的。

4)有的放矢。在降价之前,应该确定好降价促销的方向、目的、服务的人群、要达到的效果等。每一次降价不可能让所有消费者满意,降价的品种也是有限的,因此一定要把握好降价促销的重点人群。例如,在中秋节、春节,应该以高档礼品类为降价促销重点。

5)一步到位。商品降价必须坚持"一步到位"的原则,不能过于频繁地不断降价,否则会造成消费者对继续降价产生预期或对商品的正常价格产生不信任感。

(3)商品降价的时机选择。确定何时降价是调价策略的一个难点,通常要综合考虑企业实力、商品在市场生命周期所处的阶段、销售季节、消费者对商品的态度等因素。

企业可以选择在以下时机进行降价促销:

1)商品进入成熟期的后期降价。

2)由于市场领导者率先降价,作为竞争对手跟进降价。

3)季节性商品换季降价。

4)"假日经济"重大节日降价酬宾。

5)商家庆典活动降价。如新店开张、开业100天、开业周年庆等,都可以成为降价的理由。

6)特殊原因降价。如企业拆迁、改变经营方向、经营场地租赁期满等。

有的商家虽然一年四季降价不断,但每次都是名正言顺,事出有因,降价次数虽然多了点,但也没有损害商家或商品形象。而有的商家打出的降价招牌上写着"清仓大甩卖"、"降价处理"等给人不良印象的字眼,次数多了就容易贬损商家形象,给人一个卖廉价处理商品的低档形象。企业选择降价,应尽量使用"折扣优惠价"、"商品特卖"、"让利酬宾"等给人较好印象的字眼。

(4)企业商品降价的技巧。降价最直接的方式是将企业商品的目录价格或标价绝对下降,但该方式有时会给消费者带来不利的心理影响,导致竞争者不满而可能引发价格大战,因此企业更多的是采用各种折扣或其他暗中降价的形式。例如,数量折扣、现金折扣、回扣和津贴等形式;赠送样品和优惠券,实行有奖销售;给中间商提取推销奖金;允许消费者分期付款;赊销;免费或优惠送货上门、技术培训、维修咨询;提高商品质量,改进商品性能,增加商品用途;等等。由于这些方式具有较强的灵活性,在市场环境变化时,即使取消也不会引起消费者太大的反感,同时又是一种促销策略,因此在现代经营活动中运用较为广泛。

在商品降价时，要注意以下问题：

1）降价幅度要适宜，幅度在10%以下时，不能激发消费者的购买欲望，起不到促销效果；降价幅度至少要在15%～30%或以上，才会产生明显的促销效果。但降价幅度超过50%时，必须说明大幅度降价的充分理由，否则消费者会怀疑这是假冒伪劣商品，反而不敢购买。但对季节性较强的服装商品而言，在季末则通常使用"5折"甚至更高的折扣，消费者则会产生"物美价廉"的感觉。

2）一家商店少数几种商品大幅度降价，比很多种商品小幅度降价促销效果好。知名度高、市场占有率高的商品降价的促销效果好，知名度低、市场占有率低的商品降价促销效果差。

3）向消费者传递降价信息有很多种办法，把降价标签直接挂在商品上，最能吸引消费者立刻购买。消费者不但一眼能看到降价金额、幅度，同时能看到降价商品。两相比较，立刻就能做出买不买的决定。

4）在降价标签或降价广告上，应注明降价前后两种价格，或标明降价金额、幅度。有的商家会把前后两种价格标签挂在商品上，以证明降价的真实性。

5）消费者购物心理有时候是"买涨不买落"。当价格下降时，他们还持币观望，等待更大幅度的降价；当价格上涨时，反而争相购买，形成抢购风潮。商家要把握时机利用消费者这种"买涨不买落"的心理，来促销自己的商品。

6）企业无论采取何种降价措施，都要努力做好宣传工作，尽可能使消费者了解降价的真正原因，打消他们对降价的疑虑，才能使降价策略行之有效。

7.4.2 商品提价的心理策略

价格上涨是一种正常的经济现象，但商品涨价对消费者来讲总是不利的，所以消费者通常对价格上涨会产生一种本能的反感。企业迫于各种原因不得不提价时应充分考虑消费者的购买力和心理承受能力，认真分析和预测提价后消费者可能产生的心理反应，并采取相应的心理策略。

1．商品提价的原因

（1）应付商品成本增加，减少成本压力。通货膨胀带来物价上涨，导致企业成本费用提高，这是商品价格上涨的主要原因。由于原材料、劳动力成本上涨，或者由于生产或管理费用提高，企业为了保证利润率不会因此而降低，也会采取提价策略。

（2）企业改进了生产技术，提高了商品质量，增加了商品功能和售后服务，由此进行价格提升，此种提价需要企业加大广告宣传的力度，以便消费者充分知晓。

（3）商品供不应求，遏制过度消费。对于某些商品来说，在需求旺盛而生产规模又不能及时扩大而出现供不应求的情况下，可以通过提价来遏制需求，同时又可以取得高额利润，在缓解市场压力，使供求趋于平衡的同时，为扩大生产做好准备。

（4）商品需求价格弹性小，且替代商品少，企业的提价不会引起销售的剧烈变化，还可以促进商品利润的提高和总利润的扩大。

（5）利用消费者心理，创造优质效应。作为一种策略，企业可以利用涨价营造名牌形象，使消费者产生价高质优的心理定势，以提高企业知名度和商品声望。

（6）国家出于对资源合理利用以及发展经济等方面的原因而有意识地提高某种商品的价格。

2. 消费者对商品提价的心理反应

商品价格提高通常对消费者来说是不利的，理论上会抑制消费者的购买欲望，减少实际购买需求。但在现实生活中，消费者同样会做出与此相反的各种心理反应。

（1）商品提价可能是因其具有某些特殊的使用价值，或者具有更优越的性能。

（2）商品已经在提价，可能还会继续上涨，应尽快抢购，以防将来购买吃亏。

（3）商品涨价，说明是热门货，有流行趋势，应尽快购买。

（4）商品涨价可能是限量发行，有升值空间。

（5）商品涨价，可能出现断货。

3. 商品提价的心理策略与技巧

（1）商品提价的条件。

1）消费者的品牌忠诚度很高，是品牌的偏好者，他们忠诚于某一特定品牌，不因价格上涨而轻易改变购买习惯。

2）消费者相信商品具有特殊的使用价值，或具有更优越的性能，其他商品不能替代。

3）消费者有求新、猎奇、追求名望、好胜攀比的心理，愿意为自己喜欢的商品支付高价。

4）消费者能够理解价格上涨的原因，能容忍价格上涨带来的心理支出的增加。

头脑风暴及应用

你接受商品提价吗？在你周围有哪些商品存在提价现象？你认为商品提价的原因是什么？

（2）商品提价的时机选择。为了保证提价策略的顺利实现，提价时机可选择以下几种情况。

1）商品在市场上处于优势地位。

2）商品进入成长期。

3）季节性商品达到销售旺季。

4）一般商品在销售淡季。

5）竞争对手提价等。

总之，提价要掌握时机。商品提价后，可能会有大批消费者转向其他品牌，分销商也会施加一定的压力,这会给竞争者抢占市场带来机会。如果提价失败,再恢复原价,将对企业品牌信誉造成负面影响。

(3)商品提价的技巧。提价确实能够增加企业的利润率,但会引起竞争力下降,消费者不满,经销商抱怨,甚至还会受到政府的干预和同行的指责,从而对企业产生不利影响。虽然如此,在实际中仍然存在着较多的提价现象。

1)直接提价。直接提价是指直接提高商品价格。例如,某种型号的彩电,原先卖3 000元一台,现在卖3 500元一台。

普通商品直接提价时应注意提价幅度一般不宜过大。幅度过大会损失大批消费者。国外一般以5%为提价幅度界限,认为这样符合消费者的心理承受能力。而在我国,一些特殊商品往往以30%、50%甚至更高的提价幅度出现,也能引起消费者的购买行为。

同时,商品提价要信守谨慎行事的"走钢丝"原则。要尽量控制提价的幅度和速度,即提价的幅度宜小不宜大,提价的速度宜慢不宜快。要循序渐进,不能急于求成。

2)间接提价。间接提价是指企业采取一定方法使商品价格表面保持不变但实际隐性上升。例如,更换商品型号、种类,变相提价;缩小商品的尺寸、分量;使用便宜的代用原料;减少价格折让等优惠条件;缩短保修期等。一般而言,降价容易涨价难,调高商品价格往往会遭到消费者的反对。因此,在使用涨价策略时必须慎重,尤其应掌握好涨价幅度、涨价时机,并注意与消费者及时进行沟通。

此外,在方式选择上,企业应尽可能多采用间接提价,把提价的不利因素减到最低程度,使提价不影响销量和利润,而且能被潜在消费者普遍接受。同时,企业提价时应采取各种渠道向消费者说明提价的原因,做好宣传解释工作,配之以商品策略和促销策略,并帮助消费者寻找节约途径,提供热情周到的增值服务,以求得消费者的谅解和支持,维护企业形象,提高消费者信心,刺激消费者的需求和购买行为。

知识与技能训练

1. 填空题

(1)(　　)是指消费者在购买过程中对商品价格的心理反应及表现。

(2)消费者价格心理主要有(　　)、(　　)、(　　)、(　　)和消费者对价格的逆反心理。

(3)以消费者对商品价值的感受及理解程度作为定价依据的定价法是(　　)。

(4)降价的原则有控制好成本、(　　)、做好服务、(　　)、(　　)。

(5)无论是主动调价,还是被动调价,其形式不外乎是(　　)和(　　)两种。

2. 判断题

(1)受消费者心理因素制约,当商品的价格下降时,购买量不一定会增加。(　　)

（2）一般来说，消费者对需要经常购买的日用品价格变动不敏感。（   ）

（3）价格是消费者衡量商品价值和品质的直接标准。（   ）

（4）利用消费者的求名、炫耀心理，企业可以选择高价策略。（   ）

（5）习惯定价法多用于服务商品的定价。（   ）

3. 复习思考题

（1）简述消费者的价格心理特征及功能。

（2）影响商品价格的社会心理因素有哪些？

（3）消费者有哪些价格心理特征？

（4）商品定价的心理策略有哪些？

（5）商品降价、提价的原因、条件、时机及技巧有哪些？

4. 技能训练

（1）市场观察：利用节假日，在老师组织下，到当地的房地产公司实地考察，试分析当地房地产市场的定价特点。

_____

_____

（2）分组讨论：按4～5人为单位，根据观察的结果，引导大家从经营者的角度分析所观察商品的定价特点，讨论如何利用消费者的心理特点进行商品定价。

_____

_____

经典案例分析

两元啤酒的促销智慧

青岛××酒店是一家大型的中高档肥牛火锅店，经营状况可以用"中规中矩"来形容。然而近几年，特别是夏天，该酒店却面临着非常严峻的市场形势。

通货膨胀形式下，消费趋于保守出现萎缩

在通货膨胀的大背景下，居民消费趋于保守。捂紧钱包，对价格敏感是目前居民消费的主要特征。许多企业的商品销售结构出现了明显的变化：高价位商品销售下降比较明显，低价位商品销售明显上升。酒店消费同样出现了这样的特征。

夏季并非火锅的旺季

消费者都明白，肥牛+涮羊肉这样的火锅，更适合冬天进食。而且，夏季吃火锅，几十桌人拥挤在一个大厅里，即使有空调，也会感觉很不舒服。

青岛夏季扎啤摊的扎啤消费对本地中档酒店冲击非常明显

青岛是一座啤酒之城。每年只要进入5月,啤酒屋、扎啤零售点就会遍布整个城市。海鲜来料加工、小菜、新鲜的扎啤,这是青岛人非常惬意的夏季生活。凡是路边的饭店、酒店都会在店面门前的大街上大摆擂台,烧烤、炒菜、扎啤,整个城市是一个不夜城,放眼望去,蔚为壮观……再加上每年一届的青岛啤酒节,可以说,一到夏天,整个青岛都成了扎啤的世界。如果说瓶啤是罐头,那么扎啤则是新鲜水果。高温酷暑之下,畅饮着刚刚出厂几小时的世界上最好的啤酒,是何等的惬意(青岛啤酒广告见图7-10)。

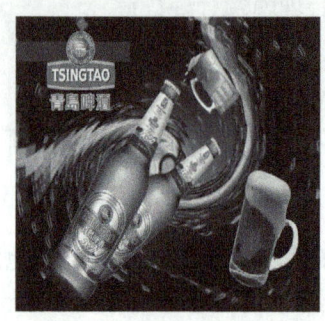

图7-10 青岛啤酒广告

然而,就是在如此严峻的环境下,青岛××酒店的生意却异常火爆,周末高峰期甚至出现了排号的现象,晚上平均可以翻台1~2次。究竟是什么让这家中规中矩的酒店"逆势飞扬"呢?

这家火锅店的生意突然火爆,主要是采取了"两元啤酒促销策略"。

两元策略的第一杀伤力——想不到的实惠

在该酒店橱窗上,拉着一条醒目的条幅:崂山啤酒两元一瓶,不限量!青岛居民都很清楚,崂山啤酒在青岛零售价为3元/瓶。在酒店,崂山啤酒一般要卖到4~5元/瓶。两元一瓶啤酒,零售店根本买不到;和其他酒店相比,同样喝崂山啤酒,一瓶啤酒直接就可以节省2~3元。而且这个价格比零售扎啤还便宜。所以,两元一瓶崂山啤酒,其中的实惠对于青岛消费者来说是显而易见的。

两元策略的第二杀伤力——从南京到北京,买的没有卖的精,你实惠,我赚钱

这样卖酒,这家酒店会不会赔?答案是否定的,酒店不但不会赔,而且会赚个盆满钵满。分析一下:该酒店如果从经销商处进货,一瓶崂山啤酒的进货价格在2.3~2.5元,而如果直接从厂家进货,价格还会更低。如果按2.3~2.5元的进货价格计算,那么,酒店每卖出一瓶酒,就要净"赔"0.3~0.5元。假如一桌客人消费10瓶酒,那么这一桌净"赔"3~5元酒钱。可是有一个关键的因素,就是单桌菜金与酒水的消费比例与整个酒店菜金与酒水的消费比例。经调查发现,家庭、情侣、2~4人的用餐者是该酒店活动期间的核心消费群。这些消费群每桌的菜金消费额平均都在100~200元。就以最低消费100元菜金计算,如果这桌同时消费了10瓶啤酒,100元菜金,酒店看似净

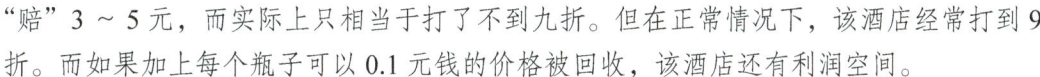

"赔"3~5元，而实际上只相当于打了不到九折。但在正常情况下，该酒店经常打到9折。而如果加上每个瓶子可以0.1元钱的价格被回收，该酒店还有利润空间。

两元策略的第三杀伤力——在通货膨胀下，为消费者节省了消费开支

通货膨胀只不过使消费的总体支出压缩了。一家三口去聚餐，消费10瓶崂山啤酒，正常价格需要40~50元，那么，来这家酒店消费就可以节省20~30元，起码来回打车的费用节省了下来。同时，如果是比较正式的请客，来这家酒店首先不存在"档次不够"问题。包厢、菜品、环境各方面完全可以给足主人面子。

该酒店两元策略的出台和应用，显然是经过了科学分析与策划的，而其成功的关键在于深刻、准确地吃透了特殊时期的消费心态。

两元策略的第四大杀伤力——隐形的翅膀

在两元啤酒策略的暗示下，凡是来这家酒店消费的消费者，在点菜的时候，心中都长了一双隐形的翅膀：啤酒省钱了，多点个菜，点个好点的（价格贵点的）……无形之中，消费者都产生了"引致消费"，本准备消费70~80元，结果都上百元了……

（资料来源：第一营销网，http://www.yingxiao360.com/htm/2013617/7967.htm）

❓ 问题讨论：

（1）针对以上现象，请解释两元啤酒使用了哪些价格心理策略？

（2）现实生活中还存在着哪些类似的定价方式？

第8章 商业广告与消费心理

学习目标

知识目标

- 了解商业广告的特点及心理功能；
- 掌握商业广告的定位、创意、诉求等营销心理策略；
- 掌握商品广告媒体的选择方法和广告心理效果的测评方法。

能力目标

- 能够正确分析商业广告的定位、创意、诉求等广告心理策略；
- 能够正确进行广告媒体的选择。

知识结构

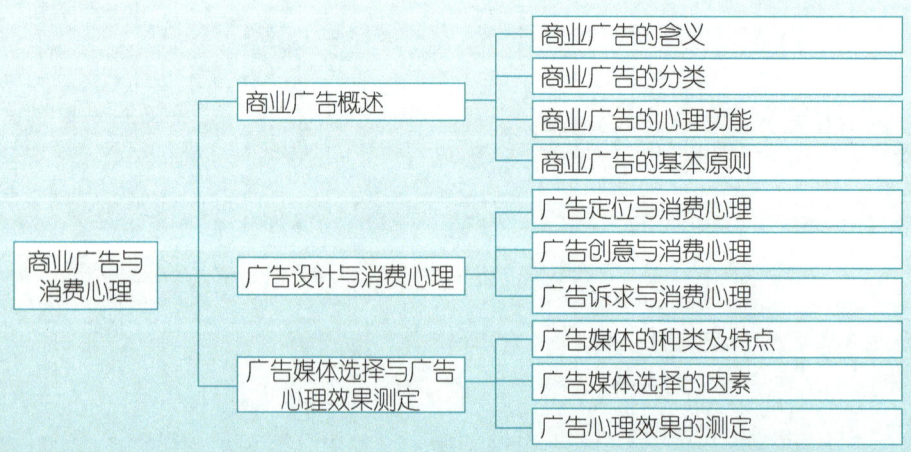

关键词

商业广告　广告定位　广告创意　广告诉求　广告媒体　广告心理效果

建议学时

- 6学时，包含技能训练学时2学时

第8章 商业广告与消费心理

导入案例

"双十一"电商开打,广告语先声夺人

2013年"双十一"电商大战,各电商企业均试图在广告语上先声夺人。苏宁、京东、易迅等电商企业纷纷推出了指向明确的"双十一"广告,通过线上、线下、电视媒体等渠道"轰炸"用户。率先推出"双十一"购物狂欢节的阿里集团,则高调宣布,淘宝刚刚获批的基金销售平台将首次参与"双十一"购物狂欢节。

苏宁广告卖力宣传购物节

11月,每天搭乘公交车上下班的市民黄小姐发现,移动电视里频频播放着苏宁的一则促销广告。"他能陪我四天四夜,你呢,就一天!上网、逛街他都行,你呢?"随着"好声音"学员吴莫愁的出现,屏幕上亮出了苏宁首届O2O购物节的广告。"开始我不明白这个广告是什么意思,看多了才反应过来,这个广告是说苏宁今年的促销要持续四天四夜,而且不仅局限在网上,会联合线下门店一起搞活动。"黄小姐表示。

苏宁此前曾宣布,将于11月8~11日推出第一届O2O购物节。

京东把广告打到阿里门口

在"双十一"的广告方面,京东也玩起了新花样。有阿里巴巴员工在社交工具上透露,京东的广告都打到阿里巴巴杭州余杭园区了。不少道路广告牌上可以看到这样一则广告:"对不起,京东没导购陪您侃大山,但有千万用户帮您做选择。"

京东公关人士介绍,京东从11月1日起启动的年度促销将持续到11月12日。除了在各大城市推出"双十一"广告外,京东还在北京世贸天阶、上海仙乐斯广场推出了高5米、只有"11"一个刻度的巨大时钟为京东网购助威。这个巨大时钟还向线下消费者传递了"不光低价,快才痛快"的促销主题,彰显了京东在"最后一公里"体验方面的核心优势。京东2013年"双十一"广告如图8-1所示。

图8-1 京东2013年"双十一"广告

易迅强调"网购别等'双十一'"

与苏宁、京东的含蓄不同,易迅网 2013 年的年度大促口号则要直接得多——网购别等"双十一"。早在 10 月 31 日,易迅就宣布,将从 11 月 4～11 日投入超过 7 亿元提前开启年度大促。

阿里集团旗下的移动社交工具"来往"欲通过微信等渠道推广,具体为用户邀请好友可获 2 元支付宝红包。随后有用户表示,无法在微信中打开相关链接。对此,微信团队告诉记者,微信并没有屏蔽来往,只是为保护用户体验,防止过度营销。

腾讯电商同时公布了此前旗下两大平台 QQ 网购和易迅网联合发起的"1020 疯抢节"销售业绩。数据显示,持续 5 天的"1020 疯抢节"共创下超过 16 亿元的订单金额,订单总量达到创纪录的 550 万单以上。腾讯电商相关负责人表示,以后,每年的 10 月 20 日都将成为腾讯电商规模最大的网购节日。

淘宝"双十一"首卖基金

与竞争对手的广告"轰炸"不同,阿里方面将精力放在了新产品上。阿里集团高调宣布,淘宝刚刚获批的基金销售平台将首次参与到 2013 年的"双十一"购物狂欢节中,成为网购节的理财分会场。

阿里公关人士介绍,集体在淘宝开店的基金公司们,将为用户提供上百款基金产品。该理财分会场于 11 日上午 9 点 18 分开启。目的是让大家在精神状态满满的情况下理智选购投资理财产品。据了解,这些基金产品购买门槛低至 1 元。

(资料来源:《重庆商报》,http://www.ithome.com/html/it/57529.htm,作者敖祥菲)

❓问题思考:

各大网商在本年度的"双十一"、"双十二"等促销活动中推出了哪些新的广告语?其广告定位是什么?

商业广告是影响消费者心理的最流行的媒体传播因素,它作为一种典型的促销手段的作用是显著的。研究商业广告与消费心理的关系,主要是研究消费者对广告反应上的心理需要,目的是阐明制作的广告如何符合消费者的需要,如何让消费者准确理解通过广告传播的商品信息,进而促进消费者的购买行为。

8.1 商业广告概述

在市场营销活动中,商业广告已经逐渐成为企业专门传递商品信息的最有效的工具和手段,广告宣传成了消费者日常生活中不可或缺的一部分。

8.1.1 商业广告的含义

1. 商业广告的概念

商业广告是指特定的广告主（企业）有计划地以付费的方式通过大众媒体向其潜在顾客传递商品或劳务信息，以促进销售的公开宣传方式。一般情况下，广告就是指商业广告。

商业广告的概念包含以下基本含义：①广告是企业开拓市场、进行营销的一种有目的的手段；②广告是企业作为广告主进行的一种付费宣传方式；③广告是通过大众传播媒体进行的；④广告传播商品、服务、观念等信息；⑤广告的对象是广大消费者，是面向大众的传播；⑥广告的目的是使广告主受益。

2. 商业广告的要素

（1）广告主。广告主是指发布广告的主体，一般是企业、团体和个人。广告主从事市场经营活动，需要向目标顾客传递商品或服务的信息。

（2）广告受众。广告受众是广告信息的接收者，包括目标顾客和一般公众。目标顾客又分为现实顾客和潜在顾客，即可能对产品或服务有需要并有能力和愿意购买或者将来可能购买的顾客。

（3）广告信息。信息是广告的具体内容，包括商品、服务、观念等。商品信息主要是指出售商品的质量、性能、价格、地点等信息；服务信息主要是指提供服务活动，如交通、住宿、旅游、休闲、咨询、娱乐等信息；观念信息主要是倡导某种消费观念、消费意识，引导消费潮流的信息，如健康营养观念、休闲度假观念、旅游观光观念等信息。

（4）广告媒介。广告媒介是信息传递的中介。具体形式包括报纸、杂志、路牌、信函、广告资料等文字媒体以及广播、电视、电子显示屏、因特网等电子媒体。

（5）广告费用。从事广告活动要支付必要的费用，如市场调查费用、广告策划费用、制作费、发布费用、效果测定费用、代理费等。

8.1.2 商业广告的分类

1. 依据广告目的划分

依据广告目的，商业广告分为产品广告和企业形象广告（又叫公关广告）。产品广告着重向消费者传达商品信息，推销商品并加速商品的流通，如图 8-2 所示。企业形象广告着重树立企业的形象，促使消费者形成对该企业的长期信赖感，如图 8-3 所示。

图 8-2 茅台产品广告

图 8-3 黄山烟草企业形象广告

2. 依据媒体形式划分

依据媒体形式，商业广告分为电视广告、广播广告、报纸广告、杂志广告、网络广告、电影广告、邮寄广告、户外广告、灯箱广告、空中广告、礼品广告、综合性的 POP 广告等。

3. 依据商品生命周期划分

依据商品生命周期，商业广告分为引导期广告（商品刚刚引入市场）、选择期广告（商品在市场中已经处于销售量高峰）和记忆期广告（商品已经处于衰退期）。

4. 依据广告创意的特点划分

依据广告创意的特点，商业广告分为理性广告和感性广告两大类，前者主要以事实说理的方式传播商品信息，后者主要是以情感的要素来表达商品信息。

8.1.3 商业广告的心理功能

商业广告的心理功能是指广告对消费者所产生的作用和影响。广告作为促成企业与消费者之间联系的重要媒介，具有以下心理功能。

1. 沟通功能

沟通信息是商业广告最基本的心理功能，是指广告向消费者公开传递有关商品的品牌、性能、质量、用途、使用和维护方法、价格、购买的时间、地点以及服务的内容等信息，使消费者对其有所认识，并在头脑中形成记忆，留下印象。

对于经营者来说，商业广告是一种将产品（服务）信息传递给潜在顾客的有效手段；对于消费者来说，商业广告是购买商品的最佳指南。广告所提供的信息应具备以下特性。

（1）信息的刺激性。消费者每天所接受的大量广告信息大部分都被忽略掉了，只有约 5% 的信息会引起消费者的注意。能够引起消费者注意的信息首先要对消费者的感官产生强烈的刺激，从而引起无意或有意的注意。广告可以在消费者的视觉、听觉、知觉等方面加强信息的刺激性，从而引起人们的注意。据美国有关报道，在报刊广告中增加一种颜色，比黑白广告能增加50%的销售额，而全色广告则比黑白广告高70%的广告效益。

（2）信息的趣味性。消费者对有趣味的信息会表现出兴趣，有效地吸引注意力，进而激发其对新产品的兴趣和向往，形成新的消费需要，促进购买的实现。据统计，美国某刊物的广告阅读者中，男性读者阅读汽车广告的比例比阅读女士服装广告的要高出4倍，而女性读者阅读女装和电影广告的比率比阅读旅游广告和男士服装的广告要多出1倍。这是由于男性、女性读者对不同种类物品的兴趣具有明显差异的缘故。

（3）信息的有用性。信息的有用性是指信息能够帮助消费者做出满意购买决策的特性。特别是在新产品的推广过程中，有用信息的促销作用不容忽视。例如，"亚都加湿器"之所以在家庭中能够成功普及，就在于其对产品的"加湿"的功效进行了恰如其分的客观宣传，开展知识营销，让消费者对其产品增强了解。

实例链接 8-1

南方黑芝麻糊，抹不去的记忆

广告场景一

"黑芝麻糊哎——"，伴随着一阵亲切而悠长的吆喝声，麻石小巷，黄昏，挑担的母女走进幽深的陋巷，布油灯悬在担子上，晃晃悠悠。一个天真活泼的小男孩听见吆喝声便再也坐不住了，他跑出深宅，吸着飘出的香味。伴着木屐声、叫卖声和民谣似的音乐，画外音响起："小时候，一听见芝麻糊的叫卖声，我就再也坐不住了……"紧接着，小男孩搓着小手，神情迫不及待，看着大锅里那浓稠的芝麻糊，大铜勺提得老高，往碗里倒芝麻糊。小男孩埋头猛吃，碗几乎盖住脸，研芝麻的小姑娘新奇地看着他。很快小男孩就吃完了一碗香甜可口的黑芝麻糊，但意犹未尽，站在大人背后，小男孩将碗舔得干干净净，小姑娘捂着嘴笑。卖芝麻糊的母亲爱怜地又给他添上一勺，轻轻抹去他脸上的残糊。小男孩抬头，露出羞涩的感激。画外音："一股浓香，一缕温暖。"古朴的街景、旧日的穿着、橘红色的马灯、熟悉的叫卖声，共同构成了一幅立体的画面（见图8-4）。

图8-4 南方黑芝麻糊广告

广告场景二

当年那个舔碗、意犹未尽的小男孩,如今已成了一个白发苍苍的老华侨。他带着孙子,乘飞机从海外回到阔别多年的故乡。可梦中的故园踪影难觅,小作坊早已消失在历史的长河中,取而代之的则是一幢富丽豪华的"南方黑芝麻糊大厦"。走进大楼,秀气的服务小姐端来两碗香喷喷的"南方黑芝麻糊",小孙子正如老人小时候一样,意犹未尽地将碗底舔了个干干净净。此情此景勾起了老人对童年生活的美好回忆,"黑芝麻糊哎——"的亲切吆喝声仿佛在耳际间回响,大嫂的朴实身影在脑海中萦绕不去……在回忆和怜惜中,老人将孙子的嘴擦干净。此时念出的广告语恰到好处:"南方黑芝麻糊,抹不去的记忆。"

【案例思考与应用】

查阅资料,南方黑芝麻糊产品广告宣传发生了哪些改变?

2. 诱导功能

在日常生活中,广告虽然有时难以马上转变消费者根深蒂固的价值观念和态度,但是可以将消费者对某种产品的否定态度转变为肯定态度,从而影响消费者的购买决策并引导新的消费需求。良好的商业广告或以理服人,或以情动人,注重艺术感染力,讲究人情味,能唤起消费者美好的联想,给消费者以某种美的享受,诱发人们积极的情感,抑制消极的情感,从而改变其对商品的原有偏见或消极态度,激发其购买欲望和动机。一般来说,积极的情感有利于强化购买欲望,坚定购买信心。符合自己需要,顾客会感到喜欢;不能满足自己的愿望,顾客会感到失望。

3. 促销功能

在市场营销中,商业广告的促销作用是其最主要的功能。商业广告可以通过对商品或服务的宣传,把有关信息传递给目标市场的消费者公众,改变人们的消费观念,达到诱导消费者注意和产生购买动机的目的,引发新的消费需要,创造新的需求,进而实现促销目标。同时,商业广告的宣传可以造成社会消费热点,某些产品或观念会由此被社会所接受而成为流行时尚。例如,亚洲青年人本来没有过"情人节"的习俗,后来一家日本的巧克力企业借助于广告进行倡导,很快得到了广大年轻人的响应,巧克力在亚洲的销售从此打开了局面。每年2月,很多巧克力生产商的销售都达到了全年销量的一半以上。

4. 便利功能

广告的便利功能是指广告能及时、反复地传播商品或服务的信息,便于消费者收集有关资料,对各种商品进行较为充分和有效的比较,为购买决策提供充分依据,从而替消费者节约购买时间，减少购买风险。

广告可以反复地传递某一商品的信息，使消费者在众多的商品中可以用较少的时间收集或选择到自己需要的产品或信息。如果没有广告的介绍和指导，消费者面对众多的商品将手足无措。

5. 教育功能

质量上乘的广告用科学、文明、健康、真实、生动活泼的内容和表现形式传递有效的信息。可以增加消费者的知识，开阔视野，丰富人们的文化生活。掌握正确的选购和使用知识，能引导消费者树立合理的消费观念，具有潜移默化的教育作用。

2015年春节，苹果公司在中国市场发布了一支为传统佳节拍摄的广告片《老唱片》（见图8-5）。在这支新广告中，苹果从即将到来的新春佳节和阖家团聚时刻切入，通过讲述祖孙二人的特别故事，来展现苹果产品提供给用户的创意和想法，与家人、爱人和朋友共庆新春佳节。

图8-5 苹果公司《老唱片》广告

同时，一则好的广告，还可以给消费者以美的享受。设计巧妙、制作精良的广告通过各种各样的艺术表现形式，使消费者在获得信息的同时丰富了精神文化生活，提高了文化艺术修养。商业广告不仅指导消费，而且也影响着人们的消费观念、社会道德等方面。在现代生活中，广告已经成了人们经济文化生活的一部分，可以说是一种雅俗共赏、一举多得的美育方式。

8.1.4 商业广告的基本原则

1. 真实合法性

真实性是商业广告的基本原则。广告的真实性首先是广告宣传的内容要真实，应该与推销的产品或提供的服务相一致，必须以客观事实为依据；其次广告的感性形象必须是真实的，无论在广告中如何艺术处理，广告所宣传的产品或服务形象应该是真实的，与商品的自身特性相一致。

《广告法》规定：广告应当真实、合法，符合社会主义精神文明建设的要求，广告不得含有虚假的内容，不得欺骗和误导消费者。商业广告必须遵循诚实守信的原则，遵守国家的法律法规，不可弄虚作假、哗众取宠。

新广告法有哪些新的扩充和调整

十二届全国人大常委会第十四次会议表决通过的新修订的《广告法》，于2015年9月1日起正式施行。新法与现行的广告法相比，修改幅度较大，涉及面广，对原来的很多内容和规定进行了扩充和细化，体现了全面深化改革、切实调整政府职能，加强市场监管的要求。

禁止在大众传媒和公共场所发布烟草广告

新法中进一步加大了对烟草广告严管的力度，明确规定禁止在大众传播媒介或者公共场所、公共交通工具、户外发布烟草广告。禁止向未成年人发送任何形式的烟草广告。

同时，为了避免变相烟草广告的发布，新法新增了规定，禁止利用其他商品或者服务的公益广告宣传烟草制品名称、商标包装、装潢以及类似内容。烟草制品生产者或者销售者发布的更名、招聘等启示中，不得含有烟草制品名称、商标、包装、装潢及类似的内容。

加大对虚假广告的处罚力度

新法中专门增加了虚假广告构成条件的相关规定，一是内容虚假，二是引人误解的内容欺骗、误导消费者，均为虚假广告。

新法还进一步列举了四种典型的具体情节，增加了工商部门查处虚假广告的可操作性，同时在新法的法律责任方面也加大了对发布虚假广告的罚款力度，也增加了吊销执照、证照、信用约束和行业禁入方面的新规定，极大地提高了虚假广告的违法成本。

禁止十周岁以下未成年人代言广告

新法规定，广告代言人在广告中对商品服务做推荐证明，应当依据事实，符合本法和有关法律、行政法规规定，并不得为其未使用过的商品或者未接受过的服务做推荐证明。

同时也规定，在虚假广告中做推荐证明受到行政处罚未满三年的自然人、法人或者其他组织不得再为广告代言。在法律责任当中也相应规定了广告代言人违法推荐或者证明的行政责任和民事责任。

此外，新法规定，不得利用十周岁以下未成年人作为广告代言人。

> **增加保健食品广告、大众传媒广告等规定**
>
> 针对保健食品广告中的突出问题，新法中增加关于保健食品准则的规定，保健食品禁止代言，禁止涉及疾病预防、治疗功能。
>
> 针对广播电台、电视台等变相发布广告的问题，新法明确要求大众传播媒介发布广告应当显著标明"广告"，与其他非广告信息相区别，并加重了变相发布广告的法律责任。广播电台、电视台、报刊音像出版单位、互联网信息服务提供者不得以介绍健康、养生知识等形式变相发布药品、医疗器械、医疗、保健食品广告。
>
> 针对垃圾信息泛滥的情形，新法增加规定，任何单位或者个人未经当事人同意或者请求，不得向其住宅、交通工具发送广告，也不得以电子信息方式向其发送广告，并明确了相应的法律责任。
>
> **药品需标明不良反应**
>
> 新修订的《广告法》与旧版相比，增加了对药品广告准则的规定，规定任何人不能代言药品广告，同时药品广告必须显著地标明禁忌和不良反应。

2. 思想性

商业广告要注意作品的思想性。广告必须严肃，即内容要健康，情趣要高尚，符合党和国家的各项政策。

3. 宣传指导性

商业广告是一种消费指南，它以各种形式、各种媒介，从时间或空间多个层面去宣传商品的性能、特点、功用等，或者把服务范围、项目、方法、对象告诉消费者，从而诱发消费者的消费行为。

4. 效益性

商业广告通过宣传，向消费者推销自己的商品或介绍自己的服务，促进销售或服务，提高经济效益。因此，商业广告应有计划、有目的地安排广告投入，以取得最大的经济效益和社会效益。

5. 艺术性

广告具有强烈的审美价值，它通过运用各种艺术技巧来突出商品的特点，吸引公众的注意力，在美的享受中接受商品知识，以引起消费兴趣。

6. 简明性

简洁明快既是时代对商业广告的要求，也是广告的特点。在有限的时间、空间内，要取得最佳的传播效果，必须简洁明快、重点突出，否则就会使消费者厌倦或者反感。

7. 科学性

商业广告是一门科学，从制作到发布、管理，每个流程都应该与现代科学技术手段相结合，坚持一定的创新性，最终达到理想的广告效果。

8.2 广告设计与消费心理

一个成功的广告必须认真研究广告定位、广告创意、广告诉求与消费者心理之间的关系，并在满足消费者心理需求的基础上进行广告设计，最终才能获得消费者的认可。

8.2.1 广告定位与消费心理

广告要取得好的效果，离不开对广告受众心理的理解和把握。尤其在营销以消费者为中心，传播以受众为导向的今天，企业如果对广告受众的心理及其各种影响因素一无所知，将无法使广告发挥应有的市场效应。因此广告设计必须在受众心理满足的基础上进行广告定位。

1. 广告定位概述

广告定位是在营销环节中使消费者通过广告认识到本广告产品与众多同类产品的不同，使产品对目标顾客形成吸引力。广告定位实质上是一个树立产品形象的问题，针对消费者的不同要求、不同心理，突出宣传商品某些方面的特点，向消费者传递所需要的不同于其他产品的商品信息。

在实际操作中，成功的广告定位必须综合考虑各种因素，慎重做出定位决策，最终形成鲜明生动的品牌形象。广告定位的心理要素要注意以下几个方面。

（1）消费者的真正需求。广告定位首先必须明确消费者的真正需求是什么，怎样通过商品广告加以满足。例如，利郎商务男装的广告产品定位是"简约不简单"。利郎定位商务休闲男装，其品牌主打高端商务人士，通过"简约不简单"的品牌风格诉求，潜入目标顾客的心智，成功自不在话下。广告形象代言人是颇具内涵、稳重而不张扬的陈道明，由其演绎利郎品牌精神再合适不过了（见图8-6）。

图8-6 利郎男装 陈道明代言广告

（2）目标顾客的心理特点。企业产品必须针对特定的目标顾客。不同目标顾客的消费需求有所不同，购买心理、购买行为各有特点，因此产品广告必须针对目标顾客的心理特点，进行针对性的广告设计，并利用广告向消费者传递，最终满足目标顾客的购买需求，占有目标市场。例如，脑白金广告定位是"今年我家不收礼，收礼只收脑白金"。其主要针对老年顾客进行推广，满足了老年人重健康、重亲情的心理需求。

（3）广告产品不同于其他产品的相对优势。在如今名牌林立、沟通无阻的社会，要想创造名牌，将自己的品牌深入人心，必须具备一定的产品相对优势，提高定位效应的等级，广告定位必须实事求是，切忌言过其实、哗众取宠。例如，五谷道场方便面的广告定位是"非油炸，更健康"。广告中，陈宝国断然推开递过来的油炸方便面并斩钉截铁道："我不吃油炸食品，非油炸，更健康。"五谷道场以"健康、绿色"的产品定位在很短时间内获得了一部分关注健康的消费者的认可。因为油炸食品早已被联合国定为21世纪的垃圾食品。所以五谷稻场的"非油炸，更健康"的产品定位论据更显充足、有力。五谷道场方便面广告如图8-7所示。

图8-7 五谷道场方便面广告

2. 广告定位的心理策略

不同的企业根据自己不同产品的产品特色，可采取不同的广告定位心理策略。

（1）市场定位策略。市场定位策略即把产品宣传的对象定在最有利的目标市场上。通过整合市场，寻找到市场的空隙，找出符合产品特性的基本顾客类型，确定目标受众。例如，宝洁号称"没有打不响的品牌"，这源自宝洁成功的市场细分理念。以洗发水为例，宝洁有飘柔、潘婷、海飞丝三大品牌，海飞丝特点在于"头屑去无踪，秀发更出众"；飘柔突出"飘逸柔顺"；潘婷则强调"营养头发，更健康更亮泽"。每种品牌各具特色，消费群体需求划分明确，从而避免了自己同类商品的竞争，强有力地占领了市场。

（2）产品定位策略。产品定位策略即最大限度地挖掘产品自身特点，把最能代表该产品的特性、品质、内涵等个性作为宣传的形象定位。可以从产品的特色定位、文化定位、质量定位、价格定位、服务定位等方面入手，通过突出自身优势，树立品牌独特鲜明的形象，来赢得市场和促进企业发展。例如，在奶制品竞争激烈的环境下，蒙牛和伊利乳业充分挖掘消费者追求健康、新鲜、优质奶的心态，各自推出特仑苏和金典牛奶（广告如图8-8所示），从而抢占了高端奶制品市场，赢得了良好的市场效益。

图8-8 蒙牛特仑苏、伊利金典牛奶广告

（3）观念定位策略。观念定位策略即在广告策划过程中，通过分析公众的心理，赋予产品一种全新的观念。这种观念要既符合产品特性，同时又迎合消费者的心理，才能突出自身优势，从一种更高层次上打败对手，其融入更多的是一种思想、道德、情感和观念等。例如，作为传承188年的老字号品牌，王老吉已超越了品牌原始的商业价值，成为中国符号，向世界传扬和输出品牌的内在基因"吉文化"。每年春节，王老吉汲取中国传统文化精华中的"福禄寿禧财"美好期盼，推出新春主题吉祥罐，表达出"吉"文化的内涵，也使国人重新点燃对中华传统文化的热情。

（4）企业形象定位策略。企业形象定位策略即把定位的重点放在如何凸显企业的形象和树立一个什么样的企业形象上。真正成功的企业形象，是恰到好处地把握住时代脉搏，击中人类共同的感动与追求。广告定位可以从企业文化的角度、企业情感的角度、企业信誉的角度、企业特色的角度来树立企业的形象。例如，九阳豆浆机后期在美的、苏泊尔、步步高等品牌的市场竞争中，广告词突出了"九阳，豆浆机开创者与领导者"的口号（见图8-9），在消费者的心目中树立了豆浆机第一品牌的形象。

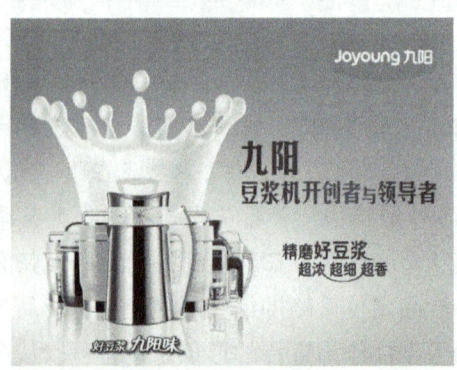

图8-9 九阳豆浆机广告

（5）品牌定位策略。品牌定位策略即把定位的着眼点落在扩大和宣传品牌上。目前的市场竞争已进入了同质化时代，很多同类商品使消费者无法从简单的识别中辨别出优劣。企业之间的竞争就在于品牌的竞争。谁抢先树立了自己的品牌,就抢先赢得了商机。消费者有时购买商品就是选择自己所喜爱的品牌。例如,阿迪达斯的"没有不可能"、耐克的"只管去做"、李宁的"把精彩留给自己"都彰显了独特的品牌定位特色,从而获得了各自的目标消费者的青睐。

在实际操作中,由于对定位问题的理解不同,使许多广告走向误区。主要存在以下问题:①定位贪大求全,抓不住要害;②定位空间太狭小;③定位目标消费者错误等。

8.2.2 广告创意与消费心理

广告目前已日益成为企业市场竞争的有力武器。但是据统计,在被消费者收看的广告中,只有1/3能给观众留下一些影响,而这1/3中只有1/2能被正确理解,仅仅1/20能在24小时内被记住。因此只有富有心理感染力和震撼力的新颖的广告创意作品,才可以吸引消费者的注意、理解,并被记住。

1. 广告创意概述

广告创意是指在广告定位的基础上,在一定的广告主题范围内进行广告整体构思的活动。一个优秀的广告创意,除了要考虑产品特性等因素之外,关键在于适合公众的心理,使公众在一种美好的意境与氛围中,以一种轻松与愉快的心情接受广告信息。

在广告创意过程中,必须把握公众心理做到投其所好,必须注意以下几点。

(1) 准确进行目标市场分析。广告创意要做到切合公众心理,就必须对公众的有关资料进行科学调查分析,并根据产品的特性,准确地进行目标公众定位,从而有的放矢,创做出相应的广告作品。例如,可口可乐和百事可乐两者品牌个性有着明显的差异,可口可乐是"正宗的可乐",百事可乐是"新一代的可乐",强烈的个性化使两个品牌分庭抗礼百年。

(2) 符合公众心理特征,满足公众心理需求。广告创意的关键在于能否抓住消费者在某方面的心理需求,并把这种心理需求与商品特质紧密地联系起来,从而使公众在参与中积极、互动地接受广告宣传。例如,中国人有悠远的酒文化,逢年过节,亲朋团聚,少不了要把酒言欢,酒是助兴之物,讲究的就是精神的愉悦。"春节回家,金六福酒",散发着浓厚的传统文化气息,通过富有情感煽动力的传播方式进行了有效的传播。

(3) 要准确而清晰地传达商品信息。广告创意必须在切合并满足公众心理需求的同时,准确而清晰地传达商品信息,使二者有机地结合在一起,只有这样才能真正激发公众的消费动机。例如,多年前,歌手齐秦的一曲"来自北方的狼"风靡了整个华人世界。一时间,狼的内涵从"凶猛、贪婪、狡猾"变为"勇敢、机智、团结"。"七匹狼"品牌文化内涵象征着团结、高贵、优雅,象征着品位、力量、野性。后期企业提炼出了"与狼共舞,尽显英雄本色"的广告语(见图8-10),使"七匹狼"的品牌形象日渐成为"勇敢坚强、充满豪情、富有个性"的坚韧不拔的男性象征。

图 8-10　七匹狼　齐秦代言广告

广告的心理机制模型——AIDA 模型

AIDA 模型是由美国学者路易斯在 1898 年提出来的，他认为广告作用于人们心理的过程由四个步骤：A 为 Attention，即引起注意；I 为 Interest，即诱发兴趣；D 为 Desire，即刺激欲望；A 为 Action，即促成购买。这一模型认为，广告作用于受众的心理过程首先是引起注意，即由周围事物指向和集中于特定的广告，使广告内容可以进入人们的视觉或听觉；然后开始对注意到的广告发生兴趣，这种兴趣能使人们产生继续了解有关内容的热情和耐心；接着形成占有广告产品的心理渴求和愿望，即欲望；当欲望积累到一定程度，最后将引导顾客采取行动购买该产品。

2. 广告创意的心理策略

广告要达到影响公众心理及导致最终购买的目的，其创意必须要捕捉公众的心理，满足公众的心理需求，形成真正具有心理感染力和震撼力的广告作品，从而达到广告的促销目的。广告创意可以选择以下心理策略。

（1）追求新颖奇特的心理创意。对于公众来说，摆脱生活平淡，追求新奇刺激是人们从事活动的一种内在动力和共性心理。如果广告创意中能够充分利用公众的这种心理而创作广告，必将对公众产生巨大的吸引力。

例如，某一国际健身俱乐部广告（见图 8-11）的创意新奇有趣。"肌肉男"躲在电梯里，每次电梯门打开，都像他在大力拉门，只为向你热情地微笑。

图8-11 某健身俱乐部广告

（2）追求健康安全心理创意。在广告创意中，如果能够结合公众追求健康安全的心理，就会触动公众，达到广告宣传的目的。例如，"康而瘦"减肥药的广告，其广告创意抓住了人们想减肥但又怕减肥危害健康的心理，制作出了"更健康，更苗条"的广告词，使其大受公众欢迎。

（3）从众心理创意。从众心理是一种带有普遍性的心理现象，既包括思想意识上的从众，也包括行为上的从众。如果在广告中能够巧妙地借助人们的从众心理进行广告创意，便会收到良好的效果。例如，"大宝"化妆品的"大宝天天见"以及"我也用大宝"，便是利用京剧演员、小学教师、职工、摄影记者来宣传它的好处，使公众产生一种"大家都在用，我也用一用"的感觉，达到了广告宣传的目的。

（4）情感心理创意。中国人讲究血缘亲情、重情重义，"亲情"、"爱情"、"友情"、"爱国之情"都是人们追求的美好情感，因此以"情"动人自然是最有效的诉求方式。例如，"心相印"纸巾用爱情进行情感诉求，因为民间流传着这样一个说法，打喷嚏就意味着有人想你，爱情与思念和心有灵犀相关，于是，"爱情就是打喷嚏"的广告创意就这样诞生了。

（5）民族文化心理创意。民族文化心理制约人们的行为，影响人们对事物的评价与认识，同样也影响公众对广告的注意。因此，在广告创意中，将"勤俭节约"、"孝敬父母"、"尊老爱幼"等民族文化心理充分表现，可以唤起公众对国家的热爱之情或民族美德，诱发其产生购买动机。例如，移动公司的一则广告——女儿："我希望自由，希望妈妈不要管我。但一旦你离开妈妈的话，离开两天到三天，你就会觉得不习惯。"母亲："在一起嫌唠叨，离开了以后又挺想念的。"女儿："就希望有人会来打电话骂你、说你，然后就会想回家。可是她从来都不带电话。"母亲："没手机就不行啊？"女儿："不是离不开手机……是我离不开你！"字幕：手机接通的不只是牵挂。广告中的浓浓母女亲情将中华民族"孝敬父母"、"母子情深"的美好传统体现得淋漓尽致。

实例链接 8-2

凡客体广告文案走红

凡客体，即凡客诚品（VANCL）广告文案宣传的文体。

一切的一切，都是从韩寒给凡客诚品做的广告开始的……2010年7月凡客诚品（VANCL）邀请了青年作家韩寒和青年偶像王珞丹出任形象代言人，一系列的广告也铺天盖地出现在公众的眼帘。该广告系列采用"80后"的口吻调侃社会，意在戏谑主流文化，彰显VANCL品牌的自我路线和个性形象。

"爱网络，爱自由，爱晚起，爱夜间大排档，爱赛车；也爱59元的帆布鞋，我不是什么旗手，不是谁的代言，我是韩寒，我只代表我自己。我和你一样，我是凡客。"这是韩寒版的正规凡客体（见图8-12）。

然其另类手法也招致不少网友围观，网络上出现了大批恶搞"凡客体"的帖子。据不完全统计，截至2010年8月5日已经有2 000多张"凡客体"图片在微博、开心网、QQ群以及各大论坛上疯狂转载。黄晓明、唐骏和曾子墨等千余位明星或被恶搞或被追捧。此外，也有不少网友个人和企业出于乐趣制作的"凡客体"。

图8-12 韩寒凡客诚品广告

凡客的"无心插柳"当年在网络上掀起一场大范围的"病毒营销"。中央民族大学广告学专业教师范小青表示："VANCL这次营销的最大特点在于，它并不直接产生对VANCL本身产品的口碑，而只是通过恶搞来吸引眼球，提升知名度。"

【案例思考与应用】

凡客体广告成功的主要原因是什么？

8.2.3 广告诉求与消费心理

广告诉求，俗称"卖点"，是指在广告策划和设计中，通过对人的知觉、情感的刺激和调动，对人们观念、生活方式的影响，以及对厂商、商品特点的宣传，来迎合和诱导人们，最终激发消费者购买动机的过程。

广告诉求根据广告信息对消费者的心理影响方式不同，可以分为理性诉求和感性诉求两种。当然，划分不是绝对的，很多广告采用情理结合的诉求方式，即用理性诉求传达信息，以感性诉求激发受众的情感，从而达到最佳的广告效果。例如，大部分的家庭汽车、房地产广告等往往采用感性诉求在先、理性诉求在后的广告宣传方式，最终捕获消费者的消费心理。

1. 理性诉求广告

理性诉求广告是指广告诉求定位于受众的理智动机，通过真实、准确、公正地传达企业、产品、服务的客观情况，使消费者经过概念、判断、推理等思维过程，理智地做出购买与否的决定。

理性诉求广告的诉求方式重视证据，逻辑性强，需以理服人，常见的方法有以下几种。

（1）证明的方法。证明的方法是指用事实证明广告所介绍的商品性能可靠、质量优越。例如，上海大众轿车以售后维修服务作为诉求点发布报纸广告，其中一则广告的标题是"全国超过200家维修站——即使你远在天边，上海大众的优质服务都近在眼前"，从"维修点多"的角度突出强调上海大众的售后服务水平。

（2）对比的方法。对比的方法是指通过使用或实验前后的不同效果来证明商品的特性。要注意，我国广告法严禁企业为了本企业的利益而在产品广告中将自己的品牌与其他企业的品牌进行对比，最终显示本企业的产品优势。例如，宝洁公司飘柔洗发露的广告：广告画面左边的图片是干枯难梳的头发，梳子放在散开的头发上被卡住了，由于发质干枯无法向下滑。画面右边的图片是柔顺易梳的头发，梳子因为在柔顺的头发上，已经滑到了头发的底端。画面的中间是由左往右的箭头。广告的文案是：柔顺易梳的秘密，尽在新一代飘柔。它的领先滋润配方，让秀发体验意想不到的柔顺易梳的感受。全新自信，从头开始。

（3）申明经营宗旨的方法。申明经营宗旨的方法是一种阐明企业经营目的的方法。例如，星巴克的经营宗旨是"出售的不仅仅是咖啡"。在理念方面星巴克强调了所谓的"第三空间"，即成为消费者在家和办公室之外以休闲聚会和遐想为主的第三个空间。这个独一份的理念，让星巴克在一堆和星巴克具有相同经营模式的咖啡馆连锁品牌中，以其独特的形象，吸引了媒体和公众的持续关注。

（4）论证的方法。论证的方法即使用层层推理的方法，用事实来证明产品的购买和使用价值。

2. 感性诉求广告

感性诉求广告，又称情感诉求广告，是指广告依托于目标顾客的感性思维，以情动人，广告信息直接针对消费者的情感、情绪，如喜悦、恐惧、爱、悲哀等，以此形成或者改变消费者的品牌态度。感性诉求广告以消费者的情感或社会需要为基础，宣传的是广告品牌的附加价值。

（1）感性诉求广告的情感要素。感性广告创意中常用的情感因素主要有以下几种。

1）关爱感。关爱感是感性诉求广告中常用的情感诉求因素，人们在获得了物质满足的前提下，希望获得亲人、朋友和社会的关爱。例如，劲酒广告，"劲酒虽好，可不要贪杯"（见图8-13），一句简单的广告词，犹如一丝暖流，表达了亲人对饮酒者的温情的呵护。

图 8-13 劲酒产品广告

2）美感。爱美是人的天性，美是人们获得尊重的一个重要因素。以美作为情感诉求因素是很多产品经常使用的方式，容易被消费者所接受。例如，统一鲜橙多的"多喝多漂亮"，提出了"橙汁美容"的概念，告知消费者鲜橙能保养肌肤，补充水分，让皮肤柔嫩光滑富有弹性，广告一出受到了女性消费者的欢迎。

3）成就感。成就感是消费者最高层次的需求。广告诉求中常用象征的手法暗示消费者，本企业产品为某成功人士日常使用，从而使使用本产品的消费者也产生一种成功的感受。例如，在高端白酒市场上，茅台酒厂高端浓香型"盛世名流"酒，其广告语为"享受高品位生活"，充分体现了让消费该品牌的消费群体彰显自己身份、地位的情感诉求，以及代表自己品味生活的尊贵心理。

（2）感性诉求广告的心理策略。感性诉求广告必须在把握消费者心理的基础上，开展相应的广告策略。

1）"情"感独钟。感性诉求广告从消费者的心理需要出发，围绕消费者的情感进行诉求，撇开商品的原料、性质、功能和用途等，把亲情、爱情、友情等情感融入其中，让消费者在广告中找到情感寄托并产生情感共鸣。

2）以人为本，人性至上。感性广告诉求的重点不是商品本身，而是人与人的关系，更多的是对人性的关爱，最大限度缩短商品与顾客之间的距离，增加顾客对商品的亲近感和亲切感。

3)"润物细无声"。感性诉求广告要实现劝服效果不是教条式的说教,而是选择人们熟悉的题材,平中见奇,以平等的姿态动之以情,晓之以理,耳濡目染,潜移默化;以暗示的手法,让人们在共同的情感中不知不觉地接受观念。

4)增强产品的可信赖度和心理附加值。作为物质形态的商品,本来并不具备心理附加值的功能,但通过适当的广告宣传,这种心理附加值便会在消费者心中油然而生。人们购买和消费商品的时候,既有物质性需要又有精神性需要,二者相互交融。一方面,物质需要的满足可以带来精神上的愉悦;另一方面,精神上的满足又可以强化甚至替代物质需要的满足。

5)弱化商业意图。理性诉求广告为了使商品信息给消费者留下深刻印象,常常对这一信息给予特别的强调,"卖方"与"买方"的商业味道浓厚,但其效果往往适得其反。而感性诉求广告充分考虑了大众的接受心理,以温馨、幽默的形式进行广告意识形态表达,以弱化商业味道来达到营销效果的相对强化。

头脑风暴及应用

你喜欢看广告吗?你所看到的广告中那个广告最让你心动?心动的原因是什么?

实例链接 8-3

加多宝对不起体逆袭　加多宝王老吉微博营销战打响

2013年1月广州中院做出裁定,禁止加多宝使用"全国销量领先的红罐凉茶改名为加多宝"作为广告语,为此,加多宝在其官方微博上连发四个"对不起"逆袭而来,网友们迅速替王老吉回应了一组"没关系",两者的微博营销战就此拉开序幕。

加多宝对不起体

"对不起,是我们太笨,用了17年的时间才把中国的凉茶做成唯一可以比肩可口可乐的品牌。""对不起,是我们无能,卖凉茶可以,打官司不行。""对不起,是我们出身草根彻彻底底是民企的基因。"其微博部分截图如图8-14所示。加多宝在微博连发的四个"对不起"文案,并配以幼儿哭泣图片,迅速在微博走红。

据悉,此次加多宝为打赢官司,欲通过微博营销取得民心。一位与本次事件相关的负责人曾接受媒体采访时称,广告图中的哭泣宝宝让网友们对加多宝备感同情。加多宝希望通过微博营销为自己取得民心。

王老吉回应"没关系"

网友们积极响应加多宝,制作出的四个"没关系"也迅速走红。"没关系,是我们要赢,凉茶要卖好,官司也不能输。""是我们太囧,费了17年的时间才懂得祖宗留下的中国凉茶需要自己细心经营"等，如图 8-15 所示。

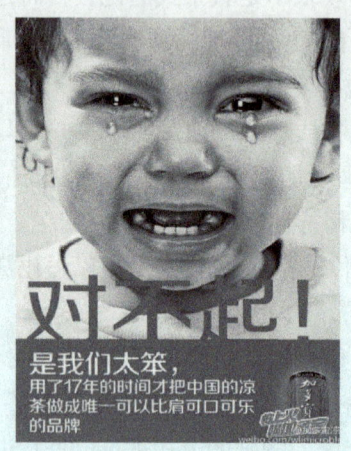 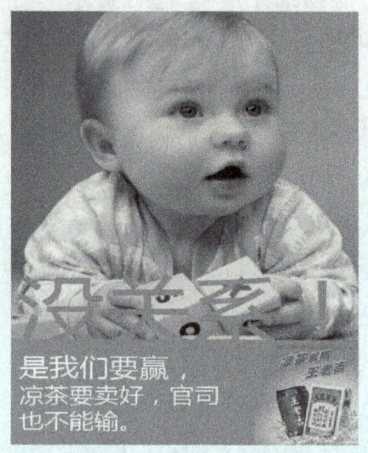

图 8-14 加多宝"对不起"微博部分截图　　图 8-15 王老吉"没关系"微博部分截图

相关媒体采访了加多宝，加多宝并没有否认"没关系"到底是不是出自王老吉之手，但广药相关人士称，王老吉愿意接受加多宝道歉。

业界相关营销专家认为加多宝此次"对不起"微博营销案件大打感情牌，加上王老吉的"没关系"系列，两者虽针锋相对却不乏诙谐幽默。一场硝烟弥漫却又轻松的微博战斗，不少网友以及相关媒体成了二者的助推器，在某种程度上算是双赢的局面。

（资料来源：站长之家，http://www.chinaz.com/news/2013/0206/292047.shtml）

【案例思考与应用】

王老吉和加多宝目前的广告主题是什么？其各自主要诉求点有哪些？

8.3 广告媒体选择与广告心理效果测定

广告媒体是广告的重要因素之一，广告媒体选择是否准确，将最终决定广告推广是否能顺利实施，以及最终能否取得预期的广告心理效果。

8.3.1 广告媒体的种类及特点

广告的媒体种类很多，主要有电视、报纸、网络、杂志、广播、POP 广告（营业现场广告）、户外广告（招贴画、广告牌、交通广告、灯箱广告等）等。常见广告媒体的特点如表 8-1 所示。

表 8-1 常见广告媒体的特点

广告媒体	媒体优点	媒体缺点
电视	传播范围广泛；演示性好，重复性高，感染力强，记忆效果好；表现力强，受众注意力高度集中	受到时间、地点设置等条件的限制，成本高；保存性差；过多的重复播放容易引起消费者的逆反心理
报纸	信息量大；准确性强；读者稳定，宣传覆盖率高；传播迅速，反应及时；可自由选择刊登日期；制作简单，费用较低	保存性差；时效性短；内容繁杂，易分散注意力；画面清晰度较差，不易引人注目
网络	传播范围广，速度快；具有即时互动性；表现手法生动；具备持久性和可检索性；目标顾客针对性强；能够展示产品；统计性强；信息量大，广告费用较低	目标对象具有较大的局限性；广告效果难以把握；网络媒体技术要求高
杂志	促销对象明确、稳定，效率高，阅读率和保存率较高；广告画面鲜明，易引人注目；读者稳定；时效较长	读者群比较窄，广告宣传面有限；制作周期固定且较长，信息传递延迟性较大；制作和印刷费用较高，成本较高
广播	传播迅速及时，表现方式灵活多样；传播对象较为广泛；针对性强；价格比较低廉	速度快，不便记忆；有音无文，无法查存；听众过于分散，效果难以估计
POP 广告	美化购物环境，提高顾客购买兴趣；使顾客就近观看商品，容易产生购买行为	设计成本高；要求设计人员有较高的营销策划、设计能力
户外广告	地理选择性好；持续时间长，过往行人可以反复观看；成本费用低	针对性差，表现内容少

8.3.2 广告媒体选择的因素

广告媒体的选择除了考虑以上媒体特点以外，还应考虑以下因素。

1．目标市场的媒体习惯

不同的消费者通常会接触特定的媒体,有针对性地为广告对象选择易于接受的媒体，是增强广告促销效果的有效方法。例如，女性消费者接触较多的是时尚类杂志、电视等广告媒体；而男性消费者接触较多的则是计算机、车友等杂志、计算机网络等广告媒体。

2．产品

根据企业所推销的产品或服务的性质与特征进行媒体选择。例如，工业品与消费品，技术性能较高的复杂产品与较普通的产品，在产品展示、对消费者的可信度、注意力与吸引力等各方面具有不同的特点，应采用不同的媒体进行广告宣传。

3．广告内容

广告媒体要受到广告信息内容的制约。例如，广告内容是告知近日的销售活动，报纸、电视、广播媒体最及时；而如果广告信息中有大量的技术资料，则宜登载在专业杂志上或邮寄广告媒体上。

4. 广告传播范围

广告媒体应使触及的影响范围与企业所要求的信息传播范围相适应。例如，企业产品是行销全国的，宜在全国性报纸或电视台、广播电台作广告；而在某一地区或城市销售的产品，则可以选择地方性报纸、电台等传播媒体。

5. 成本

不同媒体所需成本也是选择广告媒体的依据因素。依据各类媒体成本选择广告媒体，最重要的是考查媒体成本与广告收益之间的关系，在考虑媒体的传播速度、传播范围、记忆率等因素之后择优确定广告媒体，可以收到较好的效果。

头脑风暴及应用

你认为对年轻人影响最大的广告媒体是哪种？这种媒体经常使用于年轻人所消费的哪些商品的广告宣传？

小米核心粉丝和中坚粉丝的构成

小米科技创始人、董事长兼首席执行官雷军透露过，小米手机的目标顾客的特征："就是喜欢玩机的那群人，他们懂性能，喜欢折腾，就是手机控。"他们构成了核心专业级粉丝的一部分和中坚购买力量的大多数，其特征详细如下：

1. 因习惯依靠互联网生活且经常接触网络的宅男宅女，对新事物有较为开放的心态。
2. 对价格敏感的中等收入人群，大多数年轻人由于经济原因，对价格都很敏感，超高性价比的小米手机对他们非常有吸引力。
3. 痴迷于手机技术升级（包括软件＋硬件），但又苦于投入成本过高的智能手机发烧友。
4. 在纷繁复杂的社会，欲寻找精神、情感的归宿，热衷于在共同价值观相同的群体实现自我价值，得到彼此的认同和尊重。

如果说得更具体点，可以用以下指标来描述：

1. 年龄在20～28岁，一般在20～25岁。
2. 拥有大专以上学历，专业学的是理工科，对技术特别是IT痴迷。
3. 毕业不到5年，一般在2～3年，收入在2 000～6 000元。
4. 喜欢玩手机，喜欢上网，经常浏览太平洋电脑网、中关村在线等IT网站。
5. 有个人的消费主见，不喜欢随大溜。
6. 喜欢网购，不喜欢逛街。
7. 社会地位不高，大都从事的是底层技术支持工作，渴望被认同。

8.3.3 广告心理效果的测定

广告心理效果是广告信息经特定媒体传递给消费者后,对消费者心理活动的影响程度。这种效果具体反映在对消费者认识过程、情感过程和意志过程的影响上。

广告作用于消费者而引起的一系列心理效果,主要表现在对广告内容的感知反应、记忆程度、思维活动、情感体验和态度倾向等方面。企业广告宣传要达到预期的广告效果,必须定期进行广告心理效果的测定,并根据测评结果对产品广告进行调整。

1. 广告心理效果测定的内容

广告心理效果测定主要是判定广告对目标市场消费者引起的心理效应的大小,包括对商品信息的注意、兴趣、情绪、记忆、理解、动机、行动等心理活动反应。广告的心理效应是隐含的、潜在的、缓释的,不能通过市场上商品的销售量直接测定。实践中,通常测定的主要项目有:

(1) 注意度。主要是了解广告作品的吸引力。

(2) 知名度。主要了解消费者中有多少人知道商品的品牌和品质。

(3) 理解度。主要了解消费者对广告内容的理解程度,广告主题是否明确。

(4) 记忆度。主要了解消费者对广告内容的记忆程度,能否追忆广告内容,如商品的品牌、特性等。

(5) 购买动机。主要了解消费者购买商品是随意购买还是受广告影响而购买。

(6) 视听率。主要了解广告接触到多少消费者。

2. 广告心理效果测定的类型及方法

根据心理效果测定时间在广告播出前后的不同安排,广告心理效果测定分为事前测定和事后测定两种。

(1) 事前测定又称预审法,是在广告作品尚未正式刊播之前,邀请有关广告专家、消费者团体进行现场观摩,审查广告作品存在的问题,或者进行各种测验对广告作品可能获得的成效进行评价;根据测定的结果,及时调整广告促销策略,修正广告作品,突出广告的诉求点,提高其成功率。广告作品发布前心理效果的测定方法有以下几种。

1) 广告评分法。具体做法是抽查或邀请一定范围、一定人数的视听读者或有关专家来评价广告内容,评分时将广告的内容分解为吸引力、有用性、清晰度、感染力和敦促力五项指标,规定每项指标的最高分,最终根据参评分数对广告的效果做出评价。

2) 组织测试法。是在广告刊出以前,预先加以测试,被测试者必须从广告商品的消费者群体中选出。这种测试方式,可以测试出哪则广告最具有吸引力,广告的意图是否正确等。也可以将一组广告样本交给被调查者看多次,然后让其回忆所见过广告的印象,并对每则广告的特点加以说明。这种方法对于比较表现方式不同的广告的传播能力大小有一定作用。

3）实验室法。是利用先进的科学仪器在实验室中测定消费者广告效果心理反应的方法。目前正在研究和试用的大体有两种：一是根据人脑电波的变化来判断测试对象是否对广告宣传感兴趣；二是按照被测试者注视广告时瞳孔扩张的程度来判断广告的吸引力。

事前测定可以通过有计划地邀请若干有代表性的消费者来判断广告作品的心理效果，也可以在小区域范围内预报广告，定期收集心理效果。在修正广告作品之后，再向大范围区域做正式的广告传播。这种实地预审法适用于费用庞大的广告活动，可以避免因作品失败而导致经济上的损失。

（2）事后测定是指广告作品正式向大众传播后，进行总结性的收集广告心理效果，以便为下一阶段的广告活动决策提供决策依据而进行的测定，故又称复审法。事后测定是以广告播出的实地消费者为对象所收集的心理效应。事后测定有以下两种方法。

1）认知测验法。是给被调查者看一则广告，问他是否看见或听到过，若回答是肯定的，说明他对这个广告有认知。

2）回忆测验法。主要是测定广告心理效果中的理解记忆程度，可以利用询问或问卷法，探索消费者对看过的广告是否留存了印象，能回忆起多少广告信息。

总之，企业对产品广告心理效果的测定，需要消费者切实合作，调研者需采用真实的方法，具备高度的责任感，同时要注意依据商品的使用对象选择具有代表性的消费者进行测试。

知识与技能训练

1. 填空题

（1）（　　）是指特定的广告主（企业）有计划地以付费的方式通过大众媒体向其潜在顾客传递商品或劳务信息，以促进销售的公开宣传方式。

（2）商业广告由（　　）、（　　）、（　　）、（　　）和（　　）等要素组成。

（3）依据广告创意的特点，可以把广告分为（　　）和（　　）两大类。

（4）广告定位的心理策略包括（　　）、（　　）、（　　）、（　　）和（　　）。

（5）广告发布前心理效果的测定方法有（　　）（　　）和实验室法。

2. 判断题

（1）真实性是广告的生命和本质，是广告的灵魂。（　　）

（2）广告定位的实质是一个树立产品形象的问题。（　　）

（3）感性广告在现实生活中使用广泛，适用于所有的产品广告。（　　）

（4）广播媒体的覆盖面大，传播对象广泛。（　　）

（5）广告心理效果的测评主要依靠事后测评的方式。（　　）

3. 复习思考题

（1）商业广告的心理功能有哪些？
（2）商业广告应坚持的基本原则是什么？
（3）广告定位的心理策略有哪些？
（4）广告创意的心理策略有哪些？
（5）商业广告所使用的诉求方式有哪些？
（6）广告心理效果的测定方法有哪些？

4. 技能训练

（1）请为下列产品选择合适的广告媒体，并说明原因。
① 高级化妆品：_____
② 房地产：_____
③ 手机：_____
④ 小说：_____

（2）假设某家庭豆浆机生产企业预在电视媒体上进行广告宣传，请你为该企业设计一款感性广告文案，并进行场景设计。

_____
_____
_____

经典案例分析

品牌掷千金微信红包意在何为

32年前，春节联欢晚会开启了中国进入电视时代的大门，而2015年春晚，微信抢红包成为最大亮点，这一新举措则全面标志着中国进入全民移动互联网时代，春晚也从被动收看的电视时代进入到社交、互动和主动参与的跨屏时代。

更值得关注的是，这些在大年三十晚上飞舞的红包，全部来自企业，央视春晚广告从过去的硬广告、冠名、植入等形式，转换到借助一些新的移动互联网的介质，与用户进行互动，微信红包或许将成为企业电视广告与移动互联网融合的第一个转折点。

据微信官方数据，除夕当晚有185个国家的用户参与春晚微信摇红包，总人数达110亿人次；22时34分达到高峰，1分钟内同时摇红包的最高纪录为8.1亿人次；22时32分至22时42分发放红包总数高达1.2亿个，总金额超过5亿元。无论从人数、总金额还是密度来说，这既是一场全民的狂欢，也是一场春晚营销的盛宴。央视春晚微信广告如图8-16所示。

图 8-16 央视春晚微信广告

春晚广告的演变

从单一的广告、植入等形式到伴随场景的多元互动,央视春晚作为央视最为黄金的广告营销平台,历来都是品牌必争之地,广告包括硬性广告、植入广告以及新年祝福冠名、倒计时冠名、企业老总特写、片尾鸣谢等形式。

2015年央视春晚在微信红包加入后,广告从单向传播转向了互动和多元互动。首先,微信摇红包的形式,让广告具有更强的伴随性,而不再是被动接受,品牌信息随红包出现在消费者的视野;其次,微信摇红包,激活了中国三、四线城市市场消费者的互动,让更多的低线市场消费者参与进来,让互动实现了层层渗透;再次,与移动互联网结合,让广告信息的到达更精准,大数据的统计让广告效果可以量化和测量。

品牌电视广告的演变

央视春晚的微信抢红包,代表着一个新的传播融合时代的开始,品牌不能再做广告的搬运工,而是要让传统媒体成为人们互联网生活方式的一部分,品牌要寻找到新的沟通介质,让电视广告与移动互联网的行为链接起来,并制造出契合时间场景、交际场景和氛围的消费者参与和互动,让消费者在互动中记住品牌,从而提升品牌在消费者中的扩散力。例如,在抢红包之前,在微信"摇一摇"界面就出现了京东和泰康人寿等品牌,获得了超高的关注度,妈妈网作为亲子垂直细分领域代表,搭上这趟营销列车也收获明显。

此外,品牌借助红包这一新介质,还让营销变成了一种惊喜,甚至可以让营销变成激发消费行为的行动。在春节场景下,"红包"意味着好运,钱多少不是核心,摇到就是幸运,因此参与的企业也设置了红包优惠券,刺激消费者的行动力和广告转化率。

从传统大鳄到互联网新贵各有所获

从参与春晚微信红包的企业阵营和参与的形式看,电视与移动互联网整合营销的效应正在全面显现。14家参与春晚微信红包投放的广告主,可以分为三大阵营:传统大牌企业阵营,以洋河、泰康、招商银行、华为、平安保险、雪佛兰、海尔、伊利为代表;

知名互联网品牌阵营，以京东、微店为主要代表；垂直阵营，出现了唯一一个亲子垂直领域的互联网黑马妈妈网。从传统企业到互联网新贵，各自在做法上又有哪些新的特征呢？

第一，传统企业搭乘互动列车推广新品。例如，洋河酒业向来是央视春晚的常客，从冠名到产品植入，再到春节期间的节目赞助，始终不落人后。而2015年，洋河则专注了健康的新品洋河微分子酒与春晚红包的融合。蒙牛乳业旗下新近上市的植物基合资品牌Silk植朴磨坊也通过微信红包来撬动消费者对植物基健康营养品类的翘首期盼，其微信服务账号还从初一到十五期间陆续推出系列抽奖互动，奖品涵盖吃、喝、玩、乐各个方面。这两个传统大鳄，都是利用新的互动方式，来提升新品影响力。

第二，知名互联网企业搭乘央视春晚实现市场下沉。近几年，春晚的舞台上，互联网公司的身影成为广告的亮点之一。无论是阿里、360、小米、百度还是京东等，都选择了在春晚期间登台，核心的目标则是关注在三、四线市场。例如，京东在2015年春节期间，除春晚红包之外，贡献约总计1亿元现金和6亿元京东券，其中红包大战，旨在渠道下沉，通过现金和购物券红包，希望将品牌形象和购物优惠券送到三、四线地区，甚至农村地区。

第三，垂直黑马借助央视春晚平台转身飞跃。在参与微信红包中，有一家新锐企业值得关注，即妈妈网。妈妈网是腾讯战略投资的一家企业，虽不被大众熟知，但在很多准妈妈和妈妈群体中，却有着深远的影响。妈妈网摇红包的加入，让央视春晚平台对于垂直细分领域的品牌营销带来了示范效应。例如，春晚期间，妈妈网旗下移动端产品妈妈圈的品牌广告曝光次数高达5亿人次，有过千万用户摇得妈妈圈派出的红包，其单个红包最高金额达4 999元。妈妈网旗下另一电商产品小树熊母婴进口电商平台，通过春晚"摇红包"和初一"摇卡券"活动实现春晚品牌推广的完美链接，同时，其准确地定向全国女性用户，创造了超高的卡券兑换率和订单转化率。

微信和春晚两大平台合作本身就是历史性、代表性的事件，无论是作为土豪企业代表的洋河，还是互联网大鳄京东，抑或垂直领域黑马妈妈网，微信红包与春晚的联合，不仅为品牌的电视广告和春晚营销带来了新思路，而且开启了一个从场景到时点，从单线性到多层级，从弱关系到强关系的营销变革。

（资料来源：http://www.cmmo.cn/article-190080-1.html）

问题讨论：

（1）央视春晚摇红包广告形式的成功之道是什么？

（2）针对新一代"90后"的年轻人，最吸引他们的广告形式有哪些？

第9章 营销沟通与消费心理

 **学习目标**

知识目标

- 了解营销沟通的含义、途径与心理策略；
- 掌握营销人员与消费者的冲突与沟通；
- 掌握拒绝购买态度的形成、类型和转化。

能力目标

- 正确使用营销沟通的渠道，与消费者顺利进行沟通；
- 能够掌握避免与消费者发生冲突的策略，顺利转化消费者的拒绝购买态度。

知识结构

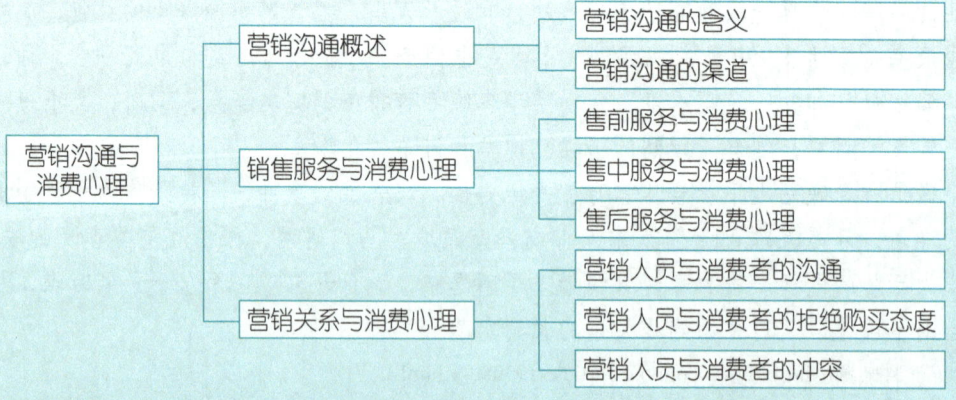

关键词

营销沟通　销售服务　营销关系　拒绝　冲突

建议学时

- 5学时，包含技能训练学时1.5学时

第9章 营销沟通与消费心理

导入案例

星巴克发起社会化营销活动"抬头行动"

BBDO 广告公司助星巴克发起社会化营销活动"抬头行动",提出"让我们抬起头,一起面对面用心交流吧"。活动首先在腾讯微博和新浪微博发起,呼吁大家一起来支持抬头行动。其相关广告如图 9-1 所示。

图 9-1 星巴克抬头行动广告

"世界上最远的距离,莫过于我们坐在一起,你却在玩手机。"各种移动终端、社交平台,正悄然改变着人们的生活习惯。跟家人、朋友相聚的时刻,大部分人却沉浸在移动终端不亦乐乎,以至于冷落了身边人。

为了"让大家抬起头,面对面用心交流,寻回对话的温度",腾讯微博上,自重阳节开始至今,"抬头行动"获得了 200 多万人支持,腾讯微博"抬头行动"话题量更是突破了 400 万,一度成为热门话题。

别因指尖精彩 错过身边亲情、友情

生活的忙碌,再加上各种移动终端和社交媒体的不断进步,人与人的交流渐渐趋向虚拟化。我们通常会遇到这样的画面,亲朋间聚餐时,当一道美食上桌,大家做的第一件事情不是品尝佳肴,而是先拍照并通过微博等社交媒体分享,然后在整顿饭的时间里,满心期盼着网友点赞和评论,在整个吃饭过程言语也甚少,头一直低着,其中一只手始终放不下手机。

某机构日前发布了白领手机指数调研,近八成受访白领表示自己依赖手机现象严重,具有明显的"手机依赖症"。数据显示,全国白领日均使用手机时长为 3.93 小时,意味着除去睡觉 8 小时以及工作 8 小时外,几乎占了白领一天时间的一半。

腾讯微博相关负责人表示,适时刷微博十分重要,刷微博时千万不要忽略人与人之间面对面的交流沟通，要多和身边的人交流，才能收获真情。该负责人呼吁广大网友不要因为指尖的精彩，而错过身边的亲情、友情……这也正是腾讯微博此次推出"抬头行动"的初衷。

唤醒亲朋间沟通　百万网友支持"抬头行动"

据了解，腾讯微博此次发起的"抬头行动"一经推出，就引起了强大的社会反响。星巴克相关负责人表示，10月13日该活动刚刚推出，许多顾客便纷纷来到星巴克门店签名，用实际行动支持这一行动。线上网友通过腾讯微博晒出自己的"抬头照"，表达自己对该活动的积极响应。

数据显示，截至22日中午12时，"抬头行动"在腾讯微博上已有2 002 872人支持，腾讯微博线上活动平台话题页广播200万条，相关广播667万条，4 496万次阅读滚动直播。有着"最萌法师"之称的延参法师通过腾讯微博参加了活动，并在微博里这样写道："'抬头行动'这世间人来人往，你是谁，我是谁，都不是陌生物种，低头不见抬头见，和几分，让几步，此心何妨宽几尺。"

真实沟通分享的重要性让该活动得到了越来越多人的认可和关注。专家表示，如今被一些移动终端"绑架"的年轻人，玩伴越来越少，也缺乏认同感，这不仅蚕食着长辈与晚辈之间的亲情，同辈间沟通的温度也都降到了冰点，亟待回温。眼下，腾讯微博掀起的"抬头行动"可以说是"雪中送炭"，恰到好处，让亲朋间沟通的温度得以升温。

星巴克相关负责人表示，"抬头行动"获得了超过200万名用户的支持，除了活动自身的社会意义引发网友共鸣，腾讯微博作为社交平台的社会影响力更是功不可没。腾讯微博5.8亿人次的注册用户，8 500万的日均活跃用户数，让腾讯微博拥有了"病毒式传播"的基因，这也正是星巴克选择与腾讯微博携手的主要原因。

对于微博的使用，星巴克和腾讯微博一致建议"适时、适地、适量"，不影响亲情、友情、爱情为原则。从现在开始，让我们抬起头来，面对面用心交流，让真情在你我之间流动。

（资料来源：麦迪逊邦网，http://www.madisonboom.com/tag/bbdo/）

? 问题思考：

星巴克与腾讯微博和新浪微博合作开展"抬头行动"，其营销沟通主要采取了哪种渠道？效果如何？

在产品销售过程中，市场营销人员应以消费者为中心，积极探索消费者心理，从而创造良好的销售环境，满足不同消费者的心理需要，最终促成消费者购买行为。但这一过程的成功取决于营销人员能否与消费者进行良好的沟通，并掌握一定的销售技巧以及其能否在整个销售过程中通过把握消费者心理，最终实现产品的销售。

9.1 营销沟通概述

现实中，买卖双方的沟通往往需要利用各种营销沟通渠道进行反复的沟通最终才会成功。怎样抓住意向消费者并将其变为自己真正的消费者，那就必须依赖良好的营销沟通方式。

9.1.1 营销沟通的含义

营销沟通是指企业或营销人员通过一定的媒介，将企业和商品信息、思想和情感传递给消费者，并寻求信息的反馈以达到相互理解，达成共同协议，进而实现商品买卖的过程。

营销沟通的定义包含了以下三个方面的要素。

（1）营销沟通传递信息、思想和情感。营销沟通传递的不仅是企业及其产品、服务的信息，还传递崭新的消费方式及高品位的生活观念。同时，有效的营销沟通通过人与人之间相互关爱、相互体贴、相互帮助的情感传递，可以迅速地拉近市场营销人员与消费者的距离。

（2）营销沟通是双向、互动的反馈和理解过程。良好的营销沟通必须是双向的。市场营销人员需时时观察消费者的兴趣关注点，利用消费者所感兴趣的营销沟通方式展开良好的沟通，其间对消费者针对产品和服务所关注的问题反馈，需站在消费者的角度，做出科学、公正的分析和解释，最终获得消费者的认可和理解。

（3）营销沟通是为了一个明确的目标而达成共同的协议。营销沟通的最终目标是营销人员通过各种营销沟通渠道展开与消费者的良好沟通，解决消费者的各种疑问，使企业所提供的产品与服务最终满足消费者的购买需求，并获得良好的消费者购后行为，即达成后期的重复购买或介绍新的消费者购买。

9.1.2 营销沟通的渠道

营销活动中，买卖双方的营销沟通必须通过一定的媒介或渠道来传递信息、思想和情感。在营销过程中，企业或营销人员常用的营销沟通渠道有以下几种。

1. 广告媒体

当今社会，企业为了有效地促进销售，通过公开宣传的形式，将其产品和服务的信息利用适当的营销信息沟通方式传递给消费者，广告是其中的一种最主要的方式。

广告的目的是引起广告受众的注意，对他们的心理产生影响。广告利用图像、声音、数字、图文并茂的方式刺激受众的感官（主要是视觉、听觉），引起他们的注意和兴趣，产生联想、记忆等认识活动。受众根据自身价值观、偏好对接收的信息进行思考、评价。

如果广告能满足受众主导需求，激发他们的购买动机，产生积极情绪，最后就会做出购买决策，产生购买行为。反之，广告受众就会选择放弃。

王老吉"让爱吉时回家"再出发

人在旅途，家是方向。帮助更多有实际困难的同胞回家团圆，是王老吉多年来始终坚持春节公益活动的目标与方向。在2016年春节，王老吉"让爱吉时回家"（其广告见图9-2）第四季如期举行，而在春运首日"让爱吉时回家"的爱心列车顺利送1 472名贫困大学生及务工青年返乡，而爱心大巴也顺利启程，真正做到了"让爱吉时回家"。

图9-2 王老吉"让爱吉时回家"广告

作为民族企业的代表，凉茶始祖王老吉在公益进程中不断探索，在王老吉看来，不同界别之间合作的广度、深度及其资源优化程度决定了一个公益项目的生命力，因此王老吉在2016年的活动中充分调动各界资源，不仅联合更多企事业单位加入公益活动中，更通过跨界联合扩大了社会影响力，进一步挖掘出了"公益+"时代的动力与方向。

"让爱吉时回家"是一场自2013年起由王老吉发起的持续多年的大型公益活动，旨在帮助在外游子返乡过团圆年。过去三年的活动中，王老吉的"吉"公益形式一直在不断升级，从第一年的线上吉金活动到第二年的吉金+漂流瓶送祝福，再到第三年的吉金+学生高铁专列，王老吉一直在努力为游子拓宽春节回家绿色通道。

对王老吉来说，通过跨界合作或许可以建立一个生态公益系统，整合和优化系统内的所有资源，从而达到1+1>2的效果。因此，这次的"让爱吉时回家"公益活动打破传统思维，大胆进行了跨界联合。在"互联网+"概念大行其道的时代，王老吉牵头"公益+"，充分调动、整合王老吉的品牌及渠道优势，成功帮助更多人踏上回家之路。

（资料来源：北京青年报）

【案例思考与应用】

王老吉的"让爱及时回家"活动如何达到了良好的营销沟通作用？

2. 人员推销

人员推销是企业通过营销人员与消费者的口头交谈来传递信息，说服消费者购买的一种营销活动。在沟通过程中，人员推销在建立消费者对产品的偏好、增强信任感及促成行为方面卓有成效。

在人员推销方式下，营销人员可以与消费者进行双向式的沟通，保持密切的联系，还可以对消费者的意见做出及时的反应。作为一种营销人员与消费者之间面对面进行的营销活动，从消费心理角度分析具有心理互动的直接性、心理反应的及时性以及心理影响的复杂性等特点。在网络技术日益发展、宽带运用逐渐推广及国际网络化信息浪潮的推动下，不远的将来，交互电视、多媒体传播等将为人们提供更为便捷的服务。

3. 互联网媒体

"互联网媒体"又称"网络媒体"，就是借助国际互联网这个信息传播平台，以计算机、电视机及移动电话等为终端，以文字、声音、图像等形式来传播新闻信息的一种数字化、多媒体的传播媒介。

互联网媒体传播速度快捷，信息来源广泛，制作发布信息简便。优点是文字、图片、声音、图像等传播符号和手段的有机结合，具有传受双方的双向互动性。缺点是互联网媒体的客户群以年轻人和中年人为主，老年消费者较少。

互联网媒体营销沟通

目前，互联网媒体与消费者的营销沟通已普遍被企业采用，各种网络调研、网络广告、网络服务等网络营销活动，正异常活跃地介入企业经营销售中。

1. 网上调研

网上调研可以利用Internet技术中多种搜索方法主动、积极地获取有用的信息和商机，能主动地进行价格比较，搜索获取消费者的需求和竞争对手的信息等商业情报。其大多应用于企业内部管理、商品行销、广告和业务推广等商业活动中。网上市场调研具有调查周期短、成本低的特点。

2. 信息发布

互联网营销主要是通过各种互联网媒体手段，将企业营销信息高效地向目标用户、合作伙伴、公众等群体传递，因此信息发布就成为网络营销的基本内容之一。互联网为企业发布信息创造了优越的条件，不仅可以将信息发布在企业网站上，还可以利用各种互联网营销工具和网络服务商的信息发布渠道向更大的范围传播信息。

3. 网站推广

网站推广是以互联网络为基础，利用数字化的信息和网络媒体的交互性来辅助营销目标实现的一种新型的市场营销方法。获得必要的访问量是互联网营销取得成效的基础,尤其对于中小企业,由于经营资源的限制,发布新闻、投放广告、开展大规模促销活动等宣传机会比较少,因此通过互联网手段进行网站推广的意义显得更为重要。

4. 网上销售

网上销售是通过互联网销售产品。网上销售是企业销售渠道在互联网上的延伸,一个具备网上交易功能的企业网站本身就是一个网上交易场所,网上销售渠道建设并不限于企业网站本身,还包括建立在专业电子商务平台上的网上店铺(如淘宝网),以及与其他电子商务网站不同形式的合作等。

5. 销售促进

市场营销的基本目的是为最终增加销售提供支持,网络营销也不例外,各种互联网营销方法大都直接或间接具有促进销售的效果,同时还有许多针对性的网上促销手段,如邮件广告、搜索引擎注册等。

6. 顾客关系管理

顾客关系管理(Customer Relationship Management,CRM)是一个不断加强与顾客交流,了解顾客需求,并对产品及服务进行改进和提高以满足顾客需求的连续过程;是企业利用信息技术和互联网技术实现对顾客的整合营销;是企业为了赢取新顾客,巩固保有既有顾客,以及增进顾客利润贡献度的方法。

互联网提供了更加方便的在线顾客服务手段,从形式最简单的FAQ(常见问题解答),到电子邮件、邮件列表,以及在线论坛和各种即时信息服务等,在线顾客服务具有成本低、效率高的优点,通过网络营销的交互性和良好的顾客服务手段,为建立良好的顾客关系、提高顾客满意和顾客忠诚奠定了基础。

4. 公共关系

公共关系是指企业在从事市场营销活动中,利用各种公共媒体来传播有关信息,以促进或保护企业形象,为企业的生存和发展创造良好环境,从而促进产品销售的一系列活动。这种营销活动,一般通过不付费的公共报道来传播,传播的信息带有新闻性,因而给消费者的一般感觉是有权威性的、公正可靠的,所以比较容易相信和接受。

公关的主要工具是新闻,新闻最具有权威性、准确性,有利于营造产品和企业的知名度,树立企业形象。另一个普遍应用的公关工具是特别活动,包括发布会、大型的开幕式、焰火表演、热气球升空、多媒体展示以及各种展览会等。特别活动能吸引消费者的注意,关注企业及产品。另外,企业也可以准备企业形象的书面材料,如年度报告、小册子、文章及公司的新闻小报和杂志、文具、招牌、制服等,这些能帮助创立企业的形象地位,并能很快被公众接受。企业还可以通过公益捐赠来提高企业在公众中的声誉。

> **头脑风暴及应用**
>
> 调查你周围的同学，分析他们在进行以下产品或服务消费时，营销信息沟通的主要渠道是什么？
> A．就餐　B．服装　C．洗发水　D．理发

9.2 销售服务与消费心理

营销沟通过程，本身就是为消费者提供服务的过程。销售服务是指企业为支持其核心产品，最大限度地满足消费者的需要而采取的各种措施，是伴随商品流通而提供的劳动服务。在市场竞争日益激烈的情况下，服务往往成为能否完成销售的关键因素。企业的销售服务由售前、售中和售后服务构成。

9.2.1 售前服务与消费心理

1. 售前服务的含义

售前服务是指产品从生产领域进入流通领域，但还未与消费者见面之前提供的各种服务。主要包括货源组织、商品运输、储存保管、再加工、广告宣传、拆零分装、柜台布置、橱窗设计、商品陈列、咨询、培训等服务工作。

消费者购买商品的心理活动，首先从对商品或营销现场的注意开始，进而逐步对商品产生兴趣，产生购买的欲望。售前服务心理主要体现在利用售前广告引起消费者的注意，商品的陈列力求使消费者产生兴趣，也体现在货源准备、商品质量检验等各项工作上。

2. 售前消费者心理分析

现实生活中，由于消费者自身条件的差别，他们在购买前的心理反应也不同。但具体说，消费者购买前心理特征集中表现在以下几个方面。

（1）多样性。不同的消费者购买同一种商品，由于个人的经济条件、生活习惯、性格爱好、性别年龄、文化水平、民族宗教等差异，表现出来的消费心理也不同。例如，经济条件优越者追求名牌、档次；收入水平低者则考虑物美价廉；年轻人喜欢追求新奇、时尚，等等。

（2）时尚性。消费者总有一种追求时髦和新颖的心理，称为时尚性。这种心理在不同价值观的国家和民族有不同的体现，不同收入和年龄的消费者表现的情形也不同。这种时尚性主要体现在对商品的外观、外形、包装等的需求上。例如，最近几年流行"购车热"，城市家庭中的汽车普及率日益上升，低至4万多元的QQ，高至几十万元的名车，出现在不同经济收入的消费人群和家庭当中。

（3）可诱导性。消费者的需求心理和购买行为与客观现实的刺激有很大的关联。生活和工作环境的变化、人与人之间的差异、文化教育素养的提高、大众媒介的传播、广告促销的诱导都会促使消费者的心理产生变化。

3. 售前服务心理策略

（1）建立目标市场服务档案，把握消费者心理需要。市场经过细分之后形成多个子市场，企业可以通过建立数据库，储存目标市场消费者的心理特征、购物习惯等方面的信息，为做好更有针对性的服务提供依据。例如，把消费者群按生活方式不同分为传统型、新潮型、节俭型、奢侈型、严肃型、活泼型等。

（2）最大限度地满足消费者的相关需求。消费者的需求不是单一的，除了主要需求以外，还有许多相关需求。最大限度地满足消费者的相关需求，会让消费者产生一种意外惊喜的感觉，从而促进其购买商品。例如，汽车品牌专卖店（汽车4S店）将整车销售、零配件供应、售后服务、信息反馈四项功能集于一体，最大限度地满足了消费者的需要。

实例链接 9-2

海底捞的超级服务

海底捞虽然是一家火锅店，它的核心业务却不是餐饮，而是服务。在将员工的主观能动性发挥到极致的情况下，"海底捞特色"日益丰富。2004年7月，海底捞进军北京，开始了一场对传统的标准化、单一化服务的颠覆革命。

在海底捞，顾客能真正找到"上帝的感觉"，甚至会觉得"不好意思"。甚至有食客点评，"现在都是平等社会了，让人很不习惯"。但他们不得不承认，海底捞的服务已经征服了绝大多数的火锅爱好者，顾客会乐此不疲地将在海底捞的就餐经历和心情发布在网上，越来越多的人被吸引到海底捞，一种类似于"病毒传播"的效应就此显现。

如果是在饭店，几乎每家海底捞都是一样的情形：等位区里人声鼎沸，等待人数几乎与就餐人数相同，这就是传说中的海底捞等位场景。等待，原本是一个痛苦的过程，海底捞却把这变成了一种愉悦：手持号码等待就餐的顾客一边观望屏幕上打出的座位信息，一边接过免费的水果、饮料、零食；如果是一大帮朋友在等待，服务员还会主动送上扑克牌、跳棋之类的桌面游戏供大家打发时间；或者趁等位的时间到餐厅上网区浏览网页；还可接受免费的美甲、擦皮鞋、按摩等服务（见图9-3）。

图 9-3 海底捞超级服务

即使提供的免费服务,海底捞一样不曾含糊。一名食客曾讲述:在大家等待美甲的时候,一个女孩不停地更换指甲颜色,反复折腾了大概 5 次。一旁的其他顾客都看不下去了,为其服务的人员依旧耐心十足。

待客人坐定点餐的时候,围裙、热毛巾已经一一奉送到眼前了。服务员还会细心地为长发的女士递上皮筋和发夹,以免头发垂落到食物里;戴眼镜的客人则会得到擦镜布,以免热气模糊镜片;服务员看到你把手机放在台面上,会不声不响地拿来小塑料袋装好,以防油腻……

每隔 15 分钟,就会有服务员主动更换你面前的热毛巾;如果你带了小孩子,服务员还会帮你喂孩子吃饭,陪他们在儿童天地做游戏;抽烟的人,他们会给你一个烟嘴,并告知烟焦油有害健康;为了消除口味,海底捞在卫生间中准备了牙膏、牙刷,甚至护肤品;过生日的客人,还会意外得到一些小礼物……如果你点的菜太多,服务员会善意地提醒你已经够吃;随行的人数较少,他们还会建议你点半份。

餐后,服务员马上送上口香糖,一路上所有服务员都会向你微笑道别。一个流传甚广的故事是,一位顾客结完账,临走时随口问了一句:"怎么没有冰激凌?" 5 分钟后,服务员拿着"可爱多"气喘吁吁地跑回来:"让你们久等了,这是刚从超市买来的。""只打了一个喷嚏,服务员就吩咐厨房做了碗姜汤送来,把我们给感动坏了。"很多顾客都曾有过类似的经历。孕妇会得到海底捞的服务员特意赠送的泡菜,分量还不小;如果某位顾客特别喜欢店内的免费食物,服务员也会单独打包一份让其带走……这就是海底捞的粉丝们所享受的,"花便宜的钱买到星级服务"的全过程。毫无疑问,这样贴身又贴心的"超级服务",经常会让人流连忘返,一次又一次不自觉地走向这家餐厅。

【案例思考与应用】

海底捞都采用了哪些售前服务措施让顾客找到了"上帝的感觉"?

(3)促使消费者认知接受商品。消费者认知接受商品需要一个过程,消除消费者的戒备心理,使消费者认知该商品,可以通过以下三个途径来解决。

其一，帮助消费者树立新的消费观念，引导消费者学习新的知识和技术，准确选购和使用商品。

其二，利用广告宣传与咨询服务等手段，增强消费者的注意力。

其三，售前进行商品质量检验，是确保售前服务质量的有效措施，也是确保柜台商品质量的有效措施。

9.2.2 售中服务与消费心理

1. 售中服务的含义

售中服务是在商品销售成交过程中，直接或间接地为消费者所提供的各种服务工作。例如，热情地为消费者介绍、展示产品，详细说明产品使用方法，耐心地帮助消费者挑选商品，解答消费者提出的问题，付款与结算等，其核心是为消费者提供方便条件和实在的物质服务，让消费者体会到购买商品的愉悦。

售中服务与消费者的实际购买行动相伴随，是促进商品成交的核心环节。销售过程既是满足消费者购买商品欲望的服务行为，又是不断满足消费者心理需要的服务行为。服务的好坏不但直接决定成交与否，更重要的是为消费者提供了享受感，从而增加消费者的购买欲望，在买卖双方之间形成相互信任、融洽而自然的气氛。

2. 售中消费者心理分析

消费者在接受售中服务的过程中，商品的价格、柜台服务、商品包装、商品名称与商标、店容店貌等因素都会对消费者的心理产生重要影响。除此之外，消费者在接受服务中还存在以下的期望需要满足。

（1）希望获得详尽的商品信息。消费者在采取购买行动之前，总是希望营销人员能对消费者所选购的商品提供尽可能详尽的信息，使自己了解商品，解决选购的疑惑与困难。一般情况下，越是技术复杂、价格高的产品，消费者需要了解的产品知识就越多。

（2）希望寻求决策帮助。当消费者选购商品时，营销人员是他们进行决策的重要咨询和参与者。当消费者拿不定主意时，往往希望得到营销人员的帮助。例如，站在消费者的角度，从维护消费者利益的立场出发帮助其做出决策；能提供令消费者信服的决策分析；能有针对性地解决消费者的疑虑与难题。

（3）希望受到热情的接待与尊敬。消费者对售中服务的社会心理需要，主要是能在选购过程中受到营销人员的热情接待，能使受人尊敬的需要得到满足。例如，受到营销人员的热情接待；营销人员满怀热忱，拿递商品不厌烦，回答问题耐心温和；在言谈话语之间，使消费者的优势与长处得到自我表现。

（4）追求及时、方便、快捷。消费者对售中服务期望的一个重要方面是追求方便、快捷。例如，减少等待时间，尽快受到接待，尽快完成购物过程，尽快携带商品离店；

方便挑选、方便交款、方便取货；已购商品迅速包装递交，大件商品能送货上门。

3. 售中服务心理策略

了解消费者心理对于售中服务至关重要，只有消费者对营销人员在销售过程中受到的接待完全满意，销售活动才算成功。如何使接待工作符合消费者的心理需要，将在 9.3 节中具体阐述。

9.2.3 售后服务与消费心理

1. 售后服务的含义

售后服务是指生产企业或零售企业在商品已经到达消费者手中、进入消费领域后，继续为消费者提供的各项服务。售后服务可以有效沟通与消费者的感情，获得消费者宝贵的意见，以消费者亲身感受的事实来扩大企业的影响，既是促销的手段，又起到"无声"广告宣传员的作用。例如，长虹公司的"阳光网络"服务工程宣言，格兰仕服务的"三大纪律，八项注意"等优质服务成为企业走向成功的一把金钥匙。

售后服务作为一种服务方式，内容极为广泛，包括咨询服务、"三包"服务、免费送货、免费安装、维修及培训操作人员等。据分析，面临激烈的市场竞争，维持一个老顾客的成本是寻求一个新顾客成本的 0.5 倍，而要使一个失去的老顾客重新成为新顾客所花费的成本，则是寻求一个新顾客成本的 10 倍。因此，保持或培养消费者的忠诚度至关重要，企业可以利用良好的售后服务维持和增加当前消费者的忠诚度。

2. 售后消费者心理分析

消费者进行购买以后的心理活动，主要表现为退换商品、反映商品的质量、询问使用方法、要求对商品进行维修、保修服务以及其他服务承诺兑现等过程中的心理感受，可归纳为以下几个方面。

（1）求助心理。消费者在要求送货安装、维修商品、询问使用方法和要求退换商品的时候，多会表现出请求商家给予帮助的心理状态。

（2）评价心理。消费者在购买商品以后，会自觉不自觉地进行关于购买商品的评价，即对所购商品是否满意进行评估，进而获得满意或后悔等心理体验。

（3）试探心理。由于主观和客观的多种因素，消费者对所购商品的评价在购买的初期可能不知道是否合适，甚至有些消费者希望更换商品。但是他们来到商店提出要求退换商品的问题时，往往具有试探的心理状态，以便进一步做出决断。

（4）退换心理。当消费者的商品被消费者确定为购买失误或因产品质量出现问题时，消费者就会产生要求退换商品或进行商品维修的心理状态。

3. 售后服务心理策略

针对消费者的售后服务心理，企业可采取以下策略。

（1）建立有效的服务网络。企业应建立广泛的售后服务网点，开通免费服务电话等方式，向消费者提供及时有效的售后服务。

（2）提供超值服务，不断创新服务方式。企业通过服务创新，向消费者提供超过预期的、更周到的服务。例如，建立售后服务网站，设立服务在线功能，消费者可以在网上与售后服务平台的服务人员直接进行咨询、报修及投诉，为消费者提供便利。

（3）赔偿策略。为了获得广大消费者的认可，企业往往建立诸如"差价赔偿"等相应的赔偿制度。例如，2008年，格力公司率先推出"一年包换，全额补偿"的赔偿措施，走在了空调同行的前列，普遍获得了消费者的欢迎，充分显示了格力产品不可撼动的市场地位。

（4）完善传统的售后服务方式。传统的售后服务方式随着时代的发展已不再满足消费者的消费需求，企业应对其进行改进和完善。

1）送货服务。对于购买较笨重及体积庞大的商品，或一次购买量过多、自行携带不便以及有某些特殊困难的消费者等，企业要提供送货服务。在行业竞争激烈的情况下，要注意送货服务的质量，要在"送货距离、送货难度、送货是否及时"等问题上尽量站在消费者角度进行妥善处理。

2）"三包"服务。"三包"服务是指企业在一定的时间范围内对自己销售的产品给予包退、包换、包修等的售后服务措施。例如，包退是指由于商品本身的原因在一定时间范围内对消费者提出的退货要求的满足；包换是指商品非本身质量问题在不影响二次销售的前提下对消费者提出换货要求的满足，或者由于商品本身的质量问题，但超出退货时间，只能对消费者提出的换货要求予以满足；包修是指商品在三包期内，超出退、换货时间，出现质量问题，对消费者提出的维修要求的满足。我国的法律法规对"三包"服务有相关的规定，生产企业往往针对最基本的服务规定给予消费者提供更优惠的"三包"服务条件，获取消费者对本品牌产品的信任。

头脑风暴及应用

请问你和你的家庭所购买的大件商品中，发生过哪些产品三包服务问题？企业是如何解决的？

实例链接 9-3

格力"一年包换全额补偿"缘何没有"山寨版"

2008年3月，山东家电业从未有过的一项服务举措震动了整个业界，山东格力正式推出"一年包换全额补偿"服务承诺，并在当年的3·15期间举办了新闻发布会。这项服务承诺之所以引起轰动,在于它全新的"理念"直接摆脱了"免费保修、包换"等同质化竞争的旧模式,直达消费服务的核心地带。给消费者最实际、最关切、最渴盼的消费需求一个坚实的保证。

免费保修和免费包换,都是出现问题之后,消费者接受厂家二次服务的无奈选择。消费者最需要的其实就是一个品质保证,买了一个品牌的产品之后,最好就不要再因质量问题与厂家进行"二次接触",由产品品质带来的舒适感、满足感、幸福感随时伴随着消费者。消费者有权利享受这些,厂家也有义务提供这些。"免费保修包换"向消费者传递的信息是"产品售后有保障",而格力的"一年包换全额补偿"想要告诉消费者的则是,买了格力产品后,你的生活质量有保障。免费保修包换,却免不了心情上的烦恼。格力将"售后弥补"变为"品牌承诺",从而摆脱了旧理念的樊笼,将格力品质与消费者的生活品质紧紧"粘连",而背后则是品牌实力、社会责任的巨大彰显。

何谓"一年包换全额补偿"?具体的表述是,凡购买格力家用空调的用户,如空调在一年内出现因压缩机、控制器、电机、四通阀性能故障造成不制冷、不制热的情况,格力公司将全额退款,并更换一台同型号新机作为补偿。更换+退款,是格力"一年包换全额补偿"举措的核心,也就是说,消费者一旦遇到因格力的产品质量带来的烦恼,不仅会得到退款,还能白得一台新空调。一年包换全额补偿,实际就是格力的品质保证金和对消费者的精神补偿金。

品质保证金。要想让消费者相信自己的品牌,首先要高度自信。所有的格力人都坚信,用20多年专业精神、持之以恒地技术创新、严苛的质量管理以及以实干兴邦的报国情怀锻造出来的格力品牌,就是为提升消费者生活品质而生的。消费者用自己手中的人民币为格力投了一张张信任票,投桃报李,格力就必须掏出自己的一颗心,回报消费者,感恩消费者。一年包换全额补偿服务承诺的推出,就是格力对自身品质的郑重保证,对广大消费者厚爱的庄严回报。

精神补偿金。对消费者权益的丝毫伤害,都是不可原谅的错误。都必须怀着万分的愧疚感去加倍补偿,加倍完善。格力以此不断鞭策自己,提醒自己。格力自觉将精神补偿概念纳入服务承诺中,把格力品牌视为一个有血有肉的生命体,体现的是格力对品牌责任的深刻理解和对企业责任的高度自觉。

一年包换全额补偿自2008年实施,业内即出现了一个奇妙的现象:以往那种一家推出某种举措,众人纷纷山寨的景象在这项承诺面前戛然"失灵",整个山东家电业寂然无声。山东格力一下戳到了行业的"软肋"。在强大实力缺位面前,其他品牌认为此举模仿成本巨大,风险太高。而格力推出这样的承诺,也正是源于其对自身品质的高度自信,以及对消费者强烈的责任感。

(资料来源:和讯网,http://news.hexun.com/2013-03-08/151851785.html)

【案例思考与应用】

格力公司的"一年包换全额补偿"体现了何种销售服务策略?

3）安装调试服务。消费者购买的商品，小件商品往往需要在柜台前给予消费者安装调试，大件商品则需要由企业安排专业人员上门服务，免费安装调试，保证出售商品的质量。

4）包装服务。商品包装是为消费者服务中必需的项目。例如，一些大中型和有声望的工商企业准备印有本企业名称、地址的商品包装物，既可以满足消费者求美的心理需求，又可为企业作广告宣传。

5）提供知识性指导及产品咨询服务。在一些复杂的商品购买后的使用过程中，如计算机类、软件类、大型机械设备类产品，缺乏专业知识的消费者经常遇到一些自己解决不了的问题，企业要提供及时的解答和指导。

6）爱心服务。大型产品或特色产品企业应建立完善的客户服务档案，定期或选择客户的重要节日对消费者进行回访，了解他们对商品的满意程度，虚心听取他们的意见。对产品和销售过程中存在的问题，采取积极的补救措施，满足消费者的合理要求。

9.3 营销关系与消费心理

营销活动中，营销人员所承担的商品销售工作是在与消费者的双向沟通中完成的。在消费者看来，营销人员是生产企业的代表，是销售企业的窗口和形象的化身，营销活动的成败，很大程度上取决于他们与消费者之间的关系。

9.3.1 营销人员与消费者的沟通

消费者购买商品，从接触商品、询问、挑选到成交，需要经过寻找目标、感知商品、产生联想、比较评价、采取行动、购后感受等一系列的心理活动过程。在这一过程中，协调消费者和营销人员之间的沟通，对销售过程的顺利实现具有重要作用。

1. 消费者进店购买动机类型及接待方法

营销人员做好接待工作，首先要对消费者进入营业场所的意图做出准确的判断，了解消费者光顾的动机，从而采取相应的接待措施。

（1）有明确购买计划的动机。这类消费者走进营业现场之前，已经明确了需要购买的商品的目标，进店的步伐较快，目光集中，迅速走到要购买商品的柜台，或向营销人员明确来意，指定品名购买。营销人员对此类消费者不必过多介绍商品，而应主动迎上去，及时、和蔼地回答问题。即使忙于接待其他顾客也要做到人未到语先行，尽量减少让消费者等候的时间。

（2）了解行情的动机（半明确型）。这类消费者是抱着碰运气、希望能购买到某种称心如意的商品的想法进入营业场所，事先没有明确的购买目标。进入现场的步伐较慢，神态自若，东瞧西看。对这类消费者，营销人员要把握接近时机，视其心理状态伺机向其介绍商品特点，注意说话的分寸，不要过早通报商品价格，避免冲淡消费者选购情绪。

（3）消遣或参观的动机。这类消费者大多是为了满足精神需求而来，进入现场后，步履悠闲，结伴说笑，专往热闹处瞧看，偶尔也向营销人员询问某些商品。对此类消费者，营销人员要密切注意其动向，当消费者在柜台前缓慢观察商品时，营销人员适时与其接触，主动打招呼，千万不要采取怠慢、应付的态度。

2. 营销人员与消费者有效心理沟通的技巧

沟通无处不在，无时不有，特别是对于与人打交道的营销人员而言，沟通有时比技能更重要。营销人员与消费者的沟通技巧应注意以下几点。

（1）伺机接待消费者。消费者进入营业环境，服务人员的第一步工作是接待。营销人员接近消费者要注意掌握恰当的时机：当消费者匆匆而来时，当消费者出神地观察一件商品时，当消费者驻足观看时，当消费者触摸商品时，当消费者开始翻找标价签时，当消费者左顾右盼时，当视线与消费者相遇时，当消费者欲向营销人员询问时。有效地接近不仅能解答消费者的疑问，而且会加深与消费者之间的感情，有利于工作的开展。

（2）适时展示商品。营销人员在与消费者接触后，了解到消费者的购买意向，应及时向其展示商品，这是消费者购买过程中的感知商品阶段。展示商品时要满足不同消费者对不同商品的选择要求，激发消费者对商品的兴趣。例如，除了易脏、易损的商品以外（如白色服装），尽量让消费者体验商品；多种类的展示商品，一般从低档向高档展示，以保护消费者的自尊心；同时营销人员还应根据消费者的不同年龄、性别、职业以及个性特征进行介绍。

（3）诱导消费者购买欲望，促进购买行动。营销人员诱导消费者产生购买行动一般可以采取以下措施。

1）深入说明与介绍产品。例如，对犹豫不决的消费者要找到问题的关键，有针对性地、客观地对商品的功能和使用方法进行展示和说明，充分提示消费者应该注意商品的某些优势，以及购买该商品所带来的好处，引导他们进一步肯定商品。

2）推荐产品，让消费者权衡利弊。例如，站在消费者的立场上委婉如实地解释商品的优缺点，让消费者自己进行比较、认可。

3）实际操作表演。例如，试听、试看、试穿、试戴、试玩等，让消费者亲自体验商品的功能和特点，以消除不信任的心理。

4）赋予寓意，启发联想。例如，从商品的命名、包装、造型、色彩等方面，揭示某些迎合消费者心意的有关寓意或象征，丰富消费者对商品的联想。

5）提供经验数据，增强信心。例如，营销人员可以把生产厂家对商品进行的性能测试数据或客户使用产品的意见提供给消费者，使他们更准确地了解商品信息，从而消除对商品的疑虑和担心，促进购买。

（4）办妥成交手续，促使再次光临。消费者决定购买后，营销人员首先应表示感谢，对其选择给予恰当的赞许和夸奖，增添达成交易带给交易双方的喜悦气氛，然后进行包装商品和结算工作，主动征求消费者对商品的包装要求，以适宜消费者方便携带，并提醒消费者使用时应注意的事项。同时营销人员要关注消费者的购后态度和行为，及时做好信息反馈，妥善处理消费者不满意的情况，做好售后服务。

9.3.2 营销人员与消费者的拒绝购买态度

消费者在购买过程中经过对商品的观察和了解，特别是对商品进行接触、比较和选择，最终还是可能会产生拒绝购买心理而中止购买过程。因此，营销人员必须认真研究消费者的拒绝心理态度，并给予适当的引导。

1. 消费者拒绝购买态度的形成

消费者拒绝购买态度是由于对产品或服务持有一种否定或不满意的态度，即消费者对产品或服务产生不信任或不太信任，进而形成拒绝购买的态度。

拒绝购买态度的形成受许多因素的影响：既有来自外在的刺激因素，也有来自内在的刺激因素；可能是由于环境气氛、销售方式、服务态度、商品品质，也可能是由于心理特征、需要、动机、情感和意志，还可能是由于消费习惯、消费水平、消费趋向等。归纳起来主要由认知、情感和行动倾向组成。例如，某个消费者对某一商品有想法与看法，认为该商品华而不实，中看不中用（认知性因素），感到很不满意，甚至产生反感（情感性因素），由此对营销人员提出意见，问题如得不到圆满的解决，于是拒绝购买（行为性因素）。

2. 消费者拒绝购买态度的类型

对某种商品的态度，不同的消费者有不同的方向与程度。根据购买心理的强弱、深浅的强度不同，拒绝购买态度主要有表面的拒绝、真正的拒绝和隐蔽的拒绝三种类型。

（1）表面的拒绝。表面的拒绝是指消费者没有经过深思熟虑，只是出于本能的自我保护而拒绝购买某一商品，是带有随意性的初步决定。

消费者表面拒绝的原因有以下几种：

1）消费者对某一商品认知甚少，甚至一无所知，或者虽有一定的了解，但未能建立对商品稳定的见解，疑虑较重，购买信心不足。

2）消费者通过认知和情感活动，认为商品的质量、性能等方面还不能完全满足其心理需要。

3）消费者认为现在买不买都可以，购买时间不紧迫。由于以上原因占据了消费者心理活动的主导地位，由此做出拒绝购买的表面决定。

（2）真正的拒绝。真正的拒绝是指消费者拒绝购买某一商品，是经过认知、情感、想象、思维等一系列心理活动而采取的最终决定。

在购买活动中，遭到真正拒绝的原因有以下几种：

1）消费者对某些商品根本没有需求。

2）消费者对某些商品或服务不满意，甚至产生反感。

3）消费者根据个人或他人的经历，以往的经验和习惯，对某些商品有偏见，对使用上的安全、效能等极不信任。

以上原因都会使消费者采取真正的拒绝行为。

（3）隐蔽的拒绝。隐蔽的拒绝是指消费者拒绝购买某一商品时，由于某种心理需要说出的拒绝购买理由不真实，甚至是违心的，而真正拒绝的原因则被隐蔽了起来。

消费者不愿说出拒绝购买的真实原因，大致有如下几种：

1）商品价格昂贵，消费者虽对产品质量认可但缺乏足够的购买力，从而拒绝购买。

2）出于对商品的认知程度低，而又不愿意显露个人对商品的知识水平。

3）购买的欲求不强，只是随意看看，或者打听价格行情。

4）对商品或服务的某个方面印象不好，但又不愿引起不必要的争执。

5）由于购买者或使用者意见不一致，或者自己不拥有决策权，难于做出购买决定。

由于以上自尊心的原因而进行的拒绝即隐蔽的拒绝。

3. 消费者拒绝购买态度的转化

在营销活动中，由于消费者的个性心理是无法改变的，只能通过一定的方式对之施加影响，以使其朝着营销人员满意的方向转变，即转变消费者的拒绝购买态度为购买的态度。

消费者拒绝态度的转化可采用以下两种方式：一是性质的改变，即转变购买态度的方向，使拒绝购买的态度转化为实际购买的态度，如由不喜欢的态度改变为喜欢，由厌恶改变为欣赏，由反对改变为赞同等；二是度的转变，即转变购买态度的强度，但方向保持不变，使拒绝购买态度由强向弱转化，如由强烈反对变为稍微反对，由极不满意变为不太满意等。这种购买态度的转变，虽然其方向没有变化，但对消费者的心理影响，对实现延期购买会产生一定的效应。

（1）表面拒绝购买态度的转化。表面拒绝购买的消费者，往往是由于本能的自我保护和对商品缺乏全面、深入的认识而采取的初步决定。营销人员应熟练、巧妙地利用各种营销沟通方法，让消费者了解商品，消除消费者的不安，唤起消费者的兴趣，为吸引其购买创造条件。常见的有以下几种方法。

1）加强消费教育与指导，传授商品新知识，提高商品的吸引力。

2）引导消费者认识商品，强调商品能给消费者带来的利益。提供必要的条件或方式，让消费者有机会亲自体验商品，促使消费者对商品产生积极、肯定的态度。

3）利用良机激励消费者。例如，当消费者说"你们的商品的确不错，不过我现在不着急购买"时，可以这样回答："本周是我们的优惠周，如果您在优惠期购买，就会有意外的收获、免费的升级服务、最新研制的试用样品等，这是一个绝好的机会，机不可失呀！"

营销人员应努力做好以上工作，即使不能立即使消费者改变态度，也可能使其实现延期购买。

（2）真正拒绝购买态度的转化。持有真正拒绝购买态度的消费者，通常经过深思熟虑，要转化这种态度的方向较为困难。但是营销人员仍可以采取以下推销技巧来转变拒绝购买态度的强度，为实现延期购买奠定基础。

1）宽宏大量，面带微笑。这是营销人员应该具备的基本素质。微笑具有传递功能，它能传递你心中的爱意，让对方感到友善、温暖，从而消除敌意和戒心，建立信赖。

2）倾听、多问。找到消费者形成偏见的原因，消除消费者对商品的不良印象。

3）转移其注意力，指导消费。创造新需求与兴趣，介绍消费者希望了解的商品。

4）尊重消费者，永不争论。争论本身会带给消费者不快，谈话制造的不愉快气氛会让营销人员得不偿失。

5）热情周到的服务，留给消费者一个良好的印象。如果有转变态度的可能，营销人员应尽力解除消费者的心理障碍；如果不可实现，要与其交谈感兴趣的话题，避免产生尴尬的气氛，不欢而散，使消费者产生敌对情绪。

（3）隐蔽拒绝购买态度的转化。对于隐蔽拒绝购买的消费者，应尊重其心理需要、习惯需要、社会需要等，强化商品的物理特性与心理功能，增加购买者的购买倾向。

处理隐蔽拒绝购买行为，如能迅速对拒绝购买的真正原因做出判断，尽可能解释说服，效果固然较好。但是，由于该拒绝心理的隐蔽性，要确切地掌握其原因比较困难。为此，在处理中应更为慎重，不宜乱猜测，强制说服，可以采取以下策略和方法。

1）分析消费者拒绝购买的真正原因，但不宜当面指出，更不能讽刺、嘲笑和挖苦。营销人员应尊重与谅解消费者的心理需要，避免为此与消费者发生争吵，形成僵局。

2）对于消费者以某种不恰当的理由而拒绝购买，不要盲目附和，应把该商品在社会流行和畅销的状况，以及其他消费者对商品的评价意见传递给消费者，或者把商品售后服务的有关项目，企业的经营传统、服务精神和信誉保证等方面的要点反映给消费者，以强化商品的综合吸引力，促进其购买行动。

3）利用消费者个人与团体的作用间接地改变消费者的态度。例如，向伴随选购者同来的消费者征求意见，让有影响力的陪客发表见解。

4）保持真诚合作的态度，尽量使消费者的心理需要得到满足。例如，有些消费者认为价格太高，就想得到一些其他的好处，但是碍于面子不好意思说出，这时如果营销人员能主动提供免费送货和安装等服务，就有可能促成交易。

营销人员在转化拒绝购买态度的说服工作中，要特别注意：改变拒绝购买态度，不一定要消费者立即购买，要为下次的商品推销作准备。消费者的态度受很多因素的影响，随时都会发生改变。营销人员应在一次次不成功的接待中吸取教训，为下一次的服务做好准备。

9.3.3 营销人员与消费者的冲突

在营销过程中，营销人员经常与消费者发生冲突，处理不当，将会严重影响买卖双方的关系。因此掌握如何化解冲突是营销人员所必须具备的能力。

1. 冲突产生的原因

冲突产生的原因多种多样，既有主观因素也有客观因素。归纳起来，主要有以下几个方面的原因。

（1）双方买卖关系的不对称性而引起的冲突。一方面，在购买过程中，营销人员希望多销售商品，卖高价多赚钱，而消费者则想以最低的价格购买最满意的商品，以实现自己利益的最大满足，心理状态的不一致导致利益的不一致，从而产生不信任的心理，最终导致冲突的发生。另一方面，生产厂家和营销人员对产品的生产、销售、使用、维修有较全面的了解，而大多数消费者对商品的销售状况、质量好坏不了解，二者信息不对称，从而造成双方的不信任，容易导致冲突发生。

（2）消费者与营销人员双方情绪变化引起的冲突。消费者因情绪不佳而态度偏激、语气粗暴时，如果营销人员不能正确对待，容易产生冲突；反之，营销人员态度不好，接待消费者不耐烦或故意怠慢，也会引起矛盾和冲突。

（3）推销品、营销人员以及企业方面的原因。有的消费者认为商品质量不过硬，以次充好、价格太高，物非所值；有的消费者认为包装简陋、品牌没有知名度；有的消费者认为服务质量不能令人满意。另外，还包括营销人员素质低、能力差和企业不注重自身形象等原因，如营销人员推销礼仪不当、知识面狭窄、业务不精、服务不到位、企业不注重自我宣传、缺乏知名度、生产假冒伪劣产品、破坏生态环境等。

（4）营销人员不能正确对待消费者意见而引起的冲突。在购买过程中经常会出现消费者给企业或营销人员提意见的情况。消费者提出的意见多种多样、原因复杂，有善意的批评意见、自我表现式的反对意见、带有强烈感情色彩的偏见，甚至有恶意中伤。对于这些意见，如果营销人员不能正确对待，妥善处理，只是消极拖延或针锋相对地反驳，很可能会造成矛盾冲突，甚至形成难以收拾的局面。

（5）销售过程中的其他原因。有的是由于节假日人多，服务人员人手不足，消费者等待时间较长；有的消费者要求退换商品，营销人员不愿接受；也有的是由于营销人员违反职业道德，服务态度恶劣，以次充好，引起冲突。

头脑风暴及应用

回忆你最近的一次购物，是否与营销人员发生过冲突？冲突的原因是什么？冲突是如何解决的？

2. 冲突的排除和预防

无论是何种原因引起的冲突，只要发生了就会对企业造成巨大的损失，不仅影响其社会形象，更直接影响其经济利益的实现，也不利于满足消费者的需求。为此，企业必须采取相应措施，尽量避免或消除购买行为中的矛盾和冲突。

（1）站在消费者的立场考虑问题。买卖双方由于站在不同的立场，所以才产生冲突。为此，营销人员要树立"消费者至上"的营销理念，站在消费者的角度，处处为消费者着想。对消费者的一些过激言行表示理解和支持，消费者只有感受到营销人员真心实意的关怀，才会避免冲突发生。

（2）保持微笑，善于倾听，尊重消费者，永不争论。营销人员真诚的微笑能化解消费者的坏情绪，使满怀怨气的消费者情绪平缓，友好合作，达到双方满意的结果。同时消费者不一定都正确无误，但从营销人员的角度来说，消费者永远是正确的。勿以赢得与消费者的争论为目的，要谨记自己的职责，时刻以尊重消费者为前提，认真倾听，耐心讲解，永不争论，从消费者的抱怨中找到真正原因以及消费者抱怨期望的结果。

（3）提高营销人员的业务能力。营销人员要提高自己的思想修养，全面掌握科学文化及业务知识，在向消费者宣传时增强自信心，更好地解答消费者的疑问，从而获得消费者对他的信任。另外，增强自我控制的能力，在任何情况下都要保持头脑冷静，即使遇到消费者的无理指责和故意挑剔，也要平心静气，避免冲突的发生。

（4）正确处理消费者的不同或反对的意见。营销人员要学会正确处理消费者的不同或反对意见，要注意以下问题：

1）学会分辨消费者反对意见的性质，针对不同消费者的关心商品的疑问、拒绝购买的借口、误解和偏见以及消费者自我表现等原因的反对意见，要区别对待。

2）解答消费者反对意见时要积极、主动、诚恳，善于控制局面。

3）掌握反驳消费者不同意见的时机。

4）处理反对意见要量力而行。

（5）妥善处理冲突及既成事实的赔偿。营销人员要依法维护消费者的合法权益，对消费者的损失要先向消费者道歉，询问损失的具体原因，并记录重点。耐心听取消费者的意见，及时、合理地采取补偿措施，解决问题，消除冲突。不能因小失大，使冲突升级。

知识与技能训练

1. 填空题

（1）营销沟通的渠道包括（   ）、（   ）、（   ）和（   ）。

（2）消费者购买前心理特征集中表现在（   ）、（   ）和（   ）。

（3）消费者进店购买动机类型包括（   ）（   ）和（   ）。

（4）拒绝购买态度主要有（   ）（   ）（   ）三种类型。

2. 判断题

（1）消费沟通是一种单向传递方式，由营销人员把信息传递给消费者。（   ）

（2）营销人员与消费者之间发生冲突是在所难免的。（   ）

（3）对于逛逛或看热闹的消费者我们没必要接待。（   ）

（4）办理成交手续是柜台接待的最后一步，营销人员只负责把商品包装起来交给消费者就行了，没必要交代产品使用过程中的其他事项。（   ）

（5）真正拒绝购买态度通常是最后的决定，是没办法转变的。（   ）

3. 复习思考题

（1）什么是营销沟通？营销沟通包含哪些基本要素？

（2）在售前、售中和售后的各阶段消费者有哪些心理特点？可采取哪些服务心理策略？

（3）营销人员与消费者有效心理沟通的技巧和方法有哪些？

（4）营销过程中消费者的拒绝购买态度有哪几种？如何转化？

（5）营销人员与消费者沟通过程中发生冲突的主要原因是什么？该如何排除和预防？

4. 技能训练

（1）2人一组，到附近商场的某一柜台（品牌的化妆品柜台或服装柜台）进行观察，观察营销人员和消费者之间有没有发生冲突，为什么会发生冲突，总结用哪些方法可以排除或预防冲突的发生。

_____

_____

（2）目前一部分保健产品的目标顾客全部是老年人，请以某保健产品为例，进行相应的市场调研，分析该类保健产品根据老年人的消费心理推出了哪些营销沟通方式？

产品：_____

营销沟通方式：_____
_____
_____

 经典案例分析

看王品如何攫取顾客反馈中的商机

尽管用餐结束后填写反馈问卷的做法在餐饮业分外流行，但对它质疑的声音从未停止。甚至很多人认为，消费者有随意勾画的可能性，出于个人隐私的保护意识也使他们不愿留下更多信息，这样调查得到的数据存在缺陷，用它来指导和改进生意完全靠不住。

来自台湾的第一大餐饮集团——王品集团（以下简称王品），没有让这种顾客满意度调查流于表面。王品在过去几年挖掘、积攒了丰富的消费者反馈数据，王品台塑牛排在台湾的顾客资料已达到约 200 万份，自 2003 年进入大陆市场到现在累积的客户资料近 20 万份。

海量的顾客资料和数据俨然成为王品发展的助力。2012 年王品于台湾上市，旗下拥有王品台塑牛排、西堤牛排、陶板屋、原烧等 13 个品牌和 300 多家门店，年销售额 25.40 亿元，其中进驻大陆 5 个品牌共 58 家门店，营收额为 5.60 亿元。王品台塑牛排广告如图 9-4 所示。

图 9-4 王品台塑牛排广告

王品如何将顾客反馈做成一门学问？顾客反馈除了能帮助改进其菜品和服务外，还有怎样的玄妙？

天使专线

初看王品台塑牛排的意见调查表，与通常的餐后问卷并无二致，但细究一下则发现其细致之处，比如在用餐后感觉的问题中，详细列举了主餐、面包、汤类、沙拉、甜点、

饮料、服务和整洁等类别。除了常规的满意度调查，还涉及顾客生日和结婚纪念日等个人问题。王品集团大陆事业群执行长李森斌表示，他们遵循客户自愿填写的原则，即便这样每月还是能够收到约2 000份新客户的有效资料。

许多公司会忽视顾客反馈后的分析，即使在相关数据具备的情况之下。王品的开发部门成立了一个资料分析小组，从"满意度"寻找产品和服务的问题；从"用餐频率"分析消费者忠诚度；询问消费者是否愿意推荐给家庭成员或朋友，这比"满意度"更能了解消费者的真实想法。透过数据分析，王品的店长也能从中针对异常情况做出管理控制。

王品台塑牛排主打中高价位套餐制西餐料理，消费群体多属中高端的商务人士。针对这样的消费群体，王品每个店大约设置60名服务员，一名服务员通常只负责两桌客人。当客人在就餐过程中对某项菜品表现出特殊喜爱时，服务员需要当场询问他是否需要多来一份，并将这个偏好信息录入王品的客户数据库。

在王品消费满15次后，可获得白金卡会员身份。王品集团大陆事业群市场部副总经理赵广丰介绍，白金卡客户到任何一个城市的王品店就餐，服务员都会根据数据库了解到顾客信息，也会根据记录询问要不要多来一份他喜爱的菜品，以此营造一种宾至如归的感觉。录入资料库的顾客会在特殊节庆日和新品上市时，收到王品发来的信息。

在生日和结婚纪念日到王品就餐的顾客，王品会提供一些额外惊喜，如赠送蜡烛和蛋糕等。这项支出来自王品每家店每月500元的"慷慨基金"。赵广丰表示，这500元每个月必须花出去，哪怕是帮助客人去购买王品本身并不提供的饮料。

如遇有客人在填写调查表时对某项菜品和服务打出差评，店长会马上道歉并找出原因和解决之道。王品设置了一个400意见专线，如果客户直接拨打电话进行投诉，专线负责人会将意见记录在案后，马上电话通知该店店长，同时在30分钟内将此意见编辑短信发送至李森斌和大陆事业群主席陈正辉，他们是第一时间了解情况的最高负责人。

该店店长需在3小时内联系到顾客进行口头致歉，并在3天内对顾客进行拜访。"只要客户有抱怨，跪也要把客人跪回来。"李森斌表示，这是公司内部的一条准则。

"如果有店员通知400来电话了，店长几乎会吓得腿都软了。"赵广丰介绍，尽管该专线对外被称为"天使专线"，但对于店长来说则几乎是"死亡之音"。按照王品的规定，如果一个店铺一个月内没有收到任何投诉，则可以在月底拿到集团下发的1 000元奖金，供所有店员外出活动使用。

400意见专线由上海呼叫中心的三名专职人员负责。由于服务的不断改进，目前抱怨和投诉意见的电话大约每月不到10个。曾经有一次，一位女性顾客跟专线人员抱怨了整整8小时。让顾客使用畅通便捷的渠道表达不满会带来什么结果？

"越刁钻的客人其实我们越欢迎。"李森斌透露，几天前刚拜访了一位"刁钻"的顾客，此人几乎吃遍了王品在北京的所有门店，几乎每次就餐结束都会拨打王品的400意见专线进行抱怨，诸如上菜慢了些、汤不够热、柠檬少了一片或者服务员笑容不够热情等细小问题。在郑重道歉和拜访后，李发现这位顾客其实已经是王品的铁杆粉丝，他经常把公司活动和客户见面的地点选择在王品。事实显示，哪怕是最挑剔的客户也可以让王品受益。

开店 DNA

如果当初没有改变职业方向，那么陈正辉现在可能还在经营着他的鸵鸟游乐园。1990 年陈正辉与戴胜益联合建立了王品台塑牛排，创办灵感是当时台塑集团董事长王永庆的夫人为丈夫钻研出全熟且口感还很鲜嫩的牛排做法，戴胜益在一次品尝后受到启发，王品牛排被称为王永庆的私房餐厅也由此而来。

1999 年，在台湾时任店长的李森斌被派往美国开拓新市场，3 年之后，王品在美国折戟而归，李总结教训说："到美国经营美国人最熟悉的牛排，就好比美国人到中国开火锅店一样。"随后王品在 2003 年进入大陆市场。

王品台塑牛排在上海开出第一家店小试牛刀（微博），结果十分火爆，随后王品加快了步伐。"成功是最坏的教材。"李森斌说，之后王品引入的几个品牌，除了西堤牛排外，陶板屋日式料理、丰滑火锅都不成功，10 年发展一路跌跌撞撞。

王品在台湾有一个"151"法则，即开一家新店，一年后的营业额要做到投资额的 5 倍，利润则和投资额相当。但在大陆，王品此前基本只能做到 1：4：0.5，2012 年达到 1：5：0.6。

王品在大陆 23 个城市，共开有 58 家门店，包含王品台塑牛排 36 家、西堤牛排 20 家、花隐和 LAMU 各一家，以及与菲律宾最大连锁餐饮集团快乐蜂（JOLLEBEE）合资成立的石二锅 3 家。按照王品集团的未来计划，他们希望在五年内逐渐扩展到 35 个城市。

在进入城市选择上，王品对标的对象是百胜集团、麦当劳和星巴克。"看它们在一个城市的店数，就是这个城市的西化程度。"李森斌表示，王品多品牌的共同特色是异国料理，因为异国料理容易做到标准化，王品集团内部提出过进入中餐的设想，但在条件不成熟时不会贸然涉猎。

王品对不同地域的消费者偏好很有研究。华北地区偏好餐厅装修大气宽敞，上海喜欢小资情调，华南地区则偏爱阳光普照。通过消费者反馈分析，王品更能了解消费者的目的与愿望，从而采取措施吸引踏进王品牛排的顾客重复消费。

在店面选址上，王品最初依靠在台湾的经验，由于台湾的顾客喜欢临街的餐厅，他们也倾向于寻找临街店铺，但结果是租金高而有效客流量不足。例如，王品在上海的第二家店面选址在淮海路，看重的是客流量，但实际上游客居多，造成开业后经营一直比较惨淡。

现在选择在哪里开店，王品会从消费者的反馈问卷分析中获得答案。最新的王品消费者意见调查表中新增了短期调研问题，通过"何时决定来本店消费？从何处来本店就餐？除王品外，还经常光顾哪些中餐、咖啡和奢侈品等业态"来判断顾客与店面的距离和市场开发的机会。"我们希望通过这些数据的统计分析,找到自身的开店DNA。"李森斌对《环球企业家》说。

(资料来源:市场部网站,http://www.shichangbu.com/article-18123-1.html)

 问题讨论:

(1)王品台塑牛排采用了哪些方法开展营销沟通?

(2)王品台塑牛排营销沟通的主要对象有哪些?效果如何?

第10章 营销环境与消费心理

 学习目标

知识目标

◆ 掌握商店的地址、招牌、店标、店门和橱窗等对消费心理的影响；
◆ 掌握商店内部装饰对消费心理的影响；
◆ 掌握商店商品的陈列对消费心理的影响。

能力目标

◆ 能够正确运用商店的店容、店貌等消费心理策略开展营销活动；
◆ 能够正确运用商店的内部装饰、商品陈列等消费心理策略。

知识结构

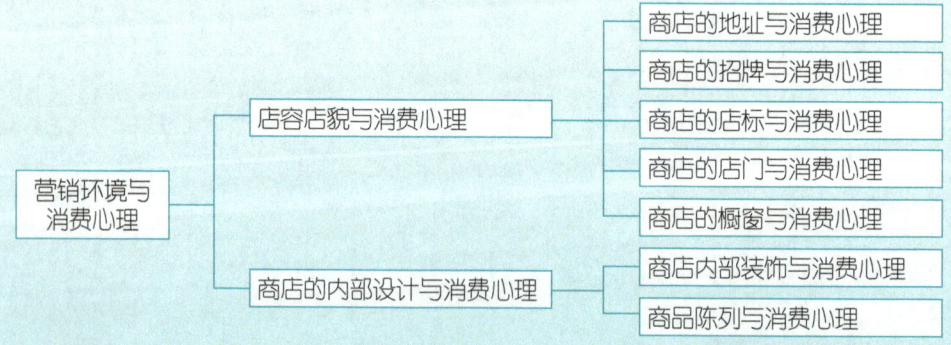

关键词

店容店貌 地址 招牌 店标 店门 橱窗 内部装饰 商品陈列

建议学时

◆ 6学时，包含技能训练学时2学时

第10章 营销环境与消费心理

全国第一家肯德基 QQ 主题店在深圳正式开业

2016 年 4 月 22 日，腾讯 QQ 与肯德基在深圳启动战略合作，全国第一家肯德基 QQ 主题店也在深圳中心书城正式开业。双方将在个性化装扮、兴趣社交等领域深度合作，让肯德基的品牌形象从线下走向线上。

此次 QQ 与肯德基在产品、业务、品牌等方面都有非常深入的合作，共同推出的 QQ 伴伴套餐，是一个全新的由半鸡半虾堡和半柠半橙汁组成的套餐。4 月 4 日，在肯德基全国近 5 000 家门店统一上市，让消费者耳目一新。随餐附赠的 QQ 闪卡，也赢得了年轻消费者的喜爱，在享受美食的同时，还能体验 QQ 会员、空间、音乐的增值服务。肯德基 QQ 主题宣传广告如图 10-1 所示。

图 10-1 肯德基 QQ 主题宣传广告

套餐上线仅 18 天就卖出了近 500 万份，在品牌层面，QQ family 的形象不仅出现在肯德基 5 000 多家门店中，在视频广告、楼宇 LCD、公交站、QQ、QQ 空间、腾讯新闻的闪屏上也都能够看到它们可爱的形象，配合创意海报、形象漫画、兴趣部落活动、地铁游戏、嘉年华活动等跨界营销活动，让用户感到新鲜好玩。肯德基 QQ 主题店更是将 QQ 社交的内容，比如 QQ 手游、QQ 动漫、QQ 阅读等与肯德基的美食完美融合，给用户带来不同的用餐体验。肯德基企划副总裁李波表示，与 QQ 品牌合作，将年轻人喜爱的虚拟 QQ 欢乐体验，创新地带入真实的肯德基服务场景，线上线下，社交与美食融合在一起，给年轻消费者带来尽情自在的体验。此次 QQ 与肯德基达成战略合作的原因在于双方品牌年轻的气质。腾讯公司社交网络事业群市场部总经理李丹说道："肯德基是年轻人喜欢的餐饮品牌，QQ 则是国内最大的社交平台，双方契合的气质是此次合作的基础。"

在中国，肯德基为大家带来了全新的饮食文化，影响着广泛的年轻群体。而 QQ 作为国内最大的社交平台，近六成的移动端用户是"90 后"。因为年轻人，QQ 与肯德基走到了一起。为了年轻人更好地聚在一起，聊在一起，双方给年轻人带来更有趣的社交内容，为年轻用户搭建更好的社交平台，提供更"酷"的内容服务。未来，双方推出的全球首家肯德基线上店，可以让用户通过QQ订餐，在最近的肯德基门店即可从优先通道领取，让移动支付变得更加有趣、便捷。

QQ与肯德基的合作，社交与美食的跨界，所影响的不仅仅只有产品的销量，它让肯德基与QQ给年轻人更多的想象。李丹说道："通过与肯德基的合作，我们希望QQ不只是社交沟通的工具，而是年轻人的生活圈。QQ希望同更多年轻的品牌深度合作，跨界聊在一起。"

（资料来源：央广网，http://china.cnr.cn/gdgg/20160423/t20160423_521957120.shtml）

? 问题思考：

站在消费心理的角度，您认为肯德基与QQ的合作体现了哪些消费心理因素？

在现代商品营销活动中，营销环境对消费者消费心理和购买行为同样产生重要的影响，主要体现在营销环境因素所给予消费者的不同印象，引起他们不同的情绪感受，从而引起购买心理的变化，对购买行为产生作用。

商业企业的营销环境主要分为外部环境因素和内部环境因素两种。外部环境因素主要包括商店的名称、商店的标志、商店的橱窗等营业现场外观对消费者的购买兴趣会产生直接影响的环境因素；内部环境因素主要包括营业现场的内部装饰、商品的陈列等对消费者的购买动机心理会产生直接影响的环境因素。

10.1 店容店貌与消费心理

营业现场的店容店貌是消费者认识一个商业企业的最初感觉，会给消费者留下强烈的第一印象，以致影响其进入营销现场后的情绪和行为。店容店貌不仅区别不同的经营类别，对企业起着广告宣传的作用，同时也标志着商业企业的经济实力、企业形象和识别标志。

营业现场的店容店貌包括商店的地址、招牌、店标、店门、橱窗等方面内容，是一个商业企业总的外部形象特征。

10.1.1 商店的地址与消费心理

商店的地址与消费者的购买心理密切相关，直接关系到经营能否成功。要实现企业的经营目标，商店选址需要综合考虑以下因素。

1. 商店区域与选址心理

商店的区域地址选择要综合考虑所在区域的人口因素、地理环境因素、地段因素，并掌握与此相关的消费者购物过程中的消费心理。

（1）商店集聚心理。商店的选址首先要了解人口是否密集，顾客人数是否足以形成市场，规模性的目标顾客群是否存在等人口因素。而商店林立的商业街，由于商家聚集，就会形成一个规模大、密度高的顾客群。

商业经营中有"马太效应"一说，即当消费者在一处营业环境购买商品或消费时，他们可能同时会在附近的营业场所浏览、观光或消费，并可能产生购买行为。很多顾客有浓厚的从众心理，人越多，认为商品越吸引人，购买兴趣就越高。营业环境形成马太效应的条件一般是营业单位的地理位置接近、营业性质接近或相互兼容，促使消费者在这个营业圈内保持持续消费的动机。因此，人口密集，商家聚集的区域是开设商店的理想区域。

（2）购买便捷心理。购买便捷心理主要是指消费者希望购物场所周围的交通条件方便、快捷的心理要求。公共交通条件无疑是影响营业环境最重要的外部因素。交通条件越方便，消费者购买商品越方便；交通条件越差，消费者购买商品的难度越大。

当前，很多经营单位已为购买大件商品的顾客提供了免费送货上门的服务，但是经营单位要为所有的顾客解决商品运输问题较为困难。所以选址要选择交通较便捷、进出道路较畅通、商品运输安全省时、主要顾客购买路程不远或乘坐公共汽车站数不多且不必换车的地方。

（3）最佳地段心理。在很多商业街上，其街道两端购物的消费者人数明显少于中间地段，而中间地段往往由于相对比较优越，会人来人往，车水马龙。

例如，上海南京路上的第一百货商店生意兴隆、享誉全国，云集了来自各地的顾客。从外滩到静安寺的十里南京路段中，它正好处在1/3距离处，接近黄金分割点。有人从顾客心理角度分析，认为人们从外滩到达此地，购物的欲望恰好达到了最高潮。

2. 商品特性与选址心理

商店的选址除了考虑地理区域等因素以外，还要分析商品本身的性质、顾客的消费习惯等特点，准确选择面向目标区域顾客的商品门类或商品价格定位。

（1）商品性质与选址心理。商品的本质性质与消费者的消费心理密切相关，店址的选择应充分考虑这一点。

例如，日常生活用品的便利超市应设在靠近居民区中间的地段，以方便居民日常购物消费的需要；黄金珠宝饰品等贵重物品应设在与高档商店相毗邻的地段，以适应顾客购买高档物品时对商场档次、商场信誉、外部环境的心理要求。

（2）商品价格与选址心理。商品价格的高低与其周围居民的消费品位、消费水平有直接的联系。应根据消费者对商品价格的需求心理选择店址。

例如，销售高档文化艺术类商品、豪华生活消费品的商场应设在高收入居民生活区域或高档商业街；价格一般的普通大众商品的销售则可以选择在中低收入居民的生活聚集区。

（3）消费习俗与选址心理。不同地区、不同民族的人们消费习惯各不相同。商店选址要根据商品的特性，考虑消费者消费习俗的不同，因地而异。

例如，南方竹制品商店生意兴隆，但北方则很少开设；西部地区的贵州、四川等地由于气候潮湿，人们餐餐吃辣，辣味专营店生意火爆，而在其他地区则生意一般。

3. 商店类型与选址心理

在商业发达的地区，消费者购物除考虑商品因素以外，商店的类型往往是重要的选择因素，主要体现在以下几个方面。

（1）业态分布与消费心理。业态是服务于某一顾客群或某种顾客需求的销售经营形态，是目标市场进一步细分的结果，如百货商店、超级市场、连锁商店、仓储式商店、便利商店等，必须依据顾客对不同业态的需求心理来选择店址。

例如，食品便利超市应贴近居民区，以居民区的常住居民为主要顾客群，并与大型超市保持一定的距离，使自己处于对手边际商业圈以外；仓储式会员店则应优先考虑交通方便，不必以靠近居民区为第一选择目标，因为它可以以低价吸引顾客。

（2）竞争环境与消费心理。商店周围竞争环境是影响消费者心理的重要因素，是商店选址心理的重要组成部分。商店选址要考虑业态种类以及业态分布，或与其周围的其他商品类型相协调，或能起到互补作用，或有鲜明的特色。同类小型专业化商家聚集设店，可形成特色街吸引人气，从而满足消费者到特定商业街购物时持有的特定心理预期。

例如，各大城市有一种普遍的现象，就是服装市场、汽车市场、家具市场、计算机科技市场等都是规模开设，一个市场内部少则几十家，多则上千家的业户经营，虽是竞争激烈，却都顾客盈门；在汽车配件一条街上开一家服装商店，虽独此一家，无人竞争，却会落得门前车少人稀，惨淡经营。

（3）配套场所与消费心理。顾客在商店购物中要求获得配套服务，因此商场在选店时要同时考虑配套场所。

例如，仓储式会员店一般停车场面积与营业面积之比为1∶1，以方便频繁进货与顾客大批量购物后的用车停放。以低廉价格销售商品的大卖场可设在市郊结合部，以便在配套与营业面积相适应的宽敞停车场的同时，承受较低的地价，尽管路远一些，但它可以低价取胜，满足顾客的求廉心理。

10.1.2 商店的招牌与消费心理

商店的招牌，即商店的名称，是商业企业区别于其他经营者的语言性标志，便于消费者识别，是商业企业形象和风格的标志。从营销的角度，招牌是一种广告的形式，是用文字描述的商业广告。

1. 商店招牌命名的心理作用

消费者在市场上往往首先浏览大大小小、各式各样的商店招牌，从中寻找实现自己购买目标或值得游逛的商业服务场所。招牌的好坏对于消费者的心理影响是十分明显的，它往往会影响商店的经营效果。正因为如此，一个设计精美、具有高度概括力、强烈吸引力的商店招牌，能够有效地刺激消费者的感官和购买心理，并引导其产生相应的购买行为。

商店招牌的命名在消费者的购买行为过程中具备以下心理作用。

（1）引起注意，激发兴趣。商店招牌设计新颖独特、富有艺术气息，能够强化商店的形象与风格。突出主题和卖场文化的招牌往往能快速吸引消费者，激发消费者的兴趣。

例如，便宜坊烤鸭店的店名有一段来历。明嘉靖年间，时任兵部员外郎的杨继盛被奸相严嵩诬陷。他下朝后，内心苦闷，饥肠辘辘，来至菜市口米市胡同。忽闻香气四溢，见一小店，便推门而入。店堂不大，却干净优雅，遂拣席而坐，点了烤鸭与些许酒菜，大快朵颐，把烦闷与不快早抛至九霄云外。店主认出是他，知是爱国名臣良将，亲为之端鸭斟酒，颇露钦佩之色。杨继盛得知此店名为便宜坊，又见待客周到，叹谓道："此店真乃方便宜人，物超所值！"大呼："拿笔来，快拿笔来！"杨继盛俯案一挥而就三个大字"便宜坊"！众皆呼好。此后，杨继盛与众位大臣频频光顾，便宜坊也由此名声远播。便宜坊牌匾如图10-2所示。

（2）目标引导，方便顾客。富有鲜明的商业气息，突出服务项目和商场文化的招牌更有利于消费者寻找购买目标。例如，"ABC童装"、"平民大药房"等招牌，都直接显示了商店的交易范围与经营项目，给顾客购物提供了极大的方便。

（3）突出传统，反映特色。我国有很多传统老店，具有悠久的历史和传统的经营特色。例如，中华著名老字号的"全聚德"包含了"全而无缺、聚而不散、仁德至上"的内涵，象征着"全聚德"圆满、团圆、仁义、恭谦的道德观念和以德为先、诚信为本，热情、周到地为各方宾客服务的经营理念。全聚德牌匾如图10-3所示。

图10-2 便宜坊牌匾

图10-3 全聚德牌匾

（4）朗朗上口，易于传播。店面的招牌设计应易读、易记，给消费者留下深刻的印象。例如，"傻子瓜子"、"王麻子尖刀"、"王小二烤鸭店"等，名称朗朗上口，便于消费者记忆和传播。

实例链接 10-1

狗不理店名的来历

闻名遐迩、享誉世界的"狗不理"是天津的百年金牌老字号,是中华饮食文化的典范之作。狗不理始创于公元 1858 年清朝咸丰年间,距今已有 150 多年的历史。

当时,在天津郊县有一户农家,四十岁喜得贵子,为求平安取名叫"狗子",期望他能像小狗一样好养活(按照北方习俗,此名饱含着淳朴挚爱的亲情)。狗子长到十四岁时,来到天津学手艺,在一家蒸食铺做小伙计。由于狗子心灵手巧,勤奋好学,练就了一手好活儿。其后,狗子不甘心寄人篱下,便自己摆起了包子摊儿。他发明了水馅、半发面的工艺,做出的包子口感柔软、鲜香不腻。包子外表如同一朵绽放的白菊花,色、香、味、形独具特色,吸引了十里百里的人们都前来吃包子,生意十分兴隆。狗子忙生意顾不上说话,人们都说:"狗子卖包子不理人",就这样天长日久,人们就叫他"狗不理"了。

当时直隶总督袁世凯吃过狗不理包子后连声叫绝,随即进京入宫将包子献给慈禧皇太后。太后老佛爷品尝了包子后,夸赞曰:"山中走兽云中雁,腹地牛羊海底鲜,不及狗不理香矣,食之长寿也。"从此狗不理包子名声大振。狗不理包子门店外景如图 10-4 所示。

图 10-4 狗不理包子门店外景

经过近 150 年余的变革发展,目前狗不理已成为拥有大型饭店、中型酒家、排档式餐厅、快餐、早餐、早点、速冻食品生产、商品零售、物流商贸和烹饪学校以及在国内外设有七十余家特许连锁企业的集团公司。

狗不理已被国家商标局认定为中国驰名商标,狗不理包子饮食集团公司被认定为中国商业名牌企业,狗不理包子荣获国际名品中华美食奖,被认定为天津市名牌产品。

> 【案例思考与应用】
> 狗不理集团是否有英文商标？试着给其撰写一个英文商标，并解释原因。

2. 商店招牌命名的心理策略

商店招牌的命名，应做到引人注目、朗朗上口、简洁易记，从而能够满足消费者的方便、信赖、好奇、慕名、喜庆吉祥等心理需要，以便吸引更多的消费者。常见的商店招牌命名的心理策略有以下几种。

（1）以商店的经营特色或主营商品命名，满足消费者的求便心理。这种命名方法，通常能使消费者易于识别商店的经营范围，引导和方便消费者选购，达到招揽生意的目的。例如，"亨得利钟表店"、"廖记棒棒鸡"等，使顾客一目了然，可以直接根据招牌名称做出购买商品和购买地点的选择，满足消费者求速、求便的心理。

（2）以商店的服务精神或经商格言命名，使消费者产生信赖感。这种命名方法通常能反映经商者文明经商、讲究信誉、全心全意为顾客服务的商业道德和服务精神，使消费者产生信任的心理感觉。例如，"精益眼镜行"、"百信鞋城"等，寓意经营者打造精品、诚信销售的经营宗旨，使消费者对商店产生信赖感。

（3）以名人、名牌商标或显示高贵的词语命名，满足消费者的求名、求奢心理。这种命名方法主要是为了满足消费者高级、华贵、高雅的消费心理需求，激发消费者自我表现的购买动机，使消费者产生浓厚的兴趣和敬重的心理。例如，"荣宝斋"（见图10-5）的店名和所售的名人字画在古雅的气氛中显得极为和谐，对求名、求奢心理的消费者具有极大的吸引力。

图 10-5 荣宝斋门店牌匾

（4）以寓意美好的词语和实物命名，迎合消费者喜庆吉祥的心理。这种命名方法通常能反映经营者乐意为消费者的生活增添乐趣，同时包含对消费者的良好祝愿，引起消费者有益的联想，从而给经营者以亲切的心理感觉。例如，"戴梦得"珠宝店以销售高档珠宝饰品而闻名，其以传播珠宝文化，引导人们对"美"的领悟，寻找"不是最贵，而是最令自己感动，与自己最贴切的首饰"为理念，传播人间真情。

（5）以新颖、奇特的表现方式命名，引起消费者的好奇心理。好奇是人的天性，好奇心能引起消费者的兴趣、渴望、快乐、喜欢、满足等情感，容易诱发消费者购买商品的情感动机。例如，理发店取名为"今日说发"、"最高发院"、"佳剪陈除"等，吸引了大批喜欢新颖、奇特的年轻顾客的眼球。

商店招牌设计，应力求言简意赅、清新不俗、易读易记，赋以美感，使之具有较强的吸引力，促使消费者的思维活动达到理想的心理要求。作为一种文化现象，商家取名实际上负有传播社会主义精神文明的责任，既要群众喜闻乐见，更应拥有格调高尚、健康有益的内涵。

10.1.3 商店的店标与消费心理

商店的店标，是指以独特造型物体或特殊设计的色彩附设于商店的营业现场或建筑物上的一种形象识别标志。店标是商店招牌的一种补充形式，也是商业广告的一种，便于消费者识别。

1. 商店店标应用的心理功能

商店的店标作为商店外观的一种形象设计，对消费者的购买心理和行为起到了一定的识别和指导作用。具体表现为以下几个方面。

（1）店标是一家商店与其他商店的主要识别物。由于店标通常设计独特、个性鲜明，为商业企业所独有，因而成为商店的主要识别物，消费者通过标志即可辨认和区别。特别是在由多家商店组成的连锁经营方式中，店标更成为连锁店的统一代表物，无论时间、地点、环境如何变化，消费者都能根据统一的标志加以辨认。例如，麦当劳快餐店目前在世界各地已开设了 3 万多家连锁经营店，其店面上方的金色拱形标志"M"，（见图10-6）远远望去，在任何一个国家的陌生商业街上都会让人感觉熟悉。

图 10-6 麦当劳店标

（2）店标是商店或企业形象的物化象征。店标往往具有丰富的内涵，是商店或公司经营宗旨、企业精神、经营特色、代表色等理念与识别形象的高度浓缩和象征。通过标志的视觉刺激,可以向消费者传递有关企业理念的多方面信息,给消费者留下较深刻的印象。

例如,在世界的各个角落,在中国的每个城市,我们都会常常看到一个老人的笑脸,花白的胡须、白色的西装、黑色的眼睛,永远都是这个打扮。就是这个笑容,恐怕是世界上最著名、最昂贵的笑容了,因为这个和蔼可亲的老人就是著名快餐连锁店"肯德基"的招牌和标志——哈兰·山德士上校(见图10-7)。

图10-7 肯德基店标

(3)店标是特殊的"广告"。店标如同招牌、橱窗等外观要素一样,还具有重要的广告宣传功能。一个设计新颖、独具特色、醒目鲜明的标志,本身就是一种良好的形体广告。它通过不间断地强化消费者的视觉感受,引起过往以及一定空间范围内的众多消费者的注意和记忆,从而成为招徕顾客的有效宣传手段。例如,麦当劳快餐店门口滑稽可笑的麦当劳叔叔,很能引起过往行人特别是儿童的极大兴趣和好感,很多人都停下来与其合影,以致成为引客人入店的重要手段(见图10-8)。

图10-8 麦当劳店标

2. 商店店标设计的心理策略

为了充分发挥商店店标对消费者消费心理产生的作用,在设计店标时,应充分满足消费者的购买心理的基本要求,因此在设计时应注意以下心理策略的应用。

(1)独特。避免相同或雷同是店标设计的最基本要求,对于消费者来说,一家商店的标志应当是独一无二的。为此，在设计店标时，应力求做到构思巧妙，独具匠心。例如，中国北宋年间济南的刘家针铺为了让顾客记住本店，就在门前用白色的石头雕塑了一只白兔，同时将其使用在铜板印刷广告上，提醒顾客"认门前白兔儿为记"，方便顾客记忆与寻找（见图10-9）。

图10-9 刘家功夫针铺商标（拓版、演示版）

（2）统一。一般来讲，连锁店或企业集团内各个分店或分支机构的店标的字体、造型、色彩等应与企业的形象识别系统（CIS）相统一，而且应尽可能体现理念及行为识别系统的内涵与要求，以便消费者从标志中感知到商店的整体形象。

（3）鲜明。店标的色彩应力求鲜明，以便形成强烈的视觉感受效果，给消费者留下深刻印象。色彩的设计可以采用同一色调，如大红、绿色、淡蓝、淡黄等；也可以采用反差强烈的对比色，如麦当劳快餐店的红黄对比，肯德基快餐店的红白对比等，均因对比鲜明而产生了良好的视觉效果。

（4）醒目。除造型独特、色彩鲜明外，店标在形体大小和位置设计上还应做到醒目突出，能够为消费者迅速觉察。为此，标志的形体在与商店外观保持协调的前提下，应以大型为宜；设置位置一般应矗立在建筑物顶端或商店门前。

头脑风暴及应用

在之前的购物经历中，你对哪一个商店的店名和店标印象深刻？为什么？

10.1.4 商店的店门与消费心理

商店的店门是一个商店的"脸孔"及构成商店形象的关键部分，是商场内部和外部的分界线，是影响消费者消费心理行为的重要环节。具有新颖独特风格的店门、带民族特色风格的店门、简洁明快风格的店门、古老庄重风格的店门都会给消费者留下深刻的印象。

1. 店门的设计原则与消费心理

店门的设计应本着满足消费者心理需求以及消费者方便进出的总体思路，并遵循以下原则。

（1）出入方便的原则。店门首先是消费者进出的通道，因此应以方便顾客进出为基本出发点。大型商场顾客流量大，其店门设计应大而宽敞。某些企业为了延长顾客在店内的停留时间，在不影响出入的前提下，将出、入口分别进行设计，且将出口设计得比入口小些。

（2）审美的原则。店门的设计应美观，独具特色，与相邻店面形成明显差异，吸引消费者的注意力。店门的造型、大小、图案还应与周围环境相协调。

（3）便于宣传商品的原则。店门的设计不仅代表了企业的形象，还具有宣传商品的目的，店门的装潢设计可以帮助消费者快速识别企业经营范围、商品的品种和档次，同时获得商品促销的及时信息，增强消费者进店购物、休闲的兴趣和动机。

2. 店门的设计方法与消费心理

店门的设计按照开放程度可以划分为以下几种情况。

（1）开放型店门。开放型店门的设计主要是指店面的临街一边完全开放，出入口与店面基本同宽或尽可能大，顾客在过往中很容易直接看到店内的商品陈列。这种店门设计方案主要适用于经营生活用品、食品、水果、蔬菜等商品，以满足顾客方便、实用、经济的心理需求。

（2）半开放型店门。半开放型店门的设计主要是指店面的店门占整个临街部分的一半左右，出入口以外的临街部分设计橱窗，陈列各种畅销商品。这种店门设计方案主要是突出橱窗陈列的商品，起到招徕顾客、宣传商品的作用。该种店门主要适用于经营时髦服饰、鞋类、体育文化用品等商品，便于顾客浏览和购买商品。

（3）封闭型店门。封闭型店门的设计主要是指店门出入口较小，临街一面设计大型橱窗。橱窗设计以暗色调为主，店门以高档推拉门或门帘设计，隐约能看清内部的设施，使顾客产生一种神秘、典雅、高贵的感觉。这种店门设计方案主要适用于经营金银珠宝、名钟，故一般不会影响顾客出入。

（4）畅通型店门。畅通型店门的设计主要是指在规模大、客流量多的大型商场，设立多个进出通道，并标识以"出口"、"入口"，以最大限度地满足顾客的进出方便。百货商场、大型超市、批发市场等店门往往多采用该种设计方式，以满足顾客求便的心理需求。

10.1.5 商店的橱窗与消费心理

商店橱窗，是在商店沿街的窗户内设立的玻璃橱窗，把所经营的重要商品，按照巧妙的构思设计，通过布景道具和装饰画面的背景衬托，并配合灯光、色彩和文字说明，排列成富有装饰性和整体感的货样群，进行商品介绍和商品宣传的综合性艺术形式。

在现代商业活动中，橱窗既是一种重要的广告形式，也是装饰营业现场店面的重要手段。同时，商品橱窗对于消费者的心理和行为也具有重要的影响作用，它可以激发消费者的购买兴趣，促进购买欲望，增强购买信心，促成购买行动。

1. 橱窗的消费心理功能

特色鲜明的橱窗设计不但能令人驻足观赏，更能烘托出所出售商品的卓越品质，直接有助于推销橱窗中所展示的货品。因此，店面橱窗科学、合理的设计对消费者的消费心理和行为产生将产生重要的影响。

（1）唤起有意注意。橱窗是企业宣传费用最低但见效最直接的一种广告媒体。顾客路过商业街琳琅满目、大大小小的橱窗时，一个构思精巧、独具匠心的橱窗布置很容易刺激消费者的视觉器官，引起顾客的注意，使其产生进入店内细看的动机（见图10-10）。

图 10-10 橱窗设计示例

（2）激发购买兴趣。商家通常会把精选出来的热门货或新推广商品在橱窗的显眼位置进行陈列，并根据消费者的兴趣和季节的不同有所变化。这不但能给顾客一个经营项目的整体形象，还能给顾客以新鲜感和亲切感，满足了消费者"耳听为虚，眼见为实"的购买心理，极大地激发了其对商店商品的购买兴趣。

（3）促进购买欲望。橱窗商品的陈列还起着暗示消费者产生消费联想的基本作用，激发其购买欲望。橱窗的装饰美术、民族风格和时代气息，不但使消费者对商品有一个良好的直观印象，具有很强的说服力，还会引起他们内心的美好联想，获得精神上的满足，从而产生购买的心理欲望。

（4）增强购买信心。橱窗用实在的商品组成货样群，配以真实的文字，形象地介绍商品的效能、用途、使用和保管方法，直接或间接地反映商品的质量可靠、价格合理等特点，不但可以提高消费者选购商品的积极性，还可以带给他们货真价实的感觉，增强购买商品的信心。

2. 橱窗设计的心理学原则

橱窗要起到介绍商品、指导消费、促进销售和宣传教育的作用，首先要引人注目，要讲究视觉效果。从心理学的知觉规律角度看，橱窗设计应遵循的心理学原则有以下几点。

（1）增强橱窗的刺激性。消费者对营销刺激物的注意程度与感官信息刺激强度成正比。凡色彩鲜艳、光度明亮、标记突出的，刺激性就强，必然会引起更多的注意。

（2）加强橱窗的对比度。消费者所感知的知觉对象与知觉背景的差别越大，越容易被消费者清晰地感知。雪地里的白天鹅与草地里的变色龙，由于它们本身的一层保护色而不容易为人们所知觉，相反"万绿丛中一点红"，则很容易被人们注意。

（3）注意陈列商品的活动性。一般来说，运动的对象、反复出现的对象，都容易引起人们的注意。例如，橱窗中设计一些闪光的霓虹灯、电视播放广告或活动的电动模特等，都很容易被人们知觉。

（4）注意陈列商品的组合性。由于知觉具有整体性，因此刺激物的不同组合，往往能对人的知觉造成很大的影响。例如，橱窗内陈列的商品实物、布置上的文字图画都不能太多太零碎，否则会分散人们的注意力。另外，摆放的位置以视觉中心的位置即被众多广告学家尊崇的"黄金分配线"上为最佳。

3. 橱窗设计的心理策略

商店橱窗的设计要想获得理想的营销效果，必须注意适应消费者的心理需求，以赢得消费者的喜爱，激发购买欲望，增强购买信心。要发挥橱窗对消费者的心理影响功能，一般应注意以下心理策略。

（1）精选特色商品，突出商品本质，适应消费者的选购心理。大多数消费者看橱窗的目的，往往就是为了观赏、了解和评价橱窗的陈列商品，为选购商品收集有关资料，以便做出决定。因此，商店橱窗设计最重要的心理方法，就是要充分精选特色商品，突出商品本质，把商品的主要优良品质或个性特征清晰地显示给消费者，给消费者选购以方便感。

（2）塑造优美的立体形象，给消费者以艺术享受。橱窗的陈列要适应消费者的审美趋势，运用各种艺术手段，生动巧妙地布置橱窗。橱窗的艺术构思要单纯凝练、新颖独特，橱窗的色彩要清新悦目、统一和谐。具有强烈艺术感染力的商店橱窗不仅可以装点市容、美化商店，而且可以加深消费者对商品的视觉印象，使消费者从中得到美的享受。

（3）利用景物的间接渲染，满足消费者的情感需要。用以景抒情的艺术手法去体现橱窗的设计主题，对橱窗内的陈列商品进行间接的描绘和渲染，使橱窗陈列具有耐人寻味的形象象征，能使消费者从寓意含蓄的艺术构思中联想到美好愉快的意境，满足消费者的情感需要。例如，春天百货的圣诞橱窗设计如图10-11所示。

图 10-11 春天百货的圣诞橱窗设计

（4）要根据季节变化和市场消费形势及时调整商品陈列。商店要运用科学的方法，经常地对商品、市场、消费者进行调查研究，以取得可靠的市场情报和资料，作为及时调整商品陈列的依据。把适销商品、新产品适时地摆在橱窗显眼位置上。人是好奇的，新奇的东西对人的刺激性最大，因而最易吸引人的注意，以此来发挥橱窗的促销作用。例如，夏季游泳用品的橱窗陈列，可以设计为在蓝色的大海和软软的沙滩背景下，由各式游泳衣裤折叠成人们游泳的各种姿势，再配以木船、冲浪板、遮阳伞、人体模特、躺椅等物品，使人们在炎热的夏季联想起在海边消夏的种种愉快，进而对商品产生购买的兴趣。

10.2 商店的内部设计与消费心理

商场内部设计是指商场的整个布局、内部装饰、货架陈设、色彩、照明、音响等状况的综合体现。一个方便、舒适、温馨、和谐的购物环境，可以使消费者心情愉快，甚至流连忘返。同时，良好的购物环境也是促使营销人员情绪高涨、热情服务的重要前提。商店内部的装饰和商品摆放的位置，都会影响消费者的心理。

10.2.1 商店内部装饰与消费心理

理想的商店内部装饰，可以使消费者在观赏和选购商品的过程中，始终保持积极的情绪，在优雅、舒适和友善的环境里快乐消费；可以为消费者提供多功能、个性化、高层次的服务，以满足其休闲、娱乐、学习、交际等精神和心理的需要。

1. 利用照明诱导购买活动

商店营业厅明亮、柔和的灯光，不但可以保护营业员和顾客的视力，缩短顾客的选购时间，加快营业员的售货速度，还有着显著吸引消费者注意力、调动消费者购物情趣的心理效力。科学地配置、调节商店照明度，是一种较为经济的促销手段。

店内照明可以分为基本照明、特别照明和装饰照明三大类。

（1）基本照明。基本照明是指商场为了保持店堂内的能见度，方便顾客购买商品而在天花板上以配置荧光灯为主的一种照明方式（见图10-12）。照明光度的强弱，一般要视商店的经营范围和主要销售对象而定。例如，质地考究、需要细致挑选的商品，光度要大些；对日用杂货等一般不会太细致挑选的商品，光度可小些。营业厅最里面配置最大光度，营业厅前面和侧面光度次之，营业厅中部光度可稍小些。这样可增加商店空间的有效利用，使商店富有朝气，还可以使消费者的视线本能地转向明亮的里面，吸引他们从外到内把整间商店走遍，保持较大的选购兴趣。

图10-12 门店基本照明

（2）特别照明。特别照明主要是指特殊商品的附加照明，一般视主营商品的特性而定。例如，珠宝玉器、金银首饰、美术工艺品、手表等贵重、精密商品的柜台里设置定向聚光灯、探头灯、底灯、背景灯等，以衬托商品的晶莹耀眼、名贵华丽，使消费者产生稀有、珍贵的心理感受。

（3）装饰照明。装饰照明也是一种附加照明，主要用于营业场所的广告，一般用霓虹灯、电子显示屏或旋转灯等，突出商品或广告，起到促进商店美化、商品宣传、购买气氛渲染等方面的作用。

店内科学合理的照明可以充分展示店容，宣传商品，吸引消费者的注意力；可以渲染气氛，调节情绪，为消费者创造良好的购物心境；还可以突出商品的个性特点，增强刺激程度，激发消费者的购买欲望。

2. 利用颜色调配激发积极情绪

在现实生活中，色彩的选择常常是与人们的自身性格、生活经验、爱好、情趣相联系。不同的色彩能引起人们不同的联想，产生不同的心理感受。营业现场的色彩主要是指商场内壁、天花板、地面以及POP广告的色彩应用。色彩搭配既是一种营销手段，也是一门艺术，直接影响着消费者的心理活动，并由此引起情绪的变化。在进行商店内部色彩调配时，应考虑以下因素。

（1）营业场所的空间状况。由于淡色具有扩展空间、深色具有压缩空间的感觉，所以可利用色彩调配，扬长避短，改变消费者的视觉感受。

（2）主营商品的色彩。装饰用色彩要有利于突出商品本身的色彩和形象，把商品衬托得更加美观、更具吸引力，以刺激购买。

（3）季节变化与地区气候。店内装饰的色彩调配要因季节和地区而异，利用色彩的特性，从心理上调节消费者由于气温与自然因素造成的不良情绪。例如，在严冬季节里，要设法使用较浅的暖色，使消费者进店后有温暖如春之感；而在炎夏季节，则尽量使用柔和的冷色，使消费者有一种凉爽的感觉。冬夏季节装饰色的改变，可以使消费者产生积极的情绪，促进购买行动。

（4）装饰色彩与灯光照明。有些颜色会吸收光线，而有些则反射光线；颜色愈深，吸收光线愈多，反之亦然。因而要考虑到调配的色彩在不同光线及照明情况下的变化和效果。

色彩在店内环境设计应用中，既可以帮助消费者认识商店的整体形象，也能使消费者产生良好的回忆和深刻的心理感受，激发其潜在的消费欲望，同时还可以给消费者产生即时的视觉震撼。

头脑风暴及应用

根据以上原理分析，很多快餐店的店面设计颜色多用橙红色，其是否违背了颜色的季节性变化影响因素？

3. 利用内部通道延长消费者店内停留时间

内部通道的设计是为消费者提供舒适购物环境的重要因素之一，良好高效的室内通道设计，可以引导顾客按照设计的自然走向，步入卖场的每一个角落，使顾客接触到尽可能多的商品，消灭死角和盲点，使顾客的入店时间和卖场的空间得到最高效的利用。

合理的店内通道设计还起到了诱导和刺激消费者购买的作用。消费者购买欲望和动机的产生，在很大程度上是在商店进进出出、在卖场通道之间穿行相互影响的结果。因此，在商店的通道设计上，要注意柜台之间的通道应保持一定的距离，使消费者便于进出商店，并能顺利地参观浏览商品。合理的通道设计可以为消费者彼此之间无意识的信息传递创造条件，扩大消费者彼此之间的相互影响，增加商品对消费者的诱导机会，从而引发消费者的购买欲望，使其产生购买动机。

4. 利用环境设施提高商店声誉

商店舒适的环境和先进的设施，既是消费者和营业员生理上的需要，也是心理上的需要。环境设施所营造的气氛已成为一种特殊的竞争手段。环境对消费者行为的影响作用是不可低估的，主要包括以下几个方面。

（1）空气与气味。保持空气清新宜人，温湿度适中，才能保证消费者产生舒适、愉快的心理感受。污浊的空气有害于消费者和营业员的身心健康，无异于将消费者拒之门外。

商店中的气味直接影响消费者对商店服务和服务产品的心理感受，清新芬芳的气味吸引消费者欣然前往；反之，则使人难以忍受，同时心理上引起反感，对其购买活动无疑起消极作用。好的气味还可显示商店的服务精神，在消费者的心目中确立良好的形象。但由于不同的消费者对于不同的气味会有不同的感觉，因此要慎重使用。

（2）POP广告。POP广告是指在各种营业现场设置的各种广告陈设。POP广告直接与顾客接触，顾客一边选购，一边受到POP广告的冲击，这有助于唤起顾客潜意识中对商品品牌的认知记忆，快速拉近顾客与商品之间的距离。同时POP广告也是美化营销环境的一种手段。整洁的POP悬挂广告、精美漂亮的广告招贴（见图10-13）等，都能带给消费者视觉上的愉快享受。POP广告还是向顾客传递商品信息的工具，无形中起到了推销员的作用。一部分顾客可以自己阅读POP广告中的内容，有利于减轻营销人员的工作强度。

图10-13 POP广告示例

（3）音响。商场的音响包括店堂内播放的背景音乐、营业员的导购语言信息、提示语等。适当播放一些轻松柔和、优美动听的音乐，可以调节顾客的情绪，创造良好的购物环境。和谐的音调、柔和的音色和适中的音量可以吸引顾客对商品的注意，营造营销的特殊气氛，令人感到愉悦，消费者会因此放慢脚步，轻松购物，促进产品的销售。但当店内的音响超过一定的分贝时，会使人心情烦躁，注意力分散，引起消费者的反感，也使服务人员降低工作效率，影响服务质量。

因此，店内背景音乐的选择一定要结合商店的特点和顾客的特征，以形成一定的风格。同时还要注意音量高低的控制，不能影响顾客的正常说话。

头脑风暴及应用

在超市购物过程中,你是否遇到过因为超市的空气、气味、温度、音响等原因而令你产生不愉快的经历?

音乐对消费者的影响

有两个实验研究了音乐对消费者造成的影响。

第一个实验是在长达 9 周的时间内,让消费者在快、慢两种节奏的音乐播放声中购物。实验发现,购物者会根据音乐节奏的快慢行走,并且当播放慢节奏的音乐时,超市的日销量会激增 38%。但是,当询问消费者是否意识到音乐的存在时,各组消费者都回答没有。

第二个实验是在美国一家中等规模的餐厅,在周五和周六时间播放快或慢的背景音乐,一直持续了 8 周。结果发现音乐的节奏影响了顾客在餐厅内停留的时间。在慢节奏的音乐中消费者平均花费 56 分钟进餐,而在快节奏下则仅用了 45 分钟。而在慢节奏下增加的那部分时间对于食物的销量并没有显著的影响,然而对于酒水饮料的消费却直线上升。

(4)店内辅助设施。店内的辅助设施是指商场内为消费者提供的非商品销售的服务性设施。如载客电梯、顾客休息室、饮食服务部、购货咨询处、临时存物处等各种附设场所,这些设施可以为消费者提供多方面的服务,使消费者在购买过程中获得极大的便利感,提高商店的声誉,满足消费者的心理需要。

据有关商场的经验,顾客停留在商场的时间和商品销售额成正比。商店(场)应重视店内装饰,以漂亮、舒适的环境吸引消费者,增大商品销售额,以取得更好的经济效益。与此同时,还必须保证商品质量和提供优质服务。否则,给消费者的印象只能是"金玉其外,败絮其中"。

10.2.2 商品陈列与消费心理

商品陈列包括商品陈列位置的选择、排列方式的设计以及陈列的装饰衬托等方面。商品陈列是商店内部陈设的核心内容,一个好的商品陈列不仅要从经营者的角度去考虑,更要从顾客需求的角度出发,以全面达到商品陈列的目的。

陈列是"不说话的售货员",它的主要任务是向顾客提供商品的各种信息,商家要想真正利用陈列达到促销的效果,就必须掌握商品陈列的原则和方法。

1. 商品陈列的基本原则

商品的陈列必须适合消费者的习惯心理,并努力满足其求新、求美的心理要求,才能引起注意,激发消费者的购买欲望。商品陈列要注意以下基本原则。

(1)摆放高度适宜。消费者走进商店后,一般都会无意识地环视陈列商品,对货架上的商品获得一个初步的印象。因此,商品的摆放,首先就应注意在高度方面与消费者进店后无意识的环视高度相适应。

据瑞士塔乃尔教授研究发现,消费者进店后无意识地展望高度为 0.7~1.7 米,上下幅度为 1 米左右,同视线轴大约形成 30 度角上的物品是最容易被人们感受的。因此,按照不同的视角、视线和距离,确定其合适的位置,尽量提高商品的能见度,使消费者对商品一览无遗,易于感受商品形象。

(2)适应购买习惯。对品种繁多的商品实行分组摆布时,应按照消费者的购买习惯,并相对固定下来,以便他们寻找、选购。一般可将商品分成三大类,并根据消费者的购买特点进行不同的陈列。

1)方便商品。这类商品大多数属于人们日常生活必需的功能性商品,价格较低廉,供求弹性不大,交易次数频繁,挑选余地小,一般不需售后服务,如香烟、糖果、肥皂、调味品等。消费者对这类商品的购买要求主要是方便、快速成交,而不愿花较长时间进行比较研究。因此对这类商品摆放位置要明显,便于速购。例如,商店的底层、主要通道两旁、出入口附近、临街的窗口等最易速购的位置上,最能满足购买者的求速心理。有条件的话,这类商品应占有较大的陈列面积,把各式商品均摆放在适当的位置上。

2)选购商品。诸如服装、家具、家电、化妆品等商品,供求弹性较大,交易次数不多,挑选性较强,使用期较长。大多数人在购买这类商品时,都希望获得更多的选择机会,以便对商品的质量、功能、式样、色彩、价格等方面进行认真、细致的比较。消费者不仅注意研究商品的物理效用,还更多地权衡商品的心理效用,往往把商品的属性和自身的欲望综合加以反复考虑后,才能做出购买决定。因此应将这类商品摆放在店里较宽敞、光线较充足的位置,有些还可以敞开式或半敞开式销售,让消费者自由接近或触摸,甚至调试商品,并可以停留较长时间进行选购(见图 10-14)。

图 10-14 服装专卖店商品陈列

3）特殊商品。诸如房产、汽车、工艺精品、专业相机、古董文物之类的高档商品，选购的时间长，有些需要售后服务。消费者一般在购买前经反复思考，对商品、商标、商店都有选择，有明确目标后方采取行动，购买中愿意花费较多的时间评价、比较。这类商品可摆放在商店的里部或顶层较僻静之处，设立专门的销售地点，环境布置应结合商品特征，显示出高雅、名贵或独特，更能满足消费者的某些心理需要。

（3）突出商品的价值和特点。商品摆布要运用各种形式，充分展示商品的优点、性能、用途等个性特征，突出商品的美感和质感，增强对消费者的吸引力和说服力。式样新颖的商品，要摆在视觉最易感受的位置；新产品、名牌产品要以最大的展示方式，摆放在显要地段和醒目之处，并用灯光强调其色彩和造型，增强商品的吸引力；家具和床上用品，要按照使用状况摆放，给消费者亲切感和生活实感，刺激购买欲望。

此外，还要根据季节变化、消费趋向、传统节日等，不断调整、更新商品摆布的内容和形式，体现时代感，使消费者愿意经常光顾。

2．商品陈列的基本方法

不同的商业企业，因其经营商品的品种和服务对象的不同，陈列方式也多有不同。针对消费者的不同消费心理，商品的陈列可采用以下方法。

（1）分类陈列法。分类陈列法是指根据经营商品的性能、品牌、档次、特点或不同的消费对象，将其划分成不同的类别，分别进行展示陈列的方法。例如，家电企业往往按照电视机、电冰箱、洗衣机等不同的产品分类陈列，而化妆品产品则往往根据品牌的不同分别进行柜台陈列，等等。

（2）相关商品陈列法。相关商品陈列法是指根据消费者的消费习惯，将一些具有连带使用功能的商品根据其种类和特点的相关性进行共同陈列的方法。例如，将领带、腰带与服饰商品共同陈列，将儿童书包与文具商品、体育用品共同陈列等，都会起到促进连带销售的作用。迪士尼专卖店商品陈列如图10-15所示。

图10-15 迪士尼专卖店商品陈列

（3）季节陈列法。季节陈列法是指针对不同季节消费的商品，按照季节的变化进行陈列的方法。该方法主要用于季节性较强的商品，随着季节的变化应及时调整陈列的方式和色调，从而使消费者产生新鲜感。例如，服装经营企业非常注重其销售服饰商品的春、夏、秋、冬四季服饰的及时变换，将应季服饰摆在最佳陈列位置，而过季服饰陈列于边角的位置，并给予不同的价格设置。

（4）主次陈列法。主次陈列法是指根据经营商品品种的重要程度，分别进行陈列的方法。商业企业的经营品种众多，不可能都进行重点陈列，因此要选择企业经营的重点商品突出陈列，并附带其他商品。这种以主带次、以畅销带滞销的陈列方法，是商业企业经常使用的方式。

（5）专题陈列法。专题陈列法是指企业结合特定事件、时期或节日，集中陈列应时适销的连带性商品的方法，或者根据商品的用途在一特定环境中陈列某种系列商品的方法。

（6）逆时针陈列法。逆时针陈列法是指把商品按照逆时针旋转的方向有序陈列。在实际的调查中发现，90%以上的顾客总是有意无意地按逆时针方向行进。男顾客更是如此，把商品按照主、次进行逆时针方向陈列，有助于消费者更好地选择购商品。一些经营品种较多的大型百货商店和超市，通常把日常生活用品陈列在商店入口的逆时针方向，这样顾客进店后可以很快地找到自己需要的商品。

（7）艺术陈列法。艺术陈列法是指通过商品组合的艺术造型进行摆放的方法。该方法可以给消费者带来美的感受，激起消费者的购买欲望。在商品陈列中可以在保持商品独立美感的前提下，通过艺术造型使各种商品巧妙布局，相映生辉，达到整体美的艺术效果。

商品的陈列给消费者的心理影响是客观存在的，充分利用消费者的感觉器官，采取适合消费者购买心理的商品陈列形式，对促进消费者的实际购买行动和美化商店环境，有很大的现实意义。

知识与技能训练

1. 填空题

（1）营业现场的店容店貌包括商店的地址、（　　）、（　　）、（　　）和橱窗等方面内容。

（2）商店店标设计的心理策略主要是指独特、统一、（　　）和（　　）。

（3）店门的设计按照开放程度可以划分为开放型、（　　）、（　　）和（　　）四种形式。

（4）店内照明可以分为（　　）、（　　）和（　　）三种形式。

（5）商业企业可将商品分成方便商品、（　　）和（　　）三大类，并根据消费者的购买特点进行不同的陈列。

2．判断题

（1）商业企业的营销环境主要是指营销企业内部的经营环境因素的总称。（　　）

（2）商店的招牌和商店的标志都是区别的标志，二者是同一个概念。（　　）

（3）商品橱窗可以激发消费者的购买兴趣，促进购买欲望，增加购买信心，促成购买行动。（　　）

（4）商店内部的色彩装饰设计应稳定统一，在一年的时间内不可以更换。（　　）

（5）一些经营品种较多的商业企业，通常把日常生活用品陈列在商店入口的逆时针方向，这样可以方便顾客很快地找到自己需要的商品。（　　）

3．复习思考题

（1）商店的地址选择与哪些消费心理因素有关系？

（2）商店的招牌和店标有哪些不同的消费心理作用？

（3）商店的店门和橱窗设计应注意哪些消费心理因素？

（4）商业企业经营者可以利用哪些环境设施提高商店的声誉？

（5）商业企业进行商品陈列的方法有哪些？

4．技能训练

假如你想在学校开一家以大学生为主要目标顾客的餐馆，根据本章所学知识，进行如下设计：

（1）店址：_____

（2）店名：_____

（3）店标：_____

（4）店门：_____
_____

（5）橱窗：_____
_____

（6）内部设施：_____
_____

经典案例分析

宜家经验与体验式营销环境

在购买服装时，如果一家服装店不让顾客试穿，有很多顾客就会马上离开；购买手机时如果销售人员不太愿意让顾客试验效果，顾客马上就会扬长而去……

分析原因，我们会发现消费者在购买商品的时候，如果有"体验"的场景和气氛，那么对消费者的购买决策就能产生极大的影响。对于企业来说，就意味着能够获得更多的消费者。

在现实购物过程中，如购买家具，我们在购买沙发时都想坐上去试一试，买衣柜时都想检验柜门是不是好用等，而很多家居市场却经常可以看到样品上的"勿坐"字样或者销售人员"不能坐，别坐坏了"的提醒。

来自瑞典的宜家家居（其Logo见图10-16）就在这方面做起了文章，主张并引导消费者进行随意全面的体验，因此刚进中国市场没多久，就吸引了众多消费者的眼球。宜家强烈鼓励消费者在卖场进行全面的亲身体验，如拉开抽屉、打开柜门、在地毯上走走、试一试床和沙发是否坚固等。宜家出售的一些沙发、餐椅的展示处还特意提示顾客："请坐上去！感觉一下它是多么的舒服！"宜家的店员不会像其他店的店员一样你一进门就对着你喋喋不休，你到哪里她们跟到哪里，而是非常安静地站在一边。除非你主动要求店员帮助，否则店员不会轻易打扰你，以便让你静心浏览，在一种轻松、自由的气氛中做出购物的决定。

宜家所实施的现场体验方式，其实是通过对人们的感官刺激，从而改变了人们行为过程的方式，因为在人们日常的购物行为中，很多消费者都会被现场的感性信息所吸引，因此现场的体验就会影响到人们的购物决策。

图 10-16 宜家家居 Logo

体验是从产品开始的

仅仅有好的场景设置，没有好的产品，那么带来的体验也不会最佳。宜家在产品的设计方面也付出了很多努力，宜家的产品设计充分考虑了消费者日常使用的习惯。关于一个产品是否适合消费者使用，宜家的开发人员、设计人员都和供应商之间进行过非常深入的交流，做过非常深入的市场调查。宜家通过卖场深入了解消费者需求，并及时将信息反馈给产品设计人员，设计人员会结合消费者的需求对产品进行改进和设计。按照消费者的使用需要和习惯来设计人性化的产品，是体验营销的前奏和有力的保障。

体验背后包含了强大的品牌文化符号

宜家的出现，为喜欢变革的中产阶级们提供了一个温暖的支撑。在自己的私人空间里，宜家的家具是为生活中的不断变动而设计的——一个新公寓，一段新恋情，一个新家……即使仅仅随意地逛逛宜家的商场都会让许多人振奋起来。宜家的许多空间都被隔成小块，每一处都展现一个家庭的不同角落，而且都拥有自己的照明系统，向人们充分展示可能的未来温馨的家。

全程体验加深顾客印象

消费者购买家居时还会有一些疑虑，那就是害怕不同的产品组合买到家之后不协调。宜家在这一点上也给予了充分的考虑，它把各种配套产品进行家居组合，设立了不同风格的样板间，充分展现每一种产品的现场效果，甚至连灯光都展示出来，这样让消费者可以体验出这些家居组合的感觉以及体现出的格调。而且，宜家的大部分产品都是可以拆分的，消费者可以将部件带回家自己组装，宜家还配备有安装的指导手册、宣传片和安装工具等。

随着消费者消费意识的成熟，消费者对于消费的过程体验需求越来越强烈，宜家提供的正是一套全程体验参与的流程，让消费者不仅仅在现场体验，而且回到家后还可以自己动手安装体验，加深了消费者对产品和品牌的印象。

（资料来源：全球品牌网，肖明超，http://www.globrand.com/2009/193012.shtml）

问题讨论：

在满足消费者心理需求方面，宜家家居开展了哪些营销环境的设计，使产品广受欢迎？

参考文献

[1] 肖立. 消费者行为学 [M]. 北京：北京大学出版社，2011.
[2] 崔平. 消费心理学 [M]. 北京：高等教育出版社，2015.
[3] 单凤儒. 营销心理学 [M]. 北京：高等教育出版社，2005.
[4] 尹健. 营销心理学 [M]. 北京：高等教育出版社，2007.
[5] 梁清山. 消费心理学 [M]. 北京：北京交通大学出版社，2008.
[6] 刘志友. 消费心理学 [M]. 大连：大连理工大学出版社，2007.
[7] 柯洪霞. 消费心理学 [M]. 北京：对外经济贸易大学出版社，2006.
[8] 田义江. 消费者心理学 [M]. 北京：科学出版社，2005.
[9] 李凤燕. 新编消费心理学 [M]. 北京：清华大学出版社，2007.
[10] 荣晓华. 消费者行为学 [M]. 大连：东北财经大学出版社，2005.
[11] 王生辉. 消费者行为分析与实务 [M]. 北京：中国人民大学出版社，2006.
[12] 李晓霞. 消费心理学（第二版）[M]. 北京：清华大学出版社，2010.
[13] 杨海莹. 消费心理学 [M]. 北京：高等教育出版社，2006.
[14] 李志. 销售心理学基础 [M]. 北京：高等教育出版社，2002.
[15] 樊文娟. 消费心理学 [M]. 北京：中国纺织出版社，1998.
[16] 杜本然. 商业心理学 [M]. 北京：中国商业出版社，1984.
[17] 赛思·戈丁. 销售人员入门必读 [M]. 汕头：汕头大学出版社，2003.
[18] 叶素贞. 销售新手入门训练 [M]. 广州：广东经济出版社，2007.
[19] 连淑芳. 营销心理学 [M]. 上海：立信会计出版社，2008.
[20] 孔雷. 训练销售精英 [M]. 北京：企业管理出版社，2008.
[21] 杰哈德·葛史汪德纳. 金牌销售员的 15 项训练 [M]. 北京：人民邮电出版社，2008.
[22] 廖晓中. 消费心理分析 [M]. 广州：暨南大学出版社，2009.
[23] 赵建勇. 销售要懂心理学 [M]. 郑州：中原出版传媒集团，2009.
[24] 冯丽华. 营销心理学 [M]. 北京：电子工业出版社，2009.
[25] 臧良运. 消费心理学 [M]. 北京：电子工业出版社，2008.
[26] 方凤玲. 消费者行为分析实务 [M]. 北京：科学出版社，2009.
[27] 肖涧松. 现代市场营销 [M]. 北京：高等教育出版社，2013.

[28] 推销员门户, http://www.top-sales.com.cn.

[29] 全球品牌网, http://www.globrand.com/.

[30] 中国营销网第一门户——第一赢销网, http://www.yingxiao360.com/.

[31] 销售与市场——第一营销网, http://www.cmmo.cn/.